Eckhard Lisec

**Der Völkermord an den Armeniern im
1. Weltkrieg – Deutsche Offiziere beteiligt?**

Der Völkermord an den Armeniern im 1. Weltkrieg

–

Deutsche Offiziere beteiligt?

Eckhard Lisec

2017
Carola Hartmann Miles-Verlag

CIP-Kurztitelaufnahme der Deutschen Nationalbibliothek

Eckhard Lisec, Der Völkermord an den Armeniern im 1. Weltkrieg – Deutsche Offiziere beteiligt?, Carola Hartmann Miles-Verlag, Berlin 2017

© Carola Hartmann Miles-Verlag,
George-Caylay-Str. 38, 14089 Berlin
email: miles-verlag@t-online.de;
www.miles-verlag.jimdo.com

Titelbild: Das Museum der armenischen „Kirche zum Heiligen Kreuz" auf der Insel Akdamar im Van See.
Die Kirchenanlage wurde am 30.04.1915 zerstört und die Kirche in den Jahren 2005–2007 restauriert.
Sie war u. a. zwischen 1113 und 1895 Sitz eines Katholikos der armenisch-apostolischen Kirche und wird seit 2010 wieder gelegentlich für einen christlichen Gottesdienst frei gegeben.
(Quelle: https://en.wikipedia.org/wiki/Akdamar_Island)

Alle Rechte, insbesondere das Recht der Vervielfältigung und Verbreitung sowie der Übersetzung, vorbehalten. Kein Teil des Werkes darf in irgendeiner Form (durch Fotokopie, Mikrofilm oder ein anderes Verfahren) ohne schriftliche Genehmigung des Verlages reproduziert oder unter Verwendung elektronischer Systeme gespeichert, verarbeitet, vervielfältigt oder verbreitet werden.

Printed in Germany by Books on Demand, Norderstedt

ISBN 978-3-945861-54-7

Inhalt

I	Vorwort	6
II	Die Begriffe „Deportation", „Völkermord" und „Beteiligung"	15
III	Moltke in der Zeit 1836–1839	20
IV	Von der Goltz in der Zeit 1883–1913, Edler von Tiechler in 1909	28
V	Liman von Sanders und die Militärmission im 1. Weltkrieg	46
VI	Die militärische Spitzengliederung im Osmanischen Reich	64
VII	Einsatzräume deutscher Soldaten	74
VIII	Haupt-Siedlungsräume der Armenier, die Deportationsrouten und die Todeslager	77
IX	Von Schellendorf, Back, von Seeckt	92
X	Weitere Offiziere in Istanbul: Humann, von Feldmann, Böttrich, Endres, von Thauvenay, Sievert	103
XI	Von der Goltz in der Zeit 1914–1916	118
XII	Souchon, von Usedom, Merten	127
XIII	Offiziere zwischen Erzurum und Baku: Guse, Stange, Schraudenbach, Guhr, Posseldt, Paraquin, von der Goltz (Junior)	130
XIV	Reserveoffiziere/ Diplomaten: Von Scheubner-Richter, von der Schulenburg, Holstein, Litten	152
XV	Von Falkenhayn, Kreß von Kressenstein, von Lossow	170
XVI	Wolffskeel von Reichenberg	185
XVII	Wegner, von Mücke	193
XVIII	Offiziere nach 1918	200
XIX	Persönliche Erlebnisse des Autors nach 2002	203
XX	Literatur	208

I Vorwort

Die Armenier begehen stets den 24. April als Gedenktag des Völkermordes im Jahre 1915.[1]
Der deutsche Bundespräsident Gauck hielt am 23.04.2015 zur hundertjährigen Wiederkehr dieses Ereignisses eine Rede, in der er sich zum Begriff des Völkermordes bekannte und die Frage nach der Mitverantwortung der Deutschen aufwarf. Wörtlich sagte er: „Es waren deutsche Militärs, die an der Planung und zum Teil an der Durchführung der Deportationen beteiligt waren".[2]
Der Autor teilt zwar nach seinem derzeitigen Erkenntnisstand die Einschätzung, dass es ein Völkermord war; diese ist aber bei der Untersuchung über das individuelle Verhalten deutscher Militärs nicht wirklich relevant. Jedoch bedürfen einige Begriffe wie „Deportation", „Völkermord" bzw. „Genozid" und „Beteiligung" zunächst der Klärung.

Der Bundespräsident verwendet in dem Satz den umgangssprachlichen Ausdruck „deutsche" Militärs, wahrscheinlich auch wissend, dass es diese so im 1. Weltkrieg noch nicht gab. Es handelte sich noch formal gesehen um „preußische" bzw. „bayerische" oder Soldaten anderer Länder des Deutschen Reiches. Da dies aber im Rahmen unserer Untersuchung unbedeutend ist, übernimmt auch der Autor zur Vereinfachung diesen Begriff.

Der Bundespräsident zielt wohl mit dem Begriff „Militärs" vor allem auf „Offiziere", da gerade sie als Angehörige von Stäben Verantwortung für militärische Planungen trugen, als Kommandeure vor Ort für die Durchführung. Offiziere standen und stehen somit im Mittel-

---

[1] Nachfolgend wird nur der heutige Gregorianische Kalender angewandt. Im Osmanischen Reich wurde offiziell bis Februar 1917 der Rumi Kalender (Römischer Kalender) genutzt, (eine Variante des muslimischen Kalenders) dessen Jahr jeweils am 01.03. begann. Erst danach wurde der Jahresbeginn auf den 01.01. angeglichen. Ab 1925 erfolgte dann die Umstellung auf den Gregorianischen Kalender. Da die Umrechnungen nicht trivial waren, wurden bei der Überprüfung von Dokumenten (z.B. bei Andonian) Fälschungen postuliert. Feigl, Erich, „Un Mythe de la Terreur", S. 130.
[2] In der ARD in den Tagesthemen am 23.04.2015.

punkt; sie hatten den größten Einfluss[3] und haben auch gegenüber ihren Soldaten grundsätzlich eine disziplinierende Vorbildfunktion.[4]

In der Debatte am 24.04.2015 im Deutschen Bundestag hat auch der Parlamentspräsident Lammert von „Völkermord" gesprochen.

Der türkische Ministerpräsident Davutoğlu protestierte umgehend, vor allem mit dem formalen Hinweis auf die rückwirkende Anwendung eines Begriffes, der historisch erst später definiert wurde.

Am 02.06.1916 verabschiedete der Deutsche Bundestag nahezu einstimmig eine Völkermord-Resolution. Über die Armenier wird ausgeführt:

„Ihr Schicksal steht beispielhaft für die Geschichte der Massenvernichtungen, der ethnischen Säuberungen, der Vertreibungen, ja der Völkermorde, von denen das 20. Jahrhundert auf so schreckliche Weise gezeichnet ist".

Es wird festgestellt:

„Das Deutsche Reich trägt eine Mitschuld an den Ereignissen".

Die Türkei reagierte sofort mit Abberufung ihres Botschafters aus Berlin und Einbestellung des Geschäftsträgers der Deutschen Botschaft in Ankara. Der Staatspräsident Erdoğan kündigte weitere Konsequenzen an.

Der Autor beschränkt sich bewusst in diesem Buch weitgehend auf die Rolle deutscher Offiziere vor Ort bzw. auf das Handeln einzelner Diplomaten, zgl. Reserveoffiziere, die zeitlich nacheinander oder gleichzeitig in einem unterschiedlichen, z.T. verschleierten, Status dienten. Er streift nur die Verantwortung von Kaiser Wilhelm II und der Deutschen im Inland sowie die anderer Deutscher im Osmanischen Reich, wie die der Diplomaten, Lehrer, Missionare, Eisenbahner, Bankiers, Krankenschwestern, Korrespondenten, Reisenden usw. Auch das Verhalten der Österreicher und Bulgaren[5] wird nicht weiter untersucht, die bekanntlich die Interessen Deutschlands gegenüber dem Bündnispartner Osmanisches Reich teilten. Ebenso nur gestreift

---

[3] Viele deutsche Soldaten unterstanden auch direkt türkischen Vorgesetzten. Ein Widerspruch war somit noch schwieriger als gegenüber deutschen.
[4] In der Auffassung der Bundeswehr ist der Offizier „Führer, Erzieher und Ausbilder".
[5] Den Mittelmächten erst beigetreten am 11.10.1915.

wird die Verantwortung der Triple-Ententemächte[6] und der USA. Da speziell das Verhalten deutscher Offiziere im Mittelpunkt stehen soll, geht es – auch wenn der Autor sich zu den nachstehenden Fragen seine Meinung gebildet hat – nicht um eine Einmischung eines Nicht-Historikers und ehemaligen Offiziers in den andauernden Staatenstreit (Armenien versus Türkei) bzw. komplexen Historikerstreit. Der Leser muss bei seiner nachfolgenden eigenen Urteilsfindung auch nicht zwingend detaillierte Kenntnisse über die verschachtelten Hintergründe und Fakten des übergeordneten großen Themas oder gar fundierte Antworten auf die hauptsächlich strittigen Fragen für den Zeitraum 1914–1918 oder gar 1894–1923 haben:

- Darf der Begriff „Völkermord" bzw. „Genozid" formal überhaupt rückwirkend angewandt werden?
- War es überhaupt ein Völkermord? Fehlt nicht das nachzuweisende Element der „Absicht"?
- Waren die Maßnahmen gegen die Armenier, also Deportationen und tödliche Ausschreitungen, eine überwiegend militärisch gebotene *Reaktion* auf das Verhalten der Armenier? (Auffassung Türkei)
- Gab es den landesweiten großen Aufstand oder Kette von Aufständen der Armenier mit vorheriger Beschaffung von Waffen mit dem Ziel der Autonomie? (Auffassung Türkei)
- War es gar „nur ein Bürgerkrieg" zwischen Türken und osmanischen Armeniern im 1. Weltkrieg?
- Waren etwa die Deportationen und Ausschreitungen eine – ggf. schon lange vorhergeplante – osmanische *Aktion* zur Lösung der „Armenierfrage", die das Verhalten der Armenier vor und nach Kriegsbeginn, speziell im Raum Van im April 1915, im Rahmen der äußeren Bedrohung nur zum Anlass nimmt? („Dolchstoßlegende")
- Waren die Deportationen kompletter Familien militärisch wirklich zwingend geboten, auch z.T. aus Westanatolien und Ostthrakien?

---

[6] Großbritannien, Frankreich, Russland.

- Welche Maßnahmen der Regierung zum Schutz der Deportierten waren wirklich geplant, kamen vor Ort an? Hat sie gar zuweilen Hilfsmaßnahmen anderer Staaten wie der USA oder der Schweiz behindert, auch von Hilfsorganisationen?
- Welche Zahlen sind glaubwürdig hinsichtlich armenischer Einwohner im Osmanischen Reich im November 1914, der Anzahl der Deportierten, der Toten, der Überlebenden?
- Wie groß ist die Zahl der osmanischen armenischen Opfer, die durch Gewaltanwendung ums Leben kamen, ausschließlich der durch den 1. Weltkrieg verursachten kriegerischen Handlungen, aber einschließlich lokaler Auseinandersetzungen, armenischer Aufstände oder Gegenwehr?
- Wie groß ist die türkische Opferzahl durch armenische Massaker im Sinne der vorherigen Frage?

Für einen Deutschen ist diese Untersuchung ein schmerzlicher Prozess, das Lesen von Einzelschicksalen nur schwer zu ertragen. Folgt dieser Völkermord doch dem an den Herero und Nama 1904–1907 mit ca. 80.000 Toten, der eindeutig vom deutschen Militär verübt wurde.[7] Die Erkenntnisse daraus und aus dem 1. Weltkrieg verhinderten leider keinesfalls den unfasslichen Völkermord an den Juden, Roma und Anderen mit ca. 6 Millionen Toten im Dritten Reich.[8] Einige Autoren behaupten auch, dass das relativ geringe Interesse der Weltöffentlichkeit am Mord an den Armeniern und die weitgehende politische Folgelosigkeit[9] für die Türkei Hitler zu seinem Tun noch ermuntert habe.

Für einen deutschen Offizier, der die sprichwörtliche Gastfreundschaft der Türken im NATO Stab in Istanbul im Zeitraum 2002–2005 und danach erfahren durfte, auch die weitgehend offenen Gespräche mit höheren türkischen Offizieren im kleinen Kreis, ist es schmerz-

---

[7] Von der deutschen Regierung am 13.07.2016 als Völkermord beteichnet, zuvor bereits in 2015 vom Parlamentspräsidenten und dem Auswärtigen Amt.
[8] Die Holocaustleugnung ist nach europäischem und deutschem Recht (§ 194 StGB) strafbewehrt. Das deutsche Bundesverfassungsgericht hat diesbezüglich am 13.04.1994 den Meinungsfreiheitsschutz negiert.
[9] Dokumentiert in den Verträgen von Lausanne 1923.

lich, diese mit einem persönlichen Bekenntnis zum Völkermord enttäuschen zu müssen. Mein privates Studium der osmanisch-türkischen Geschichte seit 2002, u.a. basierend auf türkischen Sprachkenntnissen und einem sehr umfangreichen Literaturstudium[10], lässt für mich leider nur den Schluss zu, dass es sich bei der sehr breit gefassten Definition um einen Völkermord gehandelt haben muss, der im Kern durch die völlig unvorbereiteten und todbringenden Deportationen herbeigeführt wurde. Die Beweislast ist einfach erdrückend.[11] Der Autor verkennt dabei keinesfalls, dass auch die osmanischen Armenier nicht nur Opfer, sondern auch Täter waren, auch die Türken sehr gelitten haben.

Leider sind deutsche Archive z.T. verloren gegangen, vor allem die der Deutschen Militärmission in Istanbul im 1. Weltkrieg. Andererseits werden Recherchen sehr erleichtert dadurch, dass Quellen im INTERNET zugänglich gemacht werden, ohne selbst zeitaufwändige Archivarbeit betreiben zu müssen.

Die noch ausstehende vollständige Öffnung der Archive des Türkischen Generalstabes in Ankara mit freiem Zugang für alle westlichen Historiker wird vielleicht noch einige Erkenntnisse zu den Ursachen und dem Verlauf der Ereignisse beitragen, m. E. aber kaum gravierend Neues zu unserer eingeengten Fragestellung. Eine große Hürde für tiefere Recherchen bleibt die damalige osmanische Schrift, so dass auch der Verfasser auf Übersetzungen in das moderne Türkisch angewiesen ist.

Ihm ist auch bewusst, dass kritische Autoren in der Türkei immer noch mit Strafverfolgung rechnen müssen oder Anfeindungen ausgesetzt sind. Die Aussagen in Veröffentlichungen türkischer Autoren mit Wohnsitz in der Türkei können daher nur bedingt hinzu gezogen werden, weit eher die der im Ausland lebenden. Die Ermordung des armenischen Journalisten Hrant Dink im Januar 2007 und die schlep-

---

[10] Das Literaturverzeichnis am Schluss stellt nur einen Auszug dar. Es existieren Tausende von Dokumenten und Einzelberichten aus verschiedenen Ländern, einschließlich der Türkei.

[11] Das INTERNET listet allein über 70 Zeitzeugen, die einen ersten Zugang zum Thema vermitteln.
https://en.wikipedia.org/wiki/Witnesses_and_Testimonies of the Armenian Genocide.

pende Aufarbeitung durch die Justiz ist kennzeichnend. Auch wenn der § 301 des türkischen Strafgesetzbuches den Begriff „Beleidigung des Türkentums" nicht mehr kennt, so bleibt doch z.b. der Nobelpreisträger Orhan Pamuk hoch gefährdet, der in 2006 rechtskräftig verurteilt wurde wegen seiner Bemerkung über „30.000 Kurden und 1 Million Armenier". Dabei hat doch schon Atatürk vom Innenminister Cemal am 24.04.1919 von 800.000[12] gestorbenen Armeniern erfahren, dies dem US-General Harbord gesagt[13] und am 24.04.1920 im neuen Parlament das Geschehen als „Maziye ait fazahat"[14] bezeichnet.

Bereits hier sei jedoch kritisch angemerkt, dass ein statistischer Vorher-Nachher-Vergleich noch nicht viel aussagt, „Verschwundene" nicht unbedingt „Ermordete" sein müssen in Anbetracht der Tatsache, dass Viele, nicht nur Armenier, durch Hunger, Krankheit, Kälte oder reguläre Kriegshandlungen umgekommen sind, sich durch Flucht oder als Überläufer entzogen haben, konvertiert sind oder als Frauen oder Kinder in türkische Familien aufgenommen wurden. Niemand kennt die Zahlen wirklich; alle Statistiken und Schätzungen müssen hinterfragt werden. „Augenzeugenberichte" schöpfen mitunter aus fremden Quellen; Zensur, Kriegspropaganda, Desinformation, „verschwundene oder ggf. erfundene Dokumente" tun ein Übriges. Auch die Aufdeckung streng geheimer Weisungen der Regierung, schriftlich speziell kryptiert oder schriftlich/mündlich per Kurier überbracht, die ggf. gegenläufig waren zu den weniger geheim eingestuften Weisungen per Telegraph, wird naturgemäß eine große Hürde bleiben. Die „Suche nach der Wahrheit" bleibt damit zeitraubende und komplexe historische Kriminalistik aller Beteiligten.

In den letzten Jahren haben verschiedene Historiker, nicht nur türkische, gegen den „gängigen Mainstream der These vom Völkermord" geschrieben. Sie wurden vom Autor ebenso berücksichtigt, auch wenn die Darstellungen mitunter – schon in der Quellen- und Literaturauswahl – einseitig sind, andererseits jedoch auch wichtige Informationen beinhalten. Das gilt z.B. für die Ergebnisse von Özgönül[15],

---

[12] Kieser, Lukas, „Der Völkermord an den Armeniern und die Shoah" und Hosfeld, Rolf, „Operation Nemesis".
[13] Dadrian, Vahakn, „German Responsibility in the Armenian Genocide".
[14] Sinngemäß: „Der schamlose Akt der Vergangenheit".
[15] Özgönül, Cem, „Der Mythos eines Völkermordes".

der (wie Gust in neuerer Zeit) Manipulationen in den Werken von Lepsius aufdeckte. Diese Manipulationen lassen nämlich die Deutschen und Armenier grundsätzlich in positiverem Licht erscheinen. Unklar bleibt dabei, ob gar das Auswärtige Amt Lepsius schon „geschönte" Meldungen zur Aufarbeitung überstellt hat. Da die Berichte von Lepsius als eine wichtige Grundlage der Völkermordthese betrachtet werden, kann Özgönül diese auch nicht akzeptieren, während Gust sie weiterhin vertritt.

So hat z.B. Murat Bardakçı nach langem Zögern im Jahre 2008 Dokumente aus dem Besitz der Witwe von Talât Pascha veröffentlicht[16]. Nach dessen Angaben waren 1914 1.256000 Armenier registriert, übereinstimmend mit der offiziellen türkischen Statistik, 1917 (Zeitpunkt unklar) nur noch 284.157. Bekanntlich hat Talât Pascha häufig statistische Meldungen aus den Provinzen verlangt. Die Differenz von 971.843 dürften demnach als „erster Schwund" gewertet werden, nicht gleichzusetzen mit Toten, etwa durch Gewaltanwendung.

Der grundsätzlich unverdächtige osmanisch/armenische Politiker Boghos Nubar Pascha, der auch bei den Verhandlungen in Sèvres anwesend war, hat am 11.12.1918 dem französischen Außenminister mitgeteilt, dass nach seinen Schätzungen 600.000–700.000 osmanische Armenier deportiert worden seien, eine Größenordnung, der sich später nach mehrfachen Korrekturen auch Lepsius angenähert hat, von denen 200.000–300.000 umgekommen seien[17]. Auch hier bleibt offen, wie die Anteile der Ermordeten sich verhalten zu den durch Hunger, Durst, Kälte und Krankheiten Umgekommenen.[18] Andererseits hatte Nubar in Sèvres auch das Interesse, Provinzen nach Rückkehr von Armeniern – auch aus dem Ausland – nicht als entvölkert darzustellen, um die unfangreichen Gebietsforderungen der Armenier zu stützen.[19]

Cemal Pascha[20] und Sonyel[21] gehen sogar von deutlich höherern tür-

---

[16] Bardakçı, Murat, „Talât Paşa'nın Evrak -ı Metrukesi".
[17] Kevorkian, Raymond schätzt die Zahl der Massakrierten auf 240.000. In „L'Extermination des Déportées Arméniens Ottomans dans les Camps de Concentration de Syrie-Mésopotamie 1915–1916".
[18] Özgönül, Cem, „Der Mythos eines Völkermordes"
[19] Lewy, Guenter, „Der armenische Fall".
[20] Cemal Pascha, „Erinnerungen eines türkischen Staatsmannes".

kischen Opfern durch Armenier als umgekehrt aus. Statistische Belege hierzu fehlen, auch wenn zahlreiche Einzelaktionen beschrieben werden, z.T. sogar belegt durch russische Quellen.

Ein aufschlussreiches Buch für einen neueren Autor, der eine Zwischenposition wahrnimmt, die Genozidthese nicht stützt, erst recht nicht eine planvolle Vorbereitung und Durchführung der Aktionen, und eine kritische Auswertung ihm vorliegender Informationen und Daten vornimmt, ist das von Lewy.[22] Er sieht keinen Beweis für die Absicht der „Zentralregierung", obwohl die u.a. Genozid-Definition diese Bedingung gar nicht enthält. Auch andere staatliche und halbstaatliche Stellen/Kräfte tragen nach Auffassung des Autors Verantwortung, selbst die Zivilbevölkerung. Für die u.a. Definition reicht es, wenn die Gruppe nur teilweise betroffen ist.

Im Übrigen wird bei vielen Autoren dem Entzug bzw. der Zerstörung der Lebensgrundlagen in der Beurteilung zu wenig Beachtung geschenkt. Er betraf auch andere Bevölkerungsteile, direkt oder indirekt. Die tödlichen Folgen waren in der damaligen Situation des Osmanischen Reiches klar vorhersehbar und wurden bei völlig unzureichender realer Unterstützung[23] während der Deportationen und danach weitgehend toleriert. Daran ändern auch öffentlichkeitswirksame Weisungen der Regierung in Durchführung der Deportationserlasse nichts, die weitgehend wirkungslos blieben.

Je nachdem, welche Zeit- und Einsatzräume sie betrachten, gehen Historiker heute immer noch von sehr unterschiedlichen Verlusten auf beiden Seiten aus[24], nicht zwangsläufig gleichbedeutend mit Ge-

---

[21] Sonyel, Salahi „The Great War and the Tragedy of Anatolia".
[22] Lewy, Guenter „Der armenische Fall."
[23] „What was clear was that without adequate planning, infrastructure, or organization, deportation of hundreds of thousands of people meant the physical destruction of communities, families, and individuals". In Suny, Ronald Grigor „A History of the Armenian Genocide".
[24] Der Vorsitzende einer osmanischen Untersuchungskommission Mustafa Arif Deymer hat am 18.03.1919 die Zahl von 800.000 toten Armeniern für die Zeit des 1. Weltkrieges angegeben. Diese Zahl wird später auch in verschiedenen türkischen Dokumenten erwähnt und wurde von Mustafa Kemal Atatürk zur Kenntnis genommen. In Dadrian, Vahakn „The History of the Armenian Genocide" oder in Orbay, Rauf „Rauf Orbay'ın Hatıraları". Im Gegenzug beziffern weitere türkische Historiker die Zahl türkischer Verluste durch Armenier auf über 500.000 in der Zeit

töteten.

Es bleibt zu hoffen, dass die gemeinsame Aufarbeitung der Geschichte durch die Armenier und Türken irgendwann beginnt und zu einer klareren und entspannteren Situation führen wird.

Für deutsche Soldaten, die heute u.a. dem Soldatengesetz und dem Wehrstrafrecht unterliegen, scheint dank Aufklärung im Elternhaus, in der Schule, in den Medien, durch Politiker, durch Bundeswehr, Kirchen und viele Andere die Geschichte des 20. Jahrhunderts lehrreich gewesen zu sein. Auch deutsche Behörden der Strafverfolgung und Gerichte haben heute ein wachsames Auge auf das Verhalten unserer Soldaten im Einsatz.

Die nachfolgenden Schilderungen sollten allen Lesern die Erinnerung wach halten und zgl. Mahnmal bleiben.

1910–1922, wobei offensichtlich Zivilpersonen gemeint sind. Thelen, Sibylle „Die Armenierfrage in der Türkei". Die Türkei hat 1999 für ihre von Armeniern ermordeten Zivilpersonen in Iğdir, einem Ort armenischer Ausschreitungen, in der Ostürkei ein Völkermorddenkmal und -museum (Iğdir Soykırım Anıt Müzesi) eingeweiht.

II Die Begriffe „Deportation", „Völkermord" und „Beteiligung"

Der Bundespräsident spricht nicht von Evakuierungen oder Umsiedlungen, sondern von Deportationen, also „staatlichen Maßnahmen", welche „dienen dem Antritt von Strafmaßnahmen, der zwangsweisen Unterdrückung von politischen Gegnern oder der Isolierung von ethnischen Minderheiten."[25] Wie bekannt, wurden in unserem Falle allerdings Straftaten auch schon zu Beginn und während der Deportationen verübt, entweder spontan oder geplant, von Zivilpersonen oder staatlichen Organen.

Nach Auffassung des Autors haben zumindest in der Anfangsphase der Deportationen noch viele deutsche Soldaten, soweit sie überhaupt Kenntnis hatten[26], geglaubt, dass es sich nur um militärisch notwendige Evakuierungen gehandelt habe, um entweder Zivilbevölkerung zu schützen oder eine Unterstützung des Angreifers durch Kollaborateure, z.B. im Nordosten des Osmanischen Reiches der Russen oder an der Mittelmeerküste der Ententemächte zu verhindern. Es gehe somit auch um militärische „Operationsfreiheit". Verdächtigt waren in großem Ausmaß osmanische Armenier und griechisch-stämmige Osmanen, die sog. „Rum"[27], zudem auch Juden, Kurden, und andere christ-

---

[25] Definition nach Wikipedia. In der historischen Ausbreitung des Osmanischen Reiches nach Westen z.B. hat es wiederholt Deportationen von Türken gegeben, bis hin zu den Deportationen der „Rum"/Griechen und Türken 1923, auch wenn diese vertraglich geregelt waren. Rücksiedlungen von Türken nach verlorenen Kriegen in das Kernland Anatolien führten zudem zu Spannungen, z.B. mit den dort bereits ansässigen Armeniern. Nach Ohandjanian handelt es sich allein um ca. 850.000 Türken in den Jahren 1878–1904. Justin McCarthy spricht von „forced migration", da er den Begriff Deportation mit der Verbringung über Landesgrenzen verbindet, in „Turks and Armenians".
[26] Im kritischen Zeitraum April 1915–Dezember 1916 war die Masse der deutschen Soldaten eingesetzt an den Dardanellen, auf dem Sinai/in Palästina südlich Jerusalem und in Mesopotamien südlich Bagdad. Allerdings konnten einige Soldaten im Rahmen von Marschbewegungen oder Versorgungsverkehr schon klare Anzeichen erkennen, besonders wenn das Nadelöhr Aleppo zu passieren war.
[27] Vom byzantinischen Wort „Romaios". Georgeon, François u.a. „Dictionnaire de l'Empire Ottoman". Auch Bezeichnung der 30. Sure im Koran „Al-Rum", was mit „Byzantiner" oder „Römer" oder „Griechen" übersetzt wird, mit der Hauptstadt Konstantinopel. Die in der Literatur häufig gebrauchte Bezeichnung „Griechen"

liche Minoritäten, ab Mitte 1916 auch Araber. Manche deutschen Offiziere haben sogar Umsiedlungen aus militärischen Gründen gebilligt oder empfohlen. Auch in modernen Verteidigungsplanungen, z.B. der NATO, bleibt das Los der grenznahen Bevölkerung ein Problem. Soll sie bei einem Angriff eines Gegners bleiben oder evakuiert werden? Die am 10.12.1948 verabschiedete „Allgemeine Erklärung der Menschenrechte", auch UN-Menschenrechtscharta genannt, hat später in den Artikeln 9 und 10 notwendige Grenzen gesetzt.

Der Bundespräsident verwendet in dem o.a. Satz auch nicht den noch schwerer wiegenden Begriff „Völkermord" oder „Genozid"[28], wohl ahnend, dass man deutschen Militärs wohl diesen noch umfassenderen Vorwurf nicht machen kann, i.e. den der Beihilfe zur Ermordung von Tausenden von Armeniern schon während der Deportationen oder anschließend in den Zielgebieten.

Nachfolgend die Definition des Begriffes „Völkermord bzw. Genozid" nach der UN-Völkermordkonvention vom 09.12.1948:

„Eine Reihe von Handlungen, die in der Absicht[29] begangen werden, eine nationale, ethnische, rassische oder religiöse Gruppe ganz oder teilweise zu zerstören durch

- Tötung
- schwere körperliche oder seelische Misshandlungen
- Zerstörung der Lebensgrundlagen
- Geburtenverhinderung
- Kinderentziehung".

Zwar ist diese Definition erst 1948 entstanden, für unsere Betrachtung aber durchaus auch im Rückblick brauchbar. Gründe, die Anwendung des Begriffes formal-juristisch abzulehnen, könnten sein, späten Entschädigungsforderungen entgegenzutreten oder den Ruf einer Nation nicht beschädigen zu wollen. Viele mögen aber auch in-

---

meint vermutlich nicht im Osmanischen Reich noch lebende „griechische Staatsbürger", auch wenn nicht ganz ausgeschlossen.

[28] Von „genos" (griech.) – Abstammung, Volk und „caedes" (lat.) – Töten >>> Völkermord

[29] engl. „Intent".

haltlich Vorbehalte haben, weil sie vor allem eine „Absicht" in Abrede stellen. Auf diese lässt sich auch nicht einfach schließen, weil man zunächst in die Köpfe der Haupttäter nicht hinein schauen kann. Im Falle der Türkei mag auch die gewachsene Aversion eine Rolle zu spielen, einen schweren Fehler zuzugeben, da sie historisch so mancher Demütigung ausgesetzt war. Die tiefste in der jüngeren Geschichte war sicherlich das Abkommen von Sèvres 1920, das nie Gültigkeit erlangt hat.

Da unter den Experten im Einzelfall Uneinigkeit herrscht, ob Ereignisse als Völkermord einzustufen sind, haben sie z.B. – quasi als Vorstufe – den Begriff „genozidäre Massaker" eingeführt[30]. Dieser könnte z.B. zutreffen für die Armenierverfolgungen in der Zeit vor dem 1. Weltkrieg, speziell ab 1894. Aber auch diese Unterscheidung ist für unsere Untersuchung letztlich ohne Belang.

Das damalige Kriegsvölkerrecht basierte auf der Haager Landkriegsordnung vom 18.10.1907, die jedoch primär Regelungen für Handlungen auf dem besetzten gegnerischen Gebiet betraf, nicht jedoch gegenüber der eigenen Bevölkerung. Es war somit für unseren Fall kaum anwendbar. Das Osmanische Reich hatte das Abkommen ohnehin nicht ratifiziert.

Das damalige deutsche Militärstrafgesetzbuch kannte noch keine völkerrechtswidrigen Kriegsverbrechen. Es konnten somit im Nachgang zum 1. Weltkrieg nur die nationalen Strafgesetze für Einzelpersonen angewandt werden.

Um die Leipziger Prozesse 1921–1931 überhaupt eröffnen zu können, musste in Deutschland erst aus Verfahrensgründen das „Gesetz zur Verfolgung von Kriegsverbrechen und Kriegsvergehen" erlassen werden. Das Gericht arbeitete in diesen Prozessen Ereignisse aus dem 1. Weltkrieg auf, die mangels weiterer Rechtsgrundlagen (und vielleicht auch mangels einer Siegerjustiz wie nach dem 2. Weltkrieg) nur zu vier milden Urteilen führten. Ein Fall aus dem Osmanischen Reich in unserem Zusammenhang wurde nicht behandelt.

Das Osmanische Reich führte 1919–1921 mehrere Tribunale durch, die zu Todesurteilen und Freiheitsstrafen führten, die aber wegen Flucht der Haupttäter nur in ganz wenigen Fällen vollstreckt wur-

---

[30] Ternon, Yves „Der verbrecherische Staat".

den.³¹ Die Originalprotokolle dieser Prozesse sind „verschwunden", die Prozesse wurden am 23.03.1922 eingestellt und die Kriegsgerichte aufgelöst. Außerdem wurde 1923 vom Parlament unter Kemal Atatürk eine Amnestie ausgesprochen. Erst in diesen Prozessen wurden wesentliche Fakten der Öffentlichkeit bekannt, z.B. über die Geheimorganisation Teşkilat-ı Mahsusa³², die noch zu behandeln sein wird.

Großbritannien hatte letztlich auf die Durchführung von Prozessen, wohl wegen des erwünschten Gefangenenaustausches aber auch wegen mangelnder Rechtsgrundlagen und divergierender Interessen der Verbündeten, letztlich verzichtet, somit auch die internierten Türken in Malta unbehelligt gelassen.

Mittlerweile hat auch die Türkei die o.a. Konvention ratifiziert, die Anwendung auf unseren Fall aber abgelehnt. Die Zahl der Staaten oder Organisationen, wie das Europäische Parlament³³, die dies anders sehen, wächst. Einige Staaten haben sogar die Leugnung des Armeniermordes unter Strafe gestellt.³⁴

Eine weitere Klärung bedarf der Begriff „Beteiligung" bzw. „beteiligt". In der heutigen deutschen Umgangssprache wird der Begriff weit gefasst. Ein passives Verhalten eines Passanten bei einem schweren Autounfall kann schon als „Beteiligung" verstanden und strafrechtlich als „unterlassene Hilfeleistung" gewertet werden. Diese Art der Beteiligung hat es in unserem Zusammenhang, soweit überhaupt dokumentiert, gegeben. Auch die Opfer einer Aktion, wie die beim NATO-Luftangriff in Kundus 2009, wurden als „Beteiligte" bezeichnet, auch wenn ggf. unschuldige Kinder getötet wurden.

Das heutige deutsche Strafrecht unterscheidet in den §§ 25 – 27 StGB zwischen verschiedenen Tatbeständen: Der Täterschaft, der Anstiftung oder der Beihilfe.³⁵ Die Definition der Beihilfe lässt jedoch auch

---

[31] Höss, Annette „Die türkischen Kriegsgerichtsverhandlungen 1919–1921".
[32] Sinngemäß: „Besondere Organisation".
[33] Entschließung vom 18.06.1987 oder Entschließungsantrag vom 13.04.2015. Ein EU Beitritt ohne Entgegenkommen der Türkei in dieser Frage ist somit kaum denkbar.
[34] S. Wikipedia „Leugnung des Völkermordes an den Armeniern".
[35] „Beihilfe" nach § 27 StGB: „Der Beihilfe Leistende zeichnet sich dadurch aus, dass er Hilfe zu einem Tatgeschehen leistet, ohne hierbei den Beteiligungsgrad eines Mittäters zu erlangen".

viel Interpretationsspielraum.

Der Leser mag also am Schluss dieses Buches im Sinne unserer Fragestellung selbst urteilen, wie das damalige Verhalten deutscher Offiziere nach der damaligen und heutigen Rechtslage sowie dem heutigen Sprachgebrauch einzuordnen wäre.

III Moltke in der Zeit 1836–1839

Nach einem Kurzurlaub in der Türkei 1835 wurde der preußische Hauptmann[36] Helmuth Moltke per Kabinettsorder vom 08.06.1836 beurlaubt und in das Osmanische Reich abkommandiert. Er unterstand danach formal dem Sultan Mahmut II bzw. nachgeordneten Personen, also dem Serasker[37] oder einem der militärischen Befehlshaber. Natürlich behielten der preußische König und Generalstab Einwirkungsmöglichen bis hin zur Abberufung, z.B. bei Verfehlungen. Für Moltke und alle nachfolgenden deutschen Soldaten bis 1918 galt stets die Order, sich von jeglichen politischen Ereignissen fernzuhalten. Umfasst diese aber auch bürgerkriegsähnliche Operationen?

Bismarck zuvor ging es primär um die Ausbalancierung der europäischen Mächte, auch mithilfe des Osmanischen Reiches. Dieses musste somit stark bleiben, z.B. als Gegenspieler gegenüber Großbritannien.[38] Auch separatistische Bestrebungen im Innern des Osmanischen Reiches würden diesem Ziel zuwider laufen.[39]

---

[36] Moltke wurde noch nicht zu einem höheren osmanischen Dienstgrad befördert wie viele Offiziere nach ihm. Es wird darauf verzichtet, nachfolgend immer den doppelten deutschen und osmanischen Dienstgrad zu benennen, weil auch nicht immer eindeutig.
[37] Sinngemäß: „Führer der Soldaten", also der Kriegsminister.
[38] Saupp, Norbert „Das deutsche Reich und die armenische Frage".
[39] U .a. in Cebeci, Mehmet „Die deutsch-türkischen Beziehungen in der Epoche Abdülhamids II (1876–1908)".

Moltke Selbstbildnis im Osmanischen Reich

(Quelle: Buch Helmuth v. Moltke „Briefe über Zustände und Begebenheiten in der Türkei aus den Jahren 1835–1839"; Herausgeber Dr. Helmut Arndt, Heidelberg 2000)

Kaiser Wilhelm II hat diese Weisung in Potsdam General Liman von Sanders und den zu entsendenden Soldaten der Militärmission am 09.12.1913 vor der Abreise nach Istanbul wiederum mit auf den Weg gegeben.[40] Ergänzend sagte er „Bringen Sie die Politik aus dem türkischem Offizierkorps heraus. Das Politisieren ist sein größter Fehler."[41] Somit galt dies auch für die Deutschen. Allerdings ist der Begriff „Politisieren" nicht besonders scharf. Jedoch war die Armenierfrage ausdrücklich eingeschlossen.

Schon im Rahmen seines 2. Besuches im Osmanischen Reich 1898, kurz nach den Ausschreitungen gegen die Armenier 1894–1896, hatte der Kaiser diese Verhaltensauflage gegenüber dem deutschen Botschafter betont.[42] Seiner Schwester, der Gattin des Königs von Griechenland, hat er geschrieben:

„Sollen wir denn wegen der armenischen Greuel mit dem Sultan Krieg führen? Ich möchte nicht das Gesicht des Reichstags sehen, wenn ich ihm ankündige, wir machen mobil gegen die Türkei".[43]

Diese beiden Sätze bilden den Kern der deutschen Politik, die der „Nichteinmischung", die die weitgehende deutsche politische und menschliche Passivität während der Ausschreitungen gegen die Armenier Ende des 19. Jahrhunderts und bis 1918 begründet.

Natürlich dienten schon vor Moltke deutsche Offiziere im Osmanischen Reich, seitdem 1761 das erste Bündnis, der Freundschafts- und Handelsvertrag, zwischen Preußen (Friedrich II) und dem Großwesir des Sultans Mustafa III geschlossen worden war. Nur waren diese Offiziere in der Regel Ehemalige, die auf Privatinitiative in osmanische Dienste eingetreten waren, mitunter gar einen türkischen Namen annahmen und konvertierten sowie z.T. beachtliche Karrieren gemacht haben. Ihre Tätigkeiten waren nicht nur auf Beratung und Ausbildung beschränkt, sondern beinhalteten manchmal auch Führungsfunktionen incl. der Teilnahme an kriegerischen Handlungen. Ismet Inönü,

---

[40] Dadrian, Vahakn „German Responsibility in the Armenian Genocide"; auch in „The History of the Armenian Genocide". Wallach, Yehuda „Anatomie einer Militärhilfe".
[41] Wallach, Jehuda „Anatomie einer Militärhilfe".
[42] Dadrian, Vahakn a.a.O.
[43] Von Kampen, Wilhelm „Studien zur deutschen Türkeipolitik in der Zeit Wilhelms II".

der zweite Staatspräsident der Türkei, hat in seinem Buch allein acht Offiziere erwähnt[44].

Mustafa III
(Quelle: https://de.wikipedia.org/wiki/Mustafa III)

---

[44] Ismet Inönü „Hatıralar" (Erinnerungen).

Friedrich II
Quelle: https://de.wikipedia.org/wiki/Friedrich_II(Preußen))

Schon im Falle von Moltke kommt die Frage auf, ob die Teilnahme eines kommandierten Offiziers an einer innerstaatlichen Auseinandersetzung – einer bürgerkriegsähnlichen Situation – gegen die Kurden oder osmanische Ägypter schon unter das o.a. politische Enthaltungs- oder Nichteinmischungsgebot fiel.

Bedenkenswert hierzu sind zwei Kapitel aus den Briefen Moltkes[45]. Über den Kampf gegen die aufständischen Kurden schreibt er:

---

[45] Helmuth von Moltke „Briefe über Zustände und Begebenheiten in der Türkei in den Jahren 1835–1839".

„Ich war währenddessen zu Hafiß[46] Pascha geritten, welcher das Defilée geöffnet gefunden und dem Kampfe unten von einem kleinen Hügel zusah; dorthin brachte man die Trophäen und Gefangenen; Männer und Weiber mit blutenden Wunden, Säuglinge und Kinder jeden Alters, abgeschnittene Köpfe und Ohren, alles wurde den Überbringern mit einem Geldgeschenke von 50 bis 100 Piastern bezahlt. Mühlbach[47] wusch den verwundeten Gefangenen die Wunden aus und verband sie, so gut es gehen wollte; der schweigende Kummer der Kurden, die laute Verzweiflung der Frauen gewährten einen herzzerreißenden Anblick. Das schlimmste ist, wie soll man einen Volkskrieg im Gebirge ohne jene Scheußlichkeiten führen? Unser Verlust ist nicht unbedeutend."

Mühlbach soll dann beim Pascha vorstellig geworden sein, von Moltke wissen wir es nicht, was aber nur scheinbar zu vorübergehenden Änderungen geführt haben soll.[48] Der Serasker hat Mühlbach später sogar zu einer Beförderung in Preußen vorgeschlagen, was dann auch bald erfolgt ist. Nicht so bei Moltke.

Deutsche, die den Text in der Heimat gelesen haben sollten, werden vielleicht im Sinne von Goethes „Faust 1" gedacht haben:

„Nichts Bessers weiß ich mir an Sonn-und Feiertagen

Als ein Gespräch von Krieg und Kriegsgeschrei,

Wenn hinten, weit, in der Türkei,

Die Völker aufeinander schlagen,

Man steht am Fenster, trinkt sein Gläschen aus

Und sieht den Fluß hinab die bunten Schiffe gleiten;

Dann kehrt man abends froh nach Haus

Und segnet Fried und Friedenszeiten".

---

[46] Der türkische Befehlshaber, der als frommer Mann den Koran auswendig zitieren kann (arab./türk. Hafiz) und sich in militärischen Dingen von muslimischen Geistlichen beraten lässt.

[47] Hauptmann Mühlbach, einer von 3 weiteren preußischen Offizieren, die im Nachgang ebenfalls kommandiert wurden. Mühlbach traf am 27.08.1837 ein und nahm ebenso am Feldzug teil. Die anderen beiden waren die Hauptleute i.G (im Generalstab) Vincke und Fischer.

[48] Wagner, Reinhold „Moltke und Mühlbach zusammen unter dem Halbmond 1837–1839".

Jedenfalls ist von moralischer Entrüstung zuhause nichts bekannt geworden.

Ein weiteres Kapitel in Moltkes Briefen beschäftigt sich mit dem anschließenden Bürgerkrieg gegen Ali Pascha[49], dessen Sohn Ibrahim Pascha ca. 80.000 Mann gegen ca. 70.000, z.T. zwangsrekrutierte Kurden(!), von Hafiß Pascha im Juni 1839 bei Nisib am Euphrat antreten ließ. Zwar hatte Moltke schon zuvor mehrfach militärisch beraten, z.b. über den besseren Einsatz der Artillerie oder eine günstigere Aufstellung der Truppen, aber zumeist erfolglos. Ein türkischer Pascha hört doch nicht auf den Rat eines preußischen Hauptmannes! Als das Gefecht zu ungunsten von Hafiß verlief, folgte er doch einmal einem Vorschlag von Moltke. Dieser wollte selbst einen für die Türken ungewohnten überraschenden Nachtangriff gegen den „frechen" Gegner führen. Er schreibt:

„Ich schlug dem Pascha vor, diese Kühnheit durch einen nächtlichen Angriff zu strafen. Abends, eine Stunde vor Mitternacht, brachen wir mit der Infanteriebrigade Ismael Paschas (die ich vom Kurdenkriege her als die beste von allen kannte) und mit 12 Haubitzen auf (Kavallerie hatte ich ausdrücklich verbeten). …. Nachdem Hauptmann Laue[50] jedes Geschütz einzeln revidiert und ich die Infanterie zu beiden Seiten aufgestellt hatte, ward das Signal <<< Feuer! >>> gegeben … und bei den dichten Haufen, in welchen der Feind lagerte, muß die Wirkung furchtbar, die erste Bestürzung groß gewesen sein…. Bei der Rückkehr empfingen wir die Glückwünsche der Paschas…".

Zur Vervollständigung sei gesagt, dass die Schlacht für den Sultan verloren ging, was Hafiß Pascha normalerweise den Kopf gekostet hätte. Da aber Moltke für ihn beim Serasker in Istanbul ein gutes Wort in Türkisch eingelegt hatte, kam Hafiß ausnahmsweise mit dem Leben davon.

Die Situation, in der ein deutscher Offizier aktiv in einer bürger-

---

[49] Der osmanische Statthalter in Ägypten, der 3 Feldzüge gegen den Sultan in Istanbul führte und sich von französischen Militärexperten beraten ließ.

[50] Ein weiterer preußischer Offizier, der nach Entlassung auf eigene Initiative in osmanische Dienste trat. Diese Offiziere waren rechtlich den o.a. kommandierten Offizieren weitgehend gleichgestellt. Zwischen 1840–1860 waren dies ca. 20 Offiziere, von denen Blum, Went (Nadir), Grünwald (Iskender) und Strecher sogar den Rang des Paschas erreichten.

kriegsähnlichen Situation mitkämpft, wird sich später im 1. Weltkrieg wiederholen, diesmal gegen die Armenier.

Moltke schildert u. a. in seinen Briefen seine freundschaftlichen Beziehungen zu einer armenischen Familie. Noch 1863 erhielten die Armenier vom Sultan den Status „Millet-i Sadıka", was sie als „treue" bzw. „loyale Glaubensgemeinschaft" auszeichnete. Erst ab ca. 1880 gerieten sie aufgrund außen- und innenpolitischer Ereignisse, hierunter der Gründung von armenischen Parteien, zunehmend in den Status „Innerer Feind".

IV Von der Goltz in der Zeit 1883–1913, Edler von Tiechler in 1909

(Quelle: https://de.wiki.org/wiki/Colmar_von_der_Goltz)

Nach den Siegen gegen Österreich 1866 und Frankreich 1871 wurden für den Sultan deutsche Militärberater so attraktiv, dass sie zunehmend die französischen verdrängten, die immer noch von dem Ruhme Napoleons gezehrt hatten. Inönü erwähnt wiederum 17 wohl ehemalige Offiziere zwischen 1838 und 1882, von denen drei Pascha wurden; Wallach erwähnt elf.

Abdülhamid II ließ dann 1880 in Berlin nachfragen, ob wieder kommandierte bzw. versetzte deutsche Offiziere und Beamte als Berater entsandt werden könnten. Wilhelm I gab am 04.06.1880 die Zustimmung, vier Beamte zu entsenden, während sich das Eintreffen von vier ausgewählten Offizieren in Istanbul aus verschiedenen Gründen noch bis 21.06.1882 verzögerte. Diese Offiziere waren Oberst Kähler, Hauptmann Kamphövener, Rittmeister von Hobe und Hauptmann Ristow. Auch sie wurden wie Moltke unter Beurlaubung mit Rückkehrgarantie kommandiert. Sie bildeten die erste offizielle deutsche Militärmission im Osmanischen Reich.

Die Beratertätigkeit dieser Offiziere blieb in den Folgejahren weitgehend erfolglos, weil der Sultan ihre Spielräume zu stark eingrenzte und aus Furcht vor seiner eigenen Armee letztlich auch keine echten Reformen wollte. Die Offiziere sollten somit eher beeindruckende Aushängeschilder gegenüber dem Ausland sein, wurden auch nacheinander zu Paschas ernannt. Der beförderte General Kähler wurde 1883 stellv. Chef des osmanischen Generalstabes[51].

Mit dem Tod von Kähler Pascha am 03.11.1885 übernahm Freiherr von der Goltz die Führung der Militärmission, der am 15.06.1983 als Oberstleutnant und Reformer für die Kriegsschulen entsandt worden war. Er wurde auch unter Beförderung dessen Nachfolger im Amt des stv. Generalstabschefs.[52] Es erfolgte dann noch 1884 die Zukommandierung von Korvettenkapitän Starcke.

---

[51] Erkan-ı Harbiye Reis-i Sanisi.
[52] Sous Chef d'Etat Major. Die gemeinsame Sprache hier zwischen gebildeten Türken und Deutschen war, wenn möglich, Französisch.

Abdülhamid II 1876–1909

(Quelle: https://de.wikipedia.org/wiki/Abdülhamid_II)

Wilhelm II 1888–1918

(Quelle: https//de.wikipedia.org/wiki/Wilhelm_II_(DeutschesReich))

Zwischen Abdülhamid II und Wilhelm II entwickelte sich zumindest äußerlich eine Freundschaft, die letztlich zwischen 1888 und 1909 Bestand hatte und auch manche politische Zurückhaltung des deutschen Kaisers gegenüber dem Sultan erklären mag. Der deutsche Brunnen in Istanbul wurde als Geschenk des Kaisers in 1900 errichtet, als

Dank für seinen 2. Besuch in 1898.

Von der Goltz diente zunächst bis Ende 1895 im Osmanischen Reich in verschiedenen Funktionen, dann, nach weiteren Kurzaufenthalten 1908–1910, im Osmanischen Reich noch einmal 1914–1916, also insgesamt ca. 15 Jahre. Seine umfangreichen Reformen nach preußischem Muster, aber mit viel Einfühlungsvermögen in die türkische Kultur, waren erfolgreicher als die seiner Kameraden, sein Einfluss deutlich größer. Er war einer der wenigen deutschen Offiziere überhaupt, die die türkische Sprache erlernten und von türkischen Schülern verehrt wurden. Er bleibt bis heute in der Türkei der beliebteste deutsche General, von dem man immer noch mit Hochachtung spricht.

Die deutschen Militärberater Ende des 19. Jahrhunderts, die ja in der Regel der türkischen Sprache nicht mächtig waren und z.T. mit der türkischen Mentalität fremdelten, durften Istanbul nur selten verlassen, um sich eigene Eindrücke zu verschaffen, litten damit unter einer informellen Isolation. Wenn kritische Berichte oder Meldungen aus dem Lande überhaupt den Beratern zur Kenntnis gelangten, wurden diese von der osmanischen Informationspolitik überlagert.

So ist nicht bekannt, was die deutschen Offiziere rückwirkend erfahren haben über den armenischen Aufstand von Zeytun 1871, das Wirken der Hamidiye Regimenter[53] nach Aufstellung 1891, von den Ausschreitungen in Samsun und Van 1894. Sie dürften auch kaum historische Kenntnisse gehabt haben über noch frühere Ereignisse wie der Vertreibung katholischer Armenier aus Istanbul 1828 [54] oder Zwangsbekehrungen von Armeniern zum Islam im Raum Erzurum

---

[53] Benannt nach Sultan Abdülhamid II. Diese irregulären Reiterregimenter unter türkischer Führung der 4. Armee in Erzincan, die vor allem aus nomadisierenden Kurden bestanden, bestritten ihren Unterhalt aus Aktionen gegen die sesshaften bäuerlichen Armenier. Ein Konflikt zwischen den beiden Gruppen mit langer Vorgeschichte. Für irreguläre Truppen kann man die Regierung nicht so leicht zur Verantwortung ziehen wie für reguläre. Das gilt auch grundsätzlich für Taten des Mob auf den Straßen und während der Deportationen.
Die Hamidiye umfasste ca. 24.000 Mann, d.h. 48 Regimenter à 500 Mann nach Ternon; nach Kieser, Lukas sogar ca. 40.000 Mann mit 56 Regimentern in 1894. In „Die Armenische Frage und die Schweiz 1896–1923 ".

[54] Feigel, Uwe „Das evangelische Deutschland und Armenien".

1829.[55]

Sie wurden jedoch wahrscheinlich informiert von den Ausschreitungen in Sassun Bitlis 1894, vielleicht auch durch den Bericht einer eingesetzten türkischen Untersuchungskommission, der den Armeniern, angeblich angestiftet durch den britischen Konsul in Van, die Schuld zuwies.

1894 lässt von der Goltz eine Division in den Osten zur Verhinderung eines möglichen russischen Einmarsches entsenden.[56] Selbst er, der angeblich so gut informiert war, ließ sich zunächst täuschen, auch durch ergänzende Erzählungen des Kommissionsmitgliedes und engen Vertrauten Abdullah Pascha. So bestreitet von der Goltz am 24.02.1895 in der Kölnischen Zeitung die Massaker von 1894 in Sassun/Sason/Bitlis, weil er der eingesetzten türkischen Untersuchungskommission[57] mehr glaubt und nicht den diese begleitenden Konsuln aus Großbritannien, Frankreich und Russland. Er nimmt die türkischen Soldaten, die dort eingesetzt waren, grundsätzlich in Schutz und sagt „dass die Berichte über barbarische Grausamkeiten Mythenbildung angehörten". Erst im Februar 1896 wird von der Goltz in einem Botschafterbericht aus Istanbul an den deutschen Botschafter in Wien, Prinz Phipp zu Eulenburg, erwähnt, dass er rückblickend die Zahl der armenischen Todesopfer auf ca. 88.000 schätzte. Im Bericht des deutschen Botschafters dieses Monats nach Berlin wurde die Zahl von 88.243 genannt.[58] Der deutsche Botschafter in Istanbul von

---

[55] Stangeland, Sigurd „Die Rolle Deutschlands im Völkermord an den Armeniern". Auch mir blieb 2002 nur ein Monat Zeit, um mich auf die Verwendung in Istanbul vorzubereiten. Ich kannte gerade einmal die Namen der Generale von der Goltz und Liman von Sanders und konnte dem damaligen türkischen Befehlshaber der 1. Armee in Istanbul beim Antrittsbesuch nur überrascht in den Traditionsraum folgen, in dem beide deutschen Marschälle als ehemalige Befehlshaber der 1. Armee die Bildergalerie schmückten.
[56] Colmar von der Goltz „Denkwürdigkeiten". Fürchtete er eine Solidarisierung mit den Armeniern?
[57] Der türkische Untersuchungsbericht wurde vorgelegt nach ca 6 Monaten am 20.07.1895. Er wurde nicht von den 3 Konsuln gezeichnet.
[58] Tamke, Martin „Völkermord und die Solidarität der Christen" in „Dich, Ararat, vergesse ich nie!". Dadrian, Vahakn schreibt von der Goltz in dieser Meldung sogar die Zahl von 200.000 zu, die der deutsche Botschafter dem französischen Botschafter Lozé genannt haben soll, der die Zahl an den französischen Außenminister Berthelot weiter gemeldet hat. „The History of the Armenian Genocide".

Saurma hatte schon im Dezember 1895 die Zahl auf mindestens 60.000 geschätzt. Der deutsche Kaiser sprach 1896 von 80.000 Toten.[59]

Die europäischen Botschafter haben im Nachgang zu 1894 noch eine zweite Kommission eingesetzt mit Feststellungen, die nun die Hohe Pforte[60] belasteten.

In Deutschland gab es in diesen Jahren noch keine Pressezensur oder gar angedrohte Schutzhaft[61] wie im 1. Weltkrieg. Aber unliebsame Personen wie der gut informierte Theologe und Orientalist Lepsius,[62] ein Sachkenner der Verhältnisse im Osmanischen Reich, zgl. Fürsprecher für die Armenier, wurden behindert oder ihre Versammlungen aufgelöst. Einzelne Philarmenier gab es vor allem in den Kirchen und der Professorenschaft.

Die allgemeine Stimmung in Deutschland wurde im Übergang des 19. zum 20. Jahrhunderts nämlich stark beeinflusst durch Autoren wie Karl May[63]:

„Ein Jude überlistet zehn Christen; ein Yankee betrügt fünfzig Juden; ein Armenier aber ist hundert Yankees über: so sagt man, und ich habe gefunden, dass dies zwar übertrieben ausgedrückt ist, aber doch auf Wahrheit beruht. Man bereise den Orient mit offenen Augen, so

---

[59] Saupp, Norbert „Das deutsche Reich und die armenische Frage".
[60] Wörtlich „Bab-ı Ali", der Sitz der osmanischen Regierung. Die Dienstgeschäfte wurden in den frühen Jahren des Osmanischen Reiches wahrgenommen durch den Führer/Sultan, später durch den Großwesir. Nach Auffassung des Autors geht z.B. das große steinerne Vordach im Topkapı Palast im Eingang zum 3. Hof auf das große Zeltvordach zurück, wo der Sultan Hof hielt. Es war der Ort, wo die wichtigsten Entscheidungen fielen. Hier spielte sich das entscheidende „Leben" ab. Vielleicht hat daher das türkische Wort „hayat" auch zwei Bedeutungen: Das „Vordach" und das „Leben". So meinte „Hof halten" in der Zeit des europäischen Absolutismus mit „Hof" auch ein Gebäude, den Sitz des Monarchen, aber auch das bedeutendeste gesellschaftliche „Leben".
[61] Von Gerlach, Hellmut „Die große Zeit der Lüge".
[62] Lepsius arbeitete schon 1894 in der evangelischen Gemeinde in Jerusalem. In Urfa gründete er mehrere karitative Einrichtungen, in Deutschland das Armenische Hilfswerk und war 1914 Mitbegründer der Deutsch-Armenischen Gesellschaft. Seine Publikationen ab 1896 bilden einen wertvollen Bestandteil der Genozidforschung. Leider blieb er als Opfer staatlicher Politik und Zensur im 1. Weltkrieg weitgehend ein „Rufer in der Wüste".
[63] May, Karl „Auf fremden Pfaden".

wird man mir recht geben. Wo irgendeine Heimtücke, eine Verräterei geplant wird, da ist sicher die Habichtsnase eines Armeniers im Spiele. Wenn selbst der gewissenlose Grieche sich weigert, eine Schurkerei auszuführen, es findet sich ohne allen Zweifel ein Armenier, welcher bereit ist, den Sündenlohn zu verdienen. Sind die sogenannten Levantiner überhaupt und im allgemeinen berüchtigt, so ist unter ihnen der Armenier derjenige, der sie alle übertrifft."

In einem anderen Buch[64] schreibt Karl May im Jahre 1903:
„Der Armenier ist der schlechteste Kerl von der Welt."
Körte z.B. schreibt im Jahre 1896:[65]
„Jeder, der in den Provinzen mit dem Kern des Volkes in Berührung kommt, lernt die Türken achten und lieben, die Griechen dagegen geringschätzen, die Armenier hassen und verachten."
Und, weiter zum Armenier:
„Dem Zweck, Geld zu verdienen, ordnet er alle anderen Rücksichten unter."
„Man kann schlechthin sagen, wo man in Anatolien betrogen wird, hat man es mit einem Armenier zu tun".
Körte unterstellte den Armeniern, dass sie stehlen, feige seien und Verstellungstalent hätten.
Grothe stimmt 1903 den Aussagen von Körte voll zu[66]. Er ergänzt, indem er auch differenziert:
„Minder religiöser Fanatismus als brutale Empörung gegen die blutsaugerische Beschäftigung der Armenier war der Beweggrund zum Gemetzel. Freilich nur auf den Armeniern der Diaspora dürfte begreiflicherweise ein solcher sozialer Haß haften, nicht auf den Bauern, Hirten und Handwerkern des platten Landes und der kleinen Städte in den vom armenischen Volkstum vorwiegend besetzten Gegenden der asiatischen Türkei".
An anderer Stelle schreibt Grothe 1913:[67]

---

[64] May, Karl „Im Reich des silbernen Löwen."
[65] Körte, Alfred „Anatolische Skizzen".
[66] Grothe, Hugo „Auf türkischer Erde".
[67] Grothe, Hugo „Die asiatische Türkei und die deutschen Interessen".

„Auch auf den schlauen, überbiegsamen Armenier, den man in türkischen öffentlichen und privaten Diensten als Schreiber, Sekretär und Verwalter in schmarotzerhaften und kriechenden Exemplaren trifft, pflegt man keine Achtung zu häufen".

Turkophile wie Friedrich Naumann oder Hans Barth versteigen sich sogar schon vor dem 1. Weltkrieg in eine vergleichende Rassenlehre, in der sie das „Herrenvolk" der Deutschen im Verhältnis zu den Slaven gleichsetzen mit dem Volk der Türken im Verhältnis zu den „unterworfenen Völkern".[68]

In gleichem Stil schreibt Banse 1916:[69]

„Denn durch politische Verhetzung ist der Armenier der Türkei im Laufe des letzten Jahrhunderts die Verkörperung der Verneinung alles Bestehenden geworden, zum Element der Umwälzung und der Zersetzung, zum Schmarotzer an den Lenden der Herrenvölker".

„...sondern dieses Volk ist ein Gernegroß, der sich auf Unkosten stärkerer Völker unter frechem Schreien Ellbogenfreiheit zu verschaffen sucht - und der hierfür stets gebührend gezüchtigt wurde. Von jeher waren die Armenier die Störenfriede des Landes. Dieses Volk hat wenig Züge an sich, die bewundernswert wären, und auch ihr starres Festhalten an dieser unreinen Form des Christentums, das ist vielleicht die Hauptdummheit, die sie begehen konnten".

Ernst Jäckh, u.a. führendes Mitglied in der Deutsch Türkischen Vereinigung von 1914,[70] unterscheidet zwar 1915 rückblickend zwischen verschiedenen Gruppen von Armeniern (denen in den Städten, denen auf dem Lande wie im Tal des Araxes[71] und den Anhängern von ausländisch gesteuerten Geheimbünden), weist aber auch den Armeniern, deren Opfer er wohl bedauert, die Schuld zu:

„Das armenische Massaker war nichts anderes als eine politischtürkische Reaktion gegen eine ebenso politisch-armenische Revolution, die infolge englischer Umtriebe einen armenischen Staat herstellen wollte."

---

[68] Fuhrmann, Malte „Der Traum vom deutschen Orient". S. auch Kaiser, Hilmar „Imperialism, Racism, and Development Theories".
[69] Banse, Ewald „Die Türkei".
[70] Jäckh, Ernst „Der aufsteigende Halbmond".
[71] Heutiger Name „Aras".

Die Massaker[72] seien nicht vom türkischen Volk ausgeführt worden, sondern durch Kurden auf Befehl des Sultans[73]. Die Auseinandersetzungen seien wirtschaftlich bedingt und nicht religiös. Jäckh schätzt die Zahl armenischer Gewaltopfer im Zeitraum 1894–1896 auf 200.000, Sonyel dagegen, ein Ehrenmitglied der Türkischen Historischen Gesellschaft[74], auf 10.000–20.000 bei 5.000–10.000 muslimischen Opfern![75]

Für eine erfolgte „Revolution" legt Jäckh keine Beweise vor.

Die allgemeine Stimmungslage für die Türken und gegen die Armenier konnte auch auf die zu entsendenden Offiziere nicht ohne Eindruck bleiben. Sie hatte im Weltkrieg weiter Bestand, wie z.B. der überlebende armenische Geistliche Balakian über sein Schicksal berichtet.[76]

Von der Goltz war auch nicht dafür bekannt, große Sympathien für die Armenier zu hegen. So soll er im Februar 1914 in einer Rede in Berlin vor der Deutsch-Asiatischen Gesellschaft gesagt haben:

„Es ist nötig, von der türkisch-russischen Grenze aus den 3 Provinzen von Van, Bitlis und Erzurum die ca. 500.000 Armenier zu entfer-

---

[72] Gemeint sind Massaker zwischen 1894–1896 und 1909.
[73] Abdülhamid II.
[74] Seit 1983 „Atatürk Kültür, Dil ve Tarih Yüksek Kurumu" (Hohe Gesellschaft für die Kultur Atatürks, die Sprache und Geschichte".) Verankert im Artikel 134 der türkischen Verfassung mit Stand 2017.
[75] Sonyel, Salahi „Falsification and Disinformation".
[76] Balakian, Grigoris „Armenian Golgotha". Er habe schon bei seinem Studienaufenthalt in Berlin vor dem Krieg bemerkt: „Die Deutschen mochten uns nicht", bezieht sich auch auf die nachfolgend erörterte Rede von von der Goltz. Er spricht von dem „kaltherzigen" von Wangenheim. Er sagt, dass deutsche Offiziere flüchtende Armenier ausgeliefert hätten, ebenso solche, die schlecht über Deutsche gesprochen hätten. „Mit seltenen Ausnahmen waren deutsche Offiziere von Hass auf die Armenier erfüllt." Deutsche Offiziere und Unteroffiziere hätten sich feindlich gegenüber den Armeniern verhalten, hätten sie für unzuverlässig gehalten, da mit den Alliierten paktierend. „German officers were armenophobic". Andererseits konzediert er, dass ihm ein deutscher Major (ohne Namensnennung) auch geholfen habe bei der Ausstattung mit einer überlebenswichtigen falschen Identität, wobei Balakian seine guten deutschen Sprachkenntnisse zur Hilfe kamen. Positiv äußert er sich auch über deutsche Ingenieure und andere Zivilpersonen sowie über Schweizer. Balakian ist Einer von sieben Überlebenden der Deportation von ca. 300 Armeniern aus Istanbul am 24.04.1915.

nen und im Raum Aleppo und Mesopotamien wieder anzusiedeln und im Austausch Araber im Nordosten."[77]

Auch der Publizist Dr. Paul Rohrbach sah in seiner Vorstellung von einem „Größeren Deutschland" die Bagdadbahn als das „Rückgrat" der hervorragenden Stellung Deutschlands im vorderasiatisch-türkischen Orient[78]. Auch er schlägt vor, die Armenier entlang der Bagdadbahn anzusiedeln.[79]

Es musste Jedem klar sein, dass diese abenteuerlichen Ideen nur unter Zwang und selbst bei guter Organisation unter zahlreichen armenischen Verlusten zu realisieren gewesen wären, aber es wäre eine Unterstellung, die beiden Personen deswegen gleich in die Nähe einer Beihilfe zum Völkermord zu rücken. Vielmehr spielten neben primär militär-politischen Gründen auch wirtschaftliche eine Rolle, etwa:

---

[77] Balakian, Grigoris „Armenian Golgotha". Dadrian jedoch spricht von der „Deutsch - Türkischen Vereinigung" im Zeitraum 1913/1914 in „The History of the Armenian Genocide"; Ohandjanian, Artem spricht von der Deutsch Türkischen Gesellschaft im Februar 1914 in „Armenien 1915". Aus Sicht des Autors war es vermutlich eine Rede vor der Deutsch - Türkischen Vereinigung am 11.02.1914, die formal zum 15.04.1914 gegründet wurde und mit Unterstützung des AA agierte. Nach Kaiser, Hilmar „Imperialism, Racism, and Development Theories". Interessanterweise spricht die russische Zeitschrift „Kolos Moskoy" am 26.01.1914 von einem deutsch/türkischem Geheimplan für diese Deportation, was am Folgetag von der türkischen Zeitschrift „Ikdam" bestritten wird. Nach Dadrian, Vahakn „Warrant for Genocide".

[78] Neben Pfarrer Lepsius und Issahakyan Mitbegründer der Deutsch - Armenischen Gesellschaft 1914. In Mogk, Walter „Paul Rohrbach und das < Größere Deutschland >".

[79] Pinon, René „La supression des Arméniens" : "Schon Rohrbach hatte in einer Konferenz im Winter 1913 angeregt, mithilfe einer sinnreichen Methode die beiden Tendenzen zum Nutzen Deutschlands und seiner Unternehmen zu vereinen und zu nutzen, nämlich die Fähigkeiten und die Arbeit der Armenier, dabei die politische Gefahr beseitigend, die von einem Armenien ausgeht, welches zu dicht benachbart ist mit Russland. Er schlug vor, vor allem die Armenier aus dem Norden von ihren Bergen herabsteigen zu lassen und sie in Kolonien entlang der Bagdadbahn anzusiedeln.... die Wüsten würden Ernten und Dörfer hervorbringen...Schon hier ist Deutschland für die Entstehung der türkischen Freveltaten verantwortlich: Deutsche Methode – Türkische Ausführung". (Übersetzung des Verfassers aus dem Französischen). Auch Andere belasten Rohrbach: Dadrian in „The History of the Armenian Genocide", der armenische Patriarch Zaven, der US Botschafter Morgenthau und die französische Zeitung „Temps".

- Das vor allem wirtschaftliche Interesse Deutschlands an Mesopotamien, später auch an Kilikien[80], im Rahmen einer imperialen Politik, speziell gegen Großbritannien gerichtet
- Die Unterbindung einer Solidarisierung der osmanischen Armenier mit den Russen oder gar die der Bildung eines armenischen Staates, den Bestand des Osmanischen Reiches gefährdend
- Die Annahme, dass die fleißigen Armenier das ehemals fruchtbare Mesopotamien wieder sanieren könnten
- Die Befriedung arabischer Stämme, die schon lange im Osmanischen Reich schwer zu kontrollieren gewesen waren[81]
- Im türkischen Interesse die Absenkung des armenischen Bevölkerungsanteils auf 5% bis 10% pro Provinz/Vilayet, was schon im 19. Jahrhundert durch verschiedene Gebietsreformen versucht wurde, damit Muslime die örtlich/regionale Mehrheit stellten.[82]

1915 müsste folgerichtig in der Kontinuität des Denkens von der Goltz aufgrund seiner Dienststellung und Nähe zu Enver Pascha den Deportationsbefehl vom 27.05.1915[83] mitgetragen haben. Er hätte wissen müssen, dass das Zielgebiet am Euphrat einen todbringenden wüstenähnlichen Charakter hatte und keinerlei Vorkehrungen für den Transport und eine dortige Aufnahme der Armenier erfolgt waren.

Mit dem Deportationserlass Ende Mai 1915 hat die türkische Regierung wohl auch die Absicht verfolgt, was auch schon teilweise geschehen war, die entstehenden Siedlungslücken durch Türken zu füllen und darüber hinaus im Osten einen Siedlungsverbund herzustellen

---

[80] Z. B. der deutsche Staatssekretär Jagow : „Adana ist unsere Interessensphäre" in Saupp, Norbert „ Das deutsche Reich und die armenische Frage." Das Deutsche Reich wusste auch um die Ölvorkommen in Mesopotamien.
[81] Schließlich erhoben sie sich ja auch im 1. Weltkrieg nach dem Ausscheren von Mekka. Lawrence, Thomas (von Arabien) „Die sieben Säulen der Weisheit". Cemal Pascha ist hart gegen angebliche oder wirkliche „arabische" Verschwörer vorgegangen. Viele osmanische Schimpfwörter bezogen sich auf die Araber. Cemal Paşa „Erinnerungen eines türkischen Staatsmannes".
[82] Dadrian, Vahakn „Warrant for Genocide". Sonyel, Salahi "Ermeni Tehciri ve Belgeler", Dok. 189.
[83] Auch mit Datum 01.06.2015 benannt. Zeitverzug zwischen Zeichnung des Befehls und der Bekanntgabe im Gesetzblatt.

mit den Muslimen im Transkaukasus, zur Stärkung der Disposition gegen Russland. Diese Gerüchte machten schon früh die Runde, wurden aber in der Istanbuler Zeitung İkdam[84] am 30.01.1914 dementiert.

Mohr[85] schreibt 1919, ohne den Umsiedlungsvorschlag der Armenier nach Mesopotamien zu erwähnen oder gar die Deportationen im 1. Weltkrieg:

„Babyloniens Wiedererweckung ist deshalb der Kernpunkt der Bagdadbahn - Anlage, die ohne dieselbe völlig aussichtslos wäre".

Der Vertrag über die Bagdadbahn, genehmigt durch eine Weisung (Irade) des Sultans vom 05.03.1903, beinhaltete erhebliche Befugnisse für das internationale Konsortium „Société Impériale Ottomane de Chemin de Fer de Bagdad" zur wirtschaftlichen Nutzung der Zonen entlang der Strecke bis Basra. Es war beiden Nationen klar, dass in Mesopotamien ein erhebliches Bevölkerungsdefizit bestand und man nach den Erfahrungen der Nutzbarmachung von Kilikien auf türkische Umsiedler nicht zurückgreifen solle.

Im Übrigen proklamierte auch schon 1910 in Großbritannien der Ingenieur Willcocks, in Mesopotamien „indische oder ägyptische muslimische Bauern" anzusiedeln, um das Vakuum zu füllen.[86]

1891 starb Ristow Pascha in Istanbul, dem Major Steffen folgte. Als auch dieser starb, folgte ihm Major Grumbkow[87]. Mit Ausscheiden von Starcke Pascha folgte diesem Korvettenkapitän Kalau.

In der Zeit zwischen dem Weggang von der Goltz 1895 und 1909, der Entmachtung von Abdülhamid II durch die Jungtürken, ging der Einfluss der deutschen Militärmissionen zurück. Neben den Offizieren der Kähler Mission sollen fünf weitere nicht kommandierte gedient haben[88].

---

[84] Diese osmanische Zeitung gelangte bald unter deutsche Kontrolle wie auch „Der Osmanische Lloyd". İkdam = Fleiß, Ausdauer.
[85] Mohr, Anton „Der Kampf um Türkisch - Asien – Die Bagdadbahn".
[86] Schäfer, Carl Anton „Deutsch – Türkische Freundschaft".
[87] General Grumbko nahm als Generalinspekteur der osmanischen Artillerie zum Unwillen von Kaiser Wilhelm II 1897 auf türkischer Seite am Thessalischen Krieg im Raum Larissa teil gegen Griechenland. Er musste die Front verlassen. In diesem Krieg dienten weitere freiwillige deutsche Offiziere auf beiden Seiten.
[88] Wallach, Yehuda „Anatomie einer Militärhilfe".

Der Dienstposten des Militärattachés wurde 1897 bis 1901, nun überhaupt erstmals, durch Hauptmann von Morgen besetzt, von 1901 bis 1906 durch Major von Leipziger (ab 1905 nach Umbenennung Leipzig), von 1906 bis 1913 durch Hauptmann von Strempel.[89] Die 1898 noch verbliebenen drei kommandierten Offiziere in der Militärmission waren die Generäle Kamphövener,[90] Grumbkow und Kalau von Hofe. Verstärkungen kamen 1899 durch Zukommandierungen von Hauptmann Mesmer-Saldem, Rittmeister Rüdgisch und 1901 Major Ditfurth. Neben diesen dienten in einem anderen Status die ehemaligen Offiziere General Baron Brockdorf, General Heuser, Kolağası[91] Hausschild und Hauptmann Fitzau.[92] 1909 kam eine neue deutsche Militärmission in die Türkei, die aus elf Offizieren bestand. Ismet Inönü erwähnt sogar einige mehr, wohl wieder die nichtkommandierten Offiziere mitzählend, auch Ernst Jäckh.[93]

Sechs deutsche Heeresoffiziere[94] und fünf deutsche Piloten[95] haben später an den Balkankriegen 1912/1913 auf osmanischer Seite teilgenommen. Der bedeutendste Heeresoffizier war der bayerische Oberstleutnant von Lossow, der am 21.01.1911 seinen Dienst antrat und 1912 eine osmanische Infanteriedivision kommandierte. Er sollte nach 1914 noch einmal in Erscheinung treten.

Damit wurde erstmals offiziell der Übergang vollzogen von einer Beratertätigkeit zu einer Teilnahme an Kampfeinsätzen. Das sicherlich zutreffende Argument der deutschen Offiziere war, dass sie ohne Teilnahme an Reputation einbüßen würden, wohl auch an Karrierechancen.[96]

---

[89] Giesl von Gieslingen „Zwei Jahrzehnte im Nahen Orient". Die „Liste der Militärattaches des Deutschen Reiches" in Wikipedia ist unvollständig.
[90] Dieser blieb sogar, weitgehend erfolglos, unter Beförderung zum osmanischen Marschall, bis 1909.
[91] Türkischer Dienstgrad zwischen Hauptmann und Major.
[92] Nach Stangeland dienten 1908 nur 25 deutsche Offiziere im Osmanischen Reich.
[93] Nach seiner Aussage in „Deutschland im Orient nach dem Balkankrieg" gab es 30 deutsche Offiziere zwischen 1909 und 1913.
[94] Endres, Lehmann, Veit, von Hochwächter, Graf Pieysing und von Lossow.
[95] Darunter Oberleutnant Jahnow, der beinahe in einen Luftkampf mit dem deutschen Piloten Büchner auf bulgarischer Seite verwickelt worden wäre.
[96] Auch in der Personalführung der Bundeswehr heute ist ein Auslandseinsatz für eine gute Karriere nahezu bindend.

Von keinem weiteren Heeresoffizier, der zwischen dem Abgang von der Goltz 1895 bis Ende 1913 im Osmanischen Reich diente[97], sind Berichte bekannt, die zu unserer Thematik Erhellendes beitragen könnten, obwohl die Auseinandersetzungen mit den Armeniern unter Abdülhamid II und den Jungtürken weiter gingen: Genannt seien die Vorfälle von Zeytun[98] 1895/1896 und Urfa[99], der Überfall auf die Osmanische Bank in Istanbul 1896[100] mit Folgeaktionen in Eğin/Agn/Akn, Muş 1904 und der Anschlag auf den Sultan 1905.

In der Zeit ab 1909, der Zeit der Jungtürken, sind es die Massaker in Kilikien und Adana 1909, 1913 wieder in Zeytun[101].

Ein Ereignis aus dem Jahre 1909 verdient jedoch besondere Aufmerksamkeit: Es handelt sich um das humanitäre Handeln des Fregattenkapitäns Edler von Tiechler im Rahmen der Massaker von Alexandrette/Adana und Umgebung.

Als Kapitän des kleinen Kreuzers „Hamburg" der Kaiserlichen Marine versorgt er ab dem 25.04.1909 eigenmächtig entgegen deutscher Weisung (Schutz nur deutscher Interessen!)[102] zusammen mit dem britischen Schiff „Swiftsure" Deutsche, „Rum" und Armenier, im Hafen von Mersin/Mersina/İçel und im 60 km entfernten Adana. Es handelte sich um ca. 13.000 Flüchtlinge und Verwundete in Adana und ca. 3.000 Flüchtlinge und Verletzte in Mersin.[103] Die Hilfe seines Landungskorps bestand u.a. aus Nahrungsmitteln, Einrichtung bzw. Betrieb von Feldlazaretten und dem Herstellen der öffentlichen Ord-

---

[97] 1912 dienten nach Yehuda Wallach 24 Offiziere.
[98] Hier hat Deutschland vorübergehend seine Politik der Nichteinmischung aufgegeben und durch Einschaltung des Botschafters Saurma Schlimmeres verhindern können. Die Bergfeste Zeytun war schon 1858 ein Unruheherd gewesen, dann wieder 1871.
[99] Dadrian, Vahakn „German Responsibility in the Armenian Génocide".
[100] Der österreichische Militärattaché Baron Wladimir Giesl von Gieslingen: „Zwei Jahrzehnte im Nahen Osten", berichtet, dass er einige armenische Kinder vor den Ausschreitungen in Istanbul hat retten können.
[101] Süleymanlı.
[102] Reichskanzler von Bülow an den Kaiser vom 22.04.1909: „ Ich verhehle mir nicht, dass unsere Schiffe nicht mehr tun können und sollen, als in bedrohten Hafenplätzen moralischen Eindruck zu machen und flüchtige Deutsche aufzunehmen in Notfällen, die hoffentlich nicht eintreten".
[103] Bericht des Chefs des Admiralstabs der Marine Baudissin an den Sts. des AA Schoen vom 18.05.1909 als Abschrift des Berichts der „Hamburg".

nung zum Schutz der Verfolgten. Im Sanitätswesen zeichnete sich besonders aus der Schiffsarzt Dr. Bokelberg. Von Tiechler schreibt:

„Deshalb erachtete ich ein rasches und genügendes Eingreifen zur Linderung des ersten Elends, bis sich die Wut der Massen gelegt hatte und die türkischen Behörden anfingen, ihre Schuldigkeit zu tun, nicht nur im Interesse des deutschen Namens, sondern schon aus menschlichen Beweggründen für notwendig. Ich mochte gegen die Engländer nicht zurückstehen und konnte die in der deutschen Fabrik befindlichen Hilfsbedürftigen nicht dem Hungertod und Epidemien preisgeben".

„Die Beschaffung von Lebensmitteln und die Fürsorge für die Verletzten durfte unter den obwaltenden Verhältnissen nicht abhängig gemacht werden davon, ob und wie die Ausgaben später gedeckt werden. Nur augenblickliche Hilfe konnte Linderung schaffen.

Meine Anordnungen sind auch am 3. Mai nachträglich genehmigt worden".

Das Reichsmarineamt telegraphierte am 04. Mai 1909 zurück:

„Mittel für Hilfsaktionen für Armenier stehen nicht zur Verfügung. Marinefonds kommen nicht in Frage. ...Drahte Meldung, wie Deckung der vorschußweise gezahlten Ausgaben gedacht ist".

Die Antwort des Kommandanten:

„Deckung des Vorschusses gedacht durch private Mildtätigkeit, Reichstag, private Stiftungen, deren Statuten es zulassen, was hier unbekannt".

Es ging um zunächst ca. 4.500 Mark. Kein ruhmvolles Verhalten der Marineführung! Im Gegensatz zu ihr bekundet in einem Schreiben der britische Konsul Willis von Adana:

„The Relief committee cannot let the Hamburg leave without attempting to express their gratitude for the splendid work the ship has done".

Am 07.05.1909 traf der Kleine Kreuzer „Lübeck" unter Fregattenkapitän Kühne als Ablösung ein. Dieser blieb in Mersin bzw. Adana bis 02.06.1909.

Bei Rückkehr nach Deutschland wird die Aktion der „Hamburg" no-

lens volens von der Führung der Marine begrüßt.[104] Von Tiechler wird sogar am 05.09.1909 zum Kapitän zur See befördert.
Selbst der Bericht zur „Hamburg" in Hildebrand/Röhr/Steinmetz „Die deutschen Kriegsschiffe" aus dem Jahre 1990 erwähnt die Armenier nicht, sondern spricht allgemein vom „Niedermetzeln von Christen", vielleicht noch immer die Sprachregelung aus dem Jahre 1909 widerspiegelnd. Der Bericht verschweigt die Gehorsamsverweigerung des Kommandanten im Rahmen der de facto Zensur jener Zeit.[105]
Es stellt sich an diesem Beispiel die immer-wiederkehrende Frage nach den Grenzen der soldatischen Gehorsamspflicht. Nach Auffassung des Autors war „Edler von Tiechler" ein wahrhaft „Edler".
Ein negatives Beispiel aus der jüngeren Geschichte ist das Massaker von Srebenica aus dem Jahre 1995[106] und das Verhalten des Kommandeurs der örtlichen UNO-Blauhelmsoldaten. Der Autor ist der festen Überzeugung, dass die letzte Instanz beim Fällen eines militärischen Entschlusses das Gewissen des zuständigen Kommandeurs sein muss, auch wenn er sich anschließend vor Gericht verantworten muss.[107] Das setzt große Charakterstärke voraus sowie Überzeugungskraft gegenüber seiner Truppe, den „Weg des Ungehorsams" auch mit zu gehen. Der Personalauswahl zukünftiger Kommandeure kommt somit große Bedeutung zu.
Nach überwiegender Ansicht westlicher Historiker wurde die Zahl der osmanischen Armenier in der Zeit 1882 bis 1914 um ca 1/3 reduziert. Ternon spricht von 240.000, Stangeland gar von 300.000 bis zum Jahre 1898. Für Deutschland gab es jedenfalls als Begründung der Passivität in dieser Periode noch nicht das Argument der so wichtigen Waffenbrüderschaft wie im 1. Weltkrieg.
Es waren andere Gründe, die schon die Politik Bismarcks bestimmten; sie sind in der einschlägigen Literatur ausführlich dargestellt. Dies gilt auch für die Beweggründe der Türken in der Verfolgung der Ar-

---

[104] Saupp, Norbert „Das deutsche Reich und die armenische Frage".
[105] S. auch www.lexikon-der-wehrmacht.de/Waffen/Hamburg-R.htm.
[106] https://de.wikipedia.org/wiki/Massaker _von_Srebenica- Wikipedia.
[107] Das Drama um Stalingrad im 2. Weltkrieg ist ein anderes Beispiel, bei dem Gehorsamsverweigerung geboten gewesen wäre gegenüber dem irrationalen Hitler, um noch große Teile der 6. Armee zu retten.

menier und anderer Minderheiten vor, im und nach dem 1. Weltkrieg.

V Liman von Sanders und die Militärmission im 1. Weltkrieg

In den nachfolgenden Kapiteln wird darauf verzichtet, ausführlich die Hauptgeschehnisse im 1. Weltkrieg im Osmanischen Reich zu beschreiben. Vielmehr soll das Verhalten einzelner deutscher Offiziere dargestellt und im Sinne unserer Fragestellung bewertet werden.
Am 14.12.1913, nach der 2. Revolution der Jungtürken am 11.06.1913 und am Vorabend des 1. Weltkrieges, der für Deutschland am 01.08.1914 begann,[108] trifft als Antwort auf den Antrag des Sultans Mehmet V General Liman von Sanders in Istanbul ein, mit ihm die ersten zehn Offiziere der Militärmission.[109] Diese Zahl sollte noch bis Ende des Krieges 1918 stark aufwachsen.
Nach Mühlmann[110] umfasste die Militärmission am 20.01.1918 schon 7332 Mann, darunter 646 Offiziere, d.h. mit einer Offizierquote von etwas über 8%. Allerdings geht es bei dieser Zahl offensichtlich nur um Soldaten, die ausschließlich unter dem national-deutschen Kommando von Liman von Sanders als Führer der Militärmission standen, nach heutiger deutscher Terminologie ausschließlich ihm „truppendienstlich" wie auch „für den Einsatz", also „in jeder Hinsicht" unterstellt waren.[111] Diese Soldaten waren überwiegend eingesetzt in rück-

---

[108] Für das Osmanische Reich erst am 29.10.1914.
[109] Kannengießer, Hans „Gallipoli".
[110] Mühlmann, Carl „Das Deutsch-Türkische Waffenbündnis im Weltkriege. Major Mühlmann diente vom Dezember 1913 an in verschiedenen Funktionen, u.a. an den Dardanellen, davon lange Zeit im unmittelbaren Umfeld von Liman von Sanders. Damit hatte Mühlmann tiefe Einblicke in die Militärmission; seine statistischen Angaben sind somit vertrauenswürdig. Er bezeichnet in diesem Buch, wie viele andere deutsche Offiziere, die Armenier als „skrupellos". Er sagt: „Die harte Art und Weise der Durchführung der Austreibung soll nicht bestritten werden, wenngleich nicht nur böser Wille, sondern mehr die unzulängliche Versorgungslage Anatoliens an dem großen Sterben die Schuld tragen. Aber die Maßnahme der Aussiedlung als solche war wenigstens im eigentlichen Kriegsgebiet eine politische und militärische Notwendigkeit".
[111] Auch wenn diese Begriffe damals noch nicht bekannt oder gebraucht wurden, so war die genaue Statusfrage, die Problematik von Befehl und Gehorsam in Koalitionsarmeen doch schon gegeben, nämlich, wieviel Einfluss die abstellende Nation noch auf ihre Soldaten behält gegenüber der aufnehmenden Nation bzw. dem auf-

wärtigen Gebieten, in stationären Einrichtungen wie im Stab der Militärmission in Istanbul, in Lazaretten, einer Feldbäckerei, Eisenbahnabteilungen, Fernmeldestellen, u.s.w. Jedoch gab es daneben auch mobile – national verbleibende – deutsche Truppen wie Kraftwagenparks, Ballonzüge, Flakzüge oder eine Pionierkompanie. Nationale Truppen konnten auch aus der nationalen in die internationale Unterstellung wechseln, wie z.b. die Flakzüge 28 und 177 später in die Heeresgruppe „F". Die rein national eingesetzten deutschen Soldaten unterlagen somit allein der Gehorsamspflicht gegenüber ihren deutschen Vorgesetzten, in der Spitze gegenüber Liman von Sanders.

In o.a. Zahl sind jedoch die deutschen Soldaten nicht enthalten, die der Militärmission nur truppendienstlich unterstellt waren, nicht aber für den Einsatz. Diese Zahl war noch deutlich größer. Es sind vor allem die Truppen von Heer, Luftwaffe und Marine, einschließlich des Sonderkommandos Usedom, die an der Front an der Seite ihrer türkischen und österreichischen Kameraden kämpften und unter dem internationalen Einsatz-Oberbefehl von Enver Pascha standen.

Da der Militärmission, wenn auch nicht „für den Einsatz", wohl aber noch „truppendienstlich" unterstellt, wurden sie z. B. in Fragen der Personalführung von ihr mit erfasst und betreut. Mühlmann beziffert die Zahl dieser „internationalen" deutschen Truppen schon zum August 1916 mit ca. 10.000, darunter 790 deutsche Offiziere. Hierbei sind noch nicht erfasst die deutschen Anteile der Luftstreitkräfte, da noch im Aufbau, sind nicht benannt die Zahl der Offiziere im aufgewachsenen 1.000 Mann starken Kommando Usedom u.a.m.

In der Zwischenbilanz muss damit nach Mühlmann Mitte 1918 von

---

nehmenden Truppenführer, speziell anderer Nationalität: Also das Problem „Diener zweier Herren". Keineswegs war es nämlich so, dass deutsche Soldaten „wie Söldner" in „eine osmanische Armee" überstellt wurden, in ihr dem unbedingten Gehorsam unterlagen. Allerdings hatten damals Truppenführer der jeweils anderen Nation offensichtlich mehr Befugnisse als die in heutigen Koalitionsarmeen, wenn auch mit manchen Kompetenz-Unschärfen. Von der Goltz Pascha hat bei der Ablösung von Oberst Nureddin Rücksprache gehalten mit Enver Pascha, Nuri Pascha hingegen nicht mit Liman von Sanders bei der Ablösung von Oberstleutnant Paraquin. Ähnliche unterschiedliche Vorgehensweisen gab es z.B. bei Beurlaubungen. Hierbei spielte auch die Höhe des Dienstgrades eine Rolle, das Gewicht einer Maßnahme und der militärische Führungsstil der jeweiligen Nation.

einer Mindestzahl von 646 national und 790[112] international eingesetzten deutschen Offizieren, also mehr als 1.436 ausgegangen werden. Die international eingesetzten Soldaten unterlagen zunächst der Gehorsamspflicht gegen über ihren deutschen oder türkischen Vorgesetzten bis hin zu Enver Pascha in der Spitze. In „truppendienstlichen" Angelegenheiten, wie z.B. einer Ablösung, einer neuen Kommandierung, disziplinarer Ahndung u.a.m. unterlagen sie der Gehorsamspflicht gegenüber der Militärmission, also von Sanders. Man spricht hier von „doppelter Unterstellung", was in Koalitionsarmeen wohl schon aus verfassungsrechtlichen Gründen unvermeidbar ist.

Daneben gab es noch deutsche Sonderkommandos, Sonderdienste und Agenten, die im Osmanischen Reich und Nachbarländern in politisch-militärischer Mission operierten, entsandt von verschiedenen Dienststellen in Deutschland, darunter auch vom Auswärtigen Amt, weil sie deutsche Spezialaufträge wahrnehmen sollten, wie in Mesopotamien, Persien, Afghanistan, im Kaukasus, im Yemen oder in „Deutsch-Ostafrika". Sie operierten zumeist weder unter der Führung der Militärmission noch des Generalstabes, also militärisch kaum koordiniert.[113]

Die erneute Weisung des deutschen Kaisers im Dezember 1913 an Liman von Sanders vor Entsendung nach Istanbul, dass die deutschen Soldaten sich nicht in innenpolitische Dinge einmischen sollten, in Fortsetzung des Nichteinmischungsprinzips von Bismarck, belegt allein schon, dass deutsche Soldaten, besonders bei internationaler Unterstellung, nicht zu bedingungslosem Gehorsam gegenüber dem aufnehmenden Truppenführer verpflichtet waren. Damit verbunden war letztlich die unausgesprochene Weisung, deutsche Interessen zu wahren, in jedem Fall aber sich nicht in Straftaten im Sinne der Haager

---

[112] Eine Namens- und Tätigkeitsliste deutscher Offiziere, wenngleich nicht annähernd vollzählig, kann der Arbeit von Dr. Mete Söytürk entnommen werden, der alle ihm verfügbaren Quellen ausgewertet hat:
http://forum.axishistory.com/viewtopic.php?f=80&t=107127&start=0.
„Full German Officers Name in the Ottoman Army". Eine weitere Liste in Wolf, Klaus „Gallipoli 1915".

[113] Ein Beispiel ist die Niedermayer-Hentig Expedition, die auf dem Weg nach Afghanistan das Gebiet des Osmanischen Reiches durchquerte. Hauptmann Niedermayer diente noch nach Rückkehr im September 1916 bis 1918 im Osmanischen Reich.

Landkriegsordnung von 1907 oder der deutschen Strafgesetze verwickeln zu lassen. Es wäre die Pflicht der Militärmission gewesen, Soldaten vor dem Einsatz auf diese Rechte und Pflichten deutscher Soldaten hinzuweisen. Inwieweit dies geschehen ist, bleibt unklar.

Es ergibt sich somit, nicht nur für den Außenbetrachter, eine komplizierte Lage von Kompetenzen und Gehorsamspflichten, was in mindestens einem größeren grundsätzlichen Fall auch zu einer Auseinandersetzung zwischen Enver Pascha und Liman von Sanders führte.

Auch die Verhältnisse vor Ort waren mitunter kompliziert. So konnte z.B. eine Flugzeugstaffel personell rein deutsch besetzt sein, rein türkisch oder gemischt.

Die Soldaten einer Staffel unterstanden natürlich dem Staffelführer, egal welcher Nationalität, sollten somit auch seinem Verständnis über die Durchführung eines Auftrages folgen. Muss z.B. ein deutscher Pilot – und dies ist nicht etwa graue Theorie – in der sehr verlustreichen Spätphase der Kämpfe mit seinem Flugzeug aufsteigen, weil dies bei drückender Luftüberlegenheit der Briten praktisch seinen sicheren Tod bedeutete, militärisch eigentlich äußerst fragwürdig war, während der türkische Pilot jedoch den Opfergang, ggf. auch in der Nachbarstaffel, antritt?

Wo liegen die Grenzen des militärischen Gehorsams, auch in anderen Fällen, wenn z.B. ein deutscher Soldat Zeuge von Mißhandlungen an Armeniern wird? Inwieweit war die militärische Gehorsamspflicht damals rechtlich und moralisch vergleichbar mit der heutigen in Deutschland? Aber auch passives Verhalten kann schon den deutschen Offizier in eine Gewissensnot treiben: Wie soll er sich verhalten, wenn ein Vorgesetzter einen Untergebenen sehr hart verprügelt oder in einer kritischen Gefechtssituation einen Desertierenden erschießt?[114] Fragen, die schon bei der Bildung einer Koalitionsarmee aus unterschiedlichen Kulturkreisen sehr früh auftauchen.

Die Flugzeug-Landstaffeln unterstanden ihrerseits den Befehlshabern

---

[114] Bekanntlich hatte von der Goltz schon im 19. Jhdt. in der osmanischen Armee die Prügelstrafe gegen „subalterne" Offiziere abschaffen können, nicht aber gegen Unteroffiziere und Mannschaften. Ein Problem, mit dem noch viel später Offiziere der Bundeswehr bei Aufenthalten in anderen Armeen mitunter konfrontiert wurden.

der Armeen, diese wiederum dem Generalstab mit Enver Pascha an der Spitze. Die Marinestaffeln unterstanden der Marineführung, damit in der Spitze auch Enver Pascha, da er ja bis Ende 1917 die Funktion des Marineministers ausübte, danach – zumindest formal – wieder Cemal Pascha.

Dann gab es noch deutsche Truppen, die ab 20.08.1918, aufwachsend von einer Stärke von ca. 5.264 von der Krim kommend, in Georgien landeten und z.T. noch vor Kriegsende wieder nach Istanbul zurück verlegten. Sie unterstanden nicht Enver Pascha, sondern nur örtlichen deutschen Kommandeuren. In welchem Umfang sie noch von der Administration der Militärmission erfasst wurden – man bedenke allein die Entfernungen und den informatorischen Zeitverzug – bleibt unklar.

Geht man in Ergänzung der Zahlen von Mühlmann nun von einer Zahl von 32.000[115] deutschen Soldaten im Spätsommer 1918 aus und einer vom Autor ermittelten durchschnittlichen Offizierquote von 8%, so sprechen wir statt von mindestens 1.500 nun von ca. 2.500 deutschen Offizieren im Rahmen unserer eingeengten Fragestellung.

Erkenntnisse über das Denken deutscher Offiziere hinsichtlich der Armenier gibt es ausreichend. Sie verdichten sich zu einem weitgehend einheitlichen Bild, nämlich einer ablehnenden oder zumindest kritischen Einstellung gegenüber den Armeniern bei Solidarität mit den türkischen „Waffenbrüdern". Neben dem Offizier Mühlmann, in o.a. Fußnote zitiert, sei ein weiteres Beispiel genannt.[116]

Anders ist es mit den Erkenntnissen über das konkrete Handeln dieser Offiziere, am Schreibtisch oder in der Truppe. Die Informationen

---

[115] Die Angaben in der Literatur schwanken zwischen 25.000 und 32.000. Von Seeckt nennt die Zahl 32.000 für Oktober 1918, incl. der Kaukasustruppen (in Meier-Welcker, Hans „Seeckt"). Die Kaukasustruppen betrugen im September 1918 nach Baumgart allein schon 19.000 Mann. Daher erscheint die Zahl von 32.000 eher als temporäre Mindestzahl.

[116] Der Kriegsberichterstatter Emil Serman z.B. steht 1915 stellvertretend für eine extreme Meinung: „ Dabei möchte ich nicht vergessen zu erwähnen, dass sich die armenische Bevölkerung in diesem Feldzug fast durchweg, es gab auch Ausnahmen, in der widerlichsten und verräterischsten Weise benahm, dass sie sich mit den Russen verbündete, ihnen Weg und Steg zeigte…In Wirklichkeit aber sind selbst die schärfsten Maßregeln dem gegenüber, was diese Bevölkerung sich geleistet hat, noch viel zu milde". In „Mit den Türken an die Front".

über sie, gar wenn sie aus Memoiren oder Briefen stammen, sind häufig lückenhaft oder erscheinen gefärbt. Verwertbare weitergehende Erkenntnisse liegen vor über maximal 50 Offiziere, Personen wie Stabsärzte, Militärpfarrer oder Diplomaten/Reserveoffiziere mit militärischem Erst-/Zweitauftrag schon einberechnet.

Somit können nur die wichtigsten deutschen Offiziere betrachtet werden und die, über die spezielle Erkenntnisse überhaupt vorliegen.

Von Sanders wird bis 31.10.1918 im Osmanischen Reich dienen und bis August 1919 in britischer Kriegsgefangenschaft auf Malta sein Buch schreiben.[117]

Liman von Sanders
Pascha
(Quelle: Buch Liman von Sanders „Fünf Jahre Türkei", Verlag August Scherl, Berlin, 1919)

---

[117] Liman von Sanders „Fünf Jahre Türkei".

Er hätte als einer der beiden Marschälle in 1915/1916 und aufgrund seiner hohen Dienststellung[118] neben von der Goltz und den beiden Chefs der Stäbe Bronsart von Schellendorf und ab 1918 von Seeckt den größten Einfluss ausüben können, auf die osmanische wie auch auf die deutsche Seite. Vertragsmäßig stand von Sanders nämlich nahezu auf einer Stufe mit Enver Pascha.

Dies hätte allerdings vorausgesetzt, dass er im Entscheidungs- und Informationszentrum in Istanbul anwesend geblieben wäre und nicht Kommandofunktionen in der Truppe wahrgenommen hätte, als

---

[118] In der militärischen Hierarchie im Krieg nach dem Sultan (Generalissmus) und Enver Pascha (Vize – Generalissimus) vertraglich der dritte Mann. Eine nominelle Führung hatte Deutschland auch nie gefordert.
Zumindest im Frieden stand der Großwesir, zumeist auch zgl. der Außenminister, noch zwischen dem Sultan und dem Kriegsminister. Der Einfluss des ägyptisch/osmanischen Großwesirs Said Halim Pascha (bis 03.02.1917) war jedenfalls personenbedingt sehr gering. Mit nachfolgender Übernahme des Amtes durch Talât Pascha war dieser Enver Pascha ungefähr ebenbürtig.
Das angebliche Geheimabkommen zwischen Enver und von Sanders, was nach Eva Ingeborg Fleischhauer („Der deutsche Anteil am osmanischen Völkermord 1915–1916") im Wortlaut unbekannt ist, mag existiert haben. Nach Auffassung von Wolfgang Gust war es wohl eine mündliche Vereinbarung, in der Enver als (de facto) Oberbefehlshaber akzeptiert wurde.
(http://bpb.de/geschichte/zeitgeschichte/genozid-an-den-armeniern/224092/Der Voelkermord an den Armeniern 1915/16 in deutschen Akten). Von Sanders erwähnt später verschiedene Vertragsverletzungen, von der Zusammenarbeit in der Personalführung deutscher Offiziere bis hin zur Absicht extensiver Ausübung der Befehlsgewalt durch Enver (s. seine Weisung vom 20.01.16, dass „Truppen nur seinem Befehl zu gehorchen hätten", als wenn die Zwischenvorgesetzten nichts zu sagen hätten). Die de facto Funktion des Dritten in der Hierarchie wurde unter Enver beim Heer vom deutschen Generalstabschef ausgeübt. Nur bei Abwesenheit von Enver infolge einer Dienstreise, gleichzeitige Unerreichbarkeit und wenn Enver mit keinem Kabinettskollegen die Vertretung des Kriegsministers vereinbart hat, hätte der Generalstabschef, wenn er in einmal in Istanbul zurück blieb, vertretungsweise erweiterte Befugnisse wahrnehmen können. Eine behauptete „tatsächliche Oberleitung" oder „die deutsche Führung der türkischen Armee" (nach Fleischhauer), hat es so nie gegeben, da Enver als Kriegsminister der Generalstab unterstand und er de facto das „Oberkommando" ausübte (s. auch von Feldmann, Otto „Türkei, Weimar, Hitler" oder Trumpener „Germany in the Ottoman Empire", wonach Enver ab 21.10.1914 den Titel Vizegeneralissimus übernommen hat). Diese Klarstellung schmälert aber in keiner Weise die eventuelle Mitschuld der deutschen Offiziere.

Befehlshaber einer Armee oder Heeresgruppe. In dieser Funktion war er paradoxerweise Enver Pascha auch noch unterstellt. Seine wichtigsten Ansprechpartner wären gewesen General von Falkenhayn als Kriegsminister und ab 14.09.1914 Chef des Großen Generalstabes, Enver Pascha, der deutsche Botschafter und sein Militärbevollmächtigter General von Lossow, andere hochrangige Deutsche vor Ort mit Immediatsrecht[119] wie Admiral Souchon, Admiral Usedom oder von der Goltz und die höchsten deutschen Offiziere im nachgeordneten Bereich. Von Sanders hätte als kluger militärischer Stratege Enver Pascha enger beraten können, auch wenn dieser schon beim bevorstehenden frühen Kaukasusfeldzug und beim Feldzug zum Suezkanal seinen Rat nicht annahm.

Limans Ratschläge hätten allerdings auch mit der deutschen Politik in Einklang stehen müssen. Deutschland wollte z.B. den Angriff gegen die Russen Richtung Kaukasus und gegen die Briten Richtung Suezkanal.

Leider hatte der sperrige und undiplomatische von Sanders persönlich ein gespanntes Verhältnis zu nahezu allen wichtigen Persönlichkeiten. Wohl auch daher bevorzugte er Kommandos in der Truppe, ähnlich wie von der Goltz. Dieser war jedoch viel diplomatischer und duldsamer. Bei örtlicher Präsenz hätte die militärische Seite in Istanbul, in enger Abstimmung mit der diplomatischen, z.B. spätestens ab 24. April 1915 mehr Druck ausüben und scharf protestieren können, am Tag der beginnenden Deportationen der Armenier aus Istanbul, zgl. der heutige Gedenktag der Armenier.

Einflussnahme setzt gute Information voraus, dass man z.B. auch regelmäßig Meldungen von Deutschen aus dem unterstellten Bereich und von Nachbarn erhält und diesen kritisches Vertrauen schenkt.[120]

---

[119] Hier das Recht, beim Großen Generalstab, Kriegsministerium oder gar beim Kaiser direkt vorstellig werden zu können, also ggf. mit Überspringen von Hierarchieebenen. Da nach Wallach 7 Personen das Recht hatten und z.T. auch ausübten, kam es zu unabgestimmten Meldungen aus Istanbul, die die Dienststellen in Deutschland mitunter ratlos machten. Der Marineattaché Humann kann als 8. Immediatsberechtigter hinzugezählt werden.

[120] „Die deutschen Offiziere wurden oft nicht einmal über die militärischen Vorgänge und Maßnahmen durch die türkischen Befehlshaber ausreichend informiert, geschweige denn über innenpolitische", in von Sanders „Fünf Jahre Türkei".

Enver Pascha
(Quelle: https://tr.wikipedia.org/wiki/Enver_Paşa)

Dies war zumindest auf der diplomatischen Seite in der Person des Botschafters von Wangenheim lange nicht der Fall. Aufrüttelnde Meldungen der Konsuln wurden nicht ernst genommen und in der Umsetzung für die Heimat im Sinne deutscher Politik verharmlosend gefiltert, weil man den Waffenbruder nicht verprellen wollte. Reichskanzler von Bethmann Hollweg schrieb noch am 17.12.1915 in einer Randnotiz:

„Unser einziges Ziel ist, die Türkei bis zum Ende des Krieges an unserer Seite zu halten, gleichgültig, ob darüber Armenier zu Grunde gehen oder nicht." [121]

---

[121] Hirschfeld, Gerhard „Enzyklopädie Erster Weltkrieg".

Erst danach fand auch in Deutschland langsam ein Umdenken statt. Von Sanders hätte durch seine Präsenz in Istanbul die eintreffenden Soldaten vor Entsendung in den Einsatz entsprechend unterweisen (neudeutsch "briefen") und sich um alle weiteren militärischen Obliegenheiten kümmern können und müssen. Hierzu gehörte auch die Unterrichtung über Grenzen der Loyalität und des Gehorsams gegenüber Vorgesetzten, vor allem der türkischen. Aber der Geist der Zeit war eben der des militärischen Gehorsams, Widerspruch die Ausnahme.[122]

Auch für von Sanders galt: Die sachgerechte Wahrnehmung zweier wichtiger – geographisch weit entfernter – Doppelfunktionen war einfach nicht möglich, ja geradezu unsinnig.[123]

Erst im September 1916 erhält die Militärmission in Person von General von Lenthe einen gewichtigen Chef des Stabes, der Aufgaben des abwesenden von Sanders übernehmen kann.

Schießlich hatte die Militärmission als Teilaufgabe schon im Rahmen ihrer "truppendienstlichen" Befugnisse wichtige Funktionen wahrzunehmen wie Disziplinarwesen, Gerichtsbarkeit, Personalführung, Personalersatz, Post, Gefallenenwesen, also Fürsorge im weitesten Sinne. Für Soldaten, die der Militärmission ausschließlich unterstellt blieben, kamen weitere Aufgaben noch hinzu, wie Besoldung, Sanitätswesen, Verpflegung, Bekleidung, Bewaffnung u.s.w.

Im übrigen aber bleibt vorausgreifend festzuhalten, dass von Sanders sich nach vorliegenden Erkenntnissen im Rahmen unserer Fragestellung weitgehend korrekt verhalten hat:

So soll er sich im März 1915[124] widersetzt haben, Juden und Armenier aus Stäben zu entfernen, die dort häufig als Dolmetscher eingesetzt wurden.

---

[122] In der deutschen Armee hat diesbezüglich das Verhalten der Offiziere des 20. Juli 1944 sicherlich ein wichtiges Zeichen gesetzt.

[123] Die Unsitte der Ämterhäufung wurde auch auf osmanischer Seite gepflegt. So führte Enver Pascha als Kriegsminister im Wechsel 1914/1915 die 3. Armee mit einem katastrophalen Ausgang und Cemal Pascha als formaler Marineminister die 4. Armee. Darüber hinaus war er Provinzgouverneur (Vali) für ein riesiges Gebiet in Syrien/Palästina und südlich davon.

[124] Am 25.03.1915 wechselt er als Befehlshaber von der 1. Armee zur neu aufgestellten 5. Armee.

Im Sommer 1915, so berichtet von Sanders[125], fragte der deutsche Botschafter auf Nachfrage des griechischen Königs Konstantin an, ob er dem Bürgermeister von Edremit gesagt habe, „dass alle Griechen verdient hätten, ins Meer geworfen zu werden." Von Sanders antwortete, dass er nie mit dem Bürgermeister gesprochen habe und das Ganze eine Verleumdung sei.

Nach einem Bericht des österreichischen Botschafters Pallavicini vom 31.03.1916 soll von Sanders die Ausweisung der „griechischen" Bevölkerung aus Urla westlich Izmir gestoppt haben.[126] Dies wird bestätigt durch Dinkel, der sich den Ereignissen um von Sanders ausführlich widmet.[127]

Die militärische Absicht war gewesen, Stellungen der Artillerie bei Urla zu errichten, um gegen den britischen Beschuss von See wirken zu können. Gleichzeitig sollte die Bevölkerung von Urla durch Evakuierung geschützt werden. Natürlich war auch die militärische Absicht, Kollaboration der „Griechen"[128] mit den Briten zu unterbinden in Form von Spionage, wie auch an anderen Orten entlang der Mittelmeerküste. Als der griechische städtische Vertreter in Bandırma, dem Hauptquartier der 5. Armee, Dr. Constantin Makris bei Liman protestierte, unterstützt vom griechischen Botschafter in Istanbul Kallergis, ließ von Sanders die Aktion stoppen, nachdem die Evakuierungen schon begonnen hatten. Er entschuldigte sich bei Makris. Dieser hat später in einem Schreiben vom 15.07.1919 die Sache bestätigt.

Als Hintergrund schildert von Sanders später auch am Beispiel der Rückeroberung von Köste[129] westlich Izmir im Mai 1916, dass „Griechen" z.T. mit den Briten kollaborierten und es nur durch Geheimhaltung und Täuschung möglich gewesen sei, die Operation erfolgreich durchzuführen. Als General in türkischer Uniform sei er

---

[125] Von Sanders, Liman „Fünf Jahre Türkei".
[126] Stangeland, Sigurd „Die Rolle Deutschlands im Völkermord an den Armeniern 1915–1916 ".
[127] Dinkel, Christoph „German Officers and the Armenian Genocide" in Armenian Review, 1991, Heft 44,1 (173).
[128] Gemeint sind statt „Griechen" wohl eher die „Rum", die griechisch-stämmigen Osmanen.
[129] Gemeint ist Kösedere auf der Halbinsel Karaburun.

bei den „griechischen Levantinern" z.T. verhasst gewesen, die ihn auch speziell nach Kriegsende verleumdeten.[130] Dabei habe er Vielen in verschiedener Form geholfen, auch dem Gouverneur von Izmir im Jahre 1916 im Rahmen der Cholera Epidemie incl. Aufbau einer Poliklinik in Zusammenarbeit mit dem Konsul Graf von Spee und der Botschaft.[131]

Im Februar 1916 soll er sich der Deportation von Juden und Armeniern aus Edirne widersetzt haben. Auch diese Stadt gehörte einmal zu seinem Befehlsbereich. Gust bestätigt dies[132] und ergänzt, dass dies in Zusammenarbeit mit dem Botschafter Metternich geschehen sei.

Im August 1916 widersetzt er sich einer von Bronsart von Schellendorf übermittelten Weisung Enver Paschas zur Deportation der „griechischen Bevölkerung"[133] aus der Küstenregion ins Landesinnere, die wegen der Gefahr britischer Anlandungen und wiederum wegen der Gefahr der Kollaboration durchgeführt werden sollte.

Dinkel folgert daraus, dass neben Enver Pascha und Talât Pascha wohl auch von Schellendorf befugt gewesen sei, Deportationsbefehle zu unterschreiben. Das war wohl so, aber man kann daraus nicht schließen, dass er dies eigenständig und ohne Weisung oder zumindest ohne Abstimmung mit Enver Pascha gemacht hat. Auch kann man nicht die Absicht unterstellen, dass es „ohne Rücksicht auf Verluste" zu geschehen habe. Vieles hängt eben auch von der Art der Durchführung ab.

Am 10. November 1916 widersetzt sich von Sanders als Befehlshaber der 5. Armee, in deren Befehlsbereich auch Izmir liegt, der Anweisung des Vali zur Verhaftung und Deportation von mehreren Hundert Armeniern. Von Sanders droht Waffengewalt an gegenüber der Jandarma. Mit Schreiben an die Botschaft vom 12.11.1916 begründet von Sanders sein Eingreifen gegenüber dem Vali überwiegend militärisch:

„Wehrpflichtige betroffen, Gebrauch der Eisenbahnen, Gesundheits-

---

[130] „Als türkischer General war ich verschiedenen fanatischen Griechen ein Stein des Anstoßes."
[131] Näheres unter Fuhrmann, Malte „Der Traum vom deutschen Orient".
[132] Gust, Wolfgang „Der Völkermord an den Armeniern".
[133] Gemeint sind wohl wieder griechisch-stämmige Rum.

maßnahmen, Unruhe in der Bevölkerung in einer Stadt nahe vor dem Feinde, pp".

Zwei Eisenbahnzüge, schon seit 09.11.1916 mit ca. 300 Armeniern unterwegs, mussten angeblich danach wieder umkehren.[134] Zusätzlich intervenierte von Sanders gegen die Verhaftung von zehn „Griechen" im nahegelegenen Urla (s.o.).[135] Die erfolgreiche Beendigung der Sache wird am 18.11.1916 vom Konsul in Izmir, Graf von Spee, bestätigt, ebenso von Pallavicini.[136] In der Angelegenheit hatte von Lossow auch noch Hindenburg eingeschaltet.[137]

Yorgo Sakkaris behauptet in seinem Buch "Ayvalık Tarihi", die „Geschichte von Ayvalık"[138], dass von Sanders aus militärischen Gründen die Deportation von „Griechen" aus dem Raum Ayvalık angeordnet haben soll und diese brutal durchgeführt worden sei.[139] Von Sanders habe in einem Antrag die Notwendigkeit der Räumung unbedingt verlangt und soll sich abfällig geäußert haben: „Können sie diese Untreuen nicht ins Meer werfen?" („Couldn't they throw these infidels into the sea?").

Ein konkretes Datum dieser Aktion erwähnt Akçam Taner, der die Behauptung übernommen hat, nicht.[140]

Auch der noch zu behandelnde Oberstleutnant Otto von Feldmann,[141] der aufgrund seiner Dienststellung Einblick haben musste, greift diese Beschuldigung am 30.06.1921 in der DAZ auf:

„Aber auch er hat in seinem Befehlsbereich – soweit mir erinnerlich –

---

[134] Lepsius, Johannes „Deutschland und Armenien". Meldung Generalkonsul Smyrna vom 10.11.1916. Meldung von Sanders vom 12.11.1916. Er schätzte die armenische Einwohnerzahl auf 6.000–7.000.

[135] Meldung von Sanders in einem Bericht des Botschafters von Kühlmann an den Reichskanzler vom 17.11.1916.

[136] Trumpener, Ulrich „Germany in the Ottoman Empire". Stangeland, Sigurd „Die Rolle Deutschlands im Völkermord an den Armeniern 1915 – 1916". Lepsius „Deutschland und Armenien 1914–1918".

[137] Meldung Großes Hauptquartier an Auswärtiges Amt vom 28.11.1916.

[138] Eine andere Küstenstadt nördlich Izmir gegenüber der griechischen Insel Lesbos.

[139] Akçam, Taner „A shameful Act" S.106.

[140] Ayvalık ist nicht weit entfernt von Edremit. Möglicherweise besteht ein Zusammenhang mit der o.a. anderen bzw. identischen Beschuldigung vom Sommer 1915.

[141] Von Feldmann, Otto „Türkei, Weimar, Hitler".

gegen Armenier einschreiten müssen, nämlich bei der Räumung von Aivalik und Umgegend. Und er hat es meines Wissens getan gegen den Wunsch und Willen des türkischen Walis-Oberpräsidenten der Provinz Smyrna. Zu Grausamkeiten ist es damals nicht gekommen. Dass an anderer Stelle sich General Liman von Sanders tatsächlich der Armenier angenommen hat, ist auch mir wohlbekannt."

Gust[142] sagt auch, dass am 07.04.1917 von Sanders eine Evakuierung von Griechen für Ayvalık angeordnet haben soll, bei der ca. 200 Tote zu beklagen gewesen seien.

Dinkel[143] bringt dankenswerterweise Klarheit in die Angelegenheit: Liman von Sanders hat im Wechsel März/April 1917 auf Antrag des türkischen Kommandierenden Generals des XVII. Korps die Evakuierung von Ayvalık angeordnet, nachdem die Bevölkerung mehrfach vor Kollaboration gewarnt worden war. Von Ayvalık seien nach dem deutschen „Botschafter in außerordentlicher Mission" Dr. Kühlmann 12.000–20.000 „Griechen" deportiert worden. Der griechische Botschafter Kallergis verlangte eine Rücknahme des Befehls. Strittig ist, wie geordnet die Deportationen abliefen. Nach dem griechischen Metropoliten von Bursa, wo im Mai 1917 ca. 2.500 „Griechen" halb verhungert gestrandet waren, seien ca. 200 gestorben.

Von Sanders versprach Besserung in Zusammenarbeit mit dem Vali von Aydın südostwärts von Izmir. Im Sommer 1917 hat er den Befehl teilweise widerrufen. Er gab zu, dass das Ausmaß der Deportationen nicht gerechtfertigt gewesen sei. Alle „zuverlässigen" Bewohner, die für die Wirtschaft des Ortes wichtig seien, dürften zurückkehren. Die Rückkehr erfolgte im Juli 1917.

Dinkel rehabilitiert von Sanders weitgehend, indem er den bereits erwähnten Dr. Makris erwähnt:

„Makris insisted that Liman had done everything in his power as commander of the Fifth Ottoman Army to prevent the deportation and to protect all the Christians. In conclusion he listed a number of cases where the commander of the Fifth Ottoman Army had prevented deportations. (These were in places mostly inhabited by

---

[142] Wolfgang Gust, bedeutender deutscher Autor in der Armenienfrage. 1935 geboren, also kein Zeitzeuge.
[143] Dinkel, Christoph „German Officers and the Armenian Genocide".

Greeks). He had also interceded in individual cases. Liman himself had referred to these individual episodes during his arrest in Malta".

Dinkel fällt dann sein persönliches Urteil:

„The very officer who had been arrested by the English under suspicion of having participated in the Greek and Armenian <massacres>, appears in retrospect to be the one who saved the Greeks in the region under the Fifth Army from suffering a fate similar to that of the Armenians in the Ottoman Empire during the First World War, by preventing mandated deportations time after time".

Insgesamt blieben bekanntlich die beiden Städte Istanbul und Izmir bei den Deportationen der Armenier noch einigermaßen verschont, wohl vor allem der internationalen Aufmerksamkeit geschuldet.

Unstrittig ist, dass von Sanders Evakuierungen von der Küste im Einzelfall militärisch für notwendig hielt, wobei für Evakuierungen streng genommen bei Zusammenarbeit mit deutschen Kommandeuren die zivilen türkischen Instanzen verantwortlich waren, in der Durchführung wohl gestützt auf Jandarma und Militärs.[144] Die Gefahr der Kollaboration der „Griechen"/Rum mit dem Gegner war nachweislich gegeben, wie sich ja im Mai 1919 bei der Landung der Griechen in Izmir erneut herausstellen sollte. Gleiches gilt auch für die Armenier mit den Russen im Nordosten des Landes. Von Sanders stellt dies auch fest, sagt aber dass er „armenisches Gebiet" nie betreten habe, womit er wohl die nord-östlichen Provinzen meint.

Unstrittig ist auch, dass Deutsche immer mit Falschmeldungen, Lügen, Propaganda, Gerüchten, Verleumdungen, Halbwahrheiten und unbewiesenen Behauptungen rechnen mussten, während des Krieges und danach.[145]

---

[144] Von Sanders hat auch in einem Einzelfall den Vorschlag Envers abgelehnt, zivile Gouverneursfunktionen zu übernehmen. Da ging es um das Eintreiben von Ressourcen aus der Bevölkerung. Von der Goltz wollte diese Befugnisse als Befehlshaber der 6. Armee, hat sie von Enver auch mündlich vorab zugesagt bekommen. Ohne schriftlichen Nachweis aber konnte von der Goltz sich später vor Ort nicht durchsetzen. Türkische Befehlshaber hatten nach Aussagen Envers grundsätzlich diese zivilen Befugnisse.

[145] Von Sanders beklagt dies mehrfach. Ein schlechtes Beispiel, schon in der Diktion, ist die pauschale unbewiesene Behauptung von Dr. Harry Stürmer in „Zwei

Rößler[146], der deutsche Konsul in Aleppo, örtliche Drehscheibe der Deportationen, der augenscheinlich durchgehend ein untadeliges Verhalten[147] zeigte, ist nachweislich auch so ein Verleumdungsopfer geworden[148], ebenso von der Goltz[149] und Andere. Der zum Islam konvertierte österreichische Offizier Wilhelm Hintersatz, Adjutant von Enver Pascha, berichtet sogar von einem Giftanschlag auf Liman von Sanders durch seinen „griechischen" Koch, der dies später gestand.[150]

Im Talât Prozess 1921 in Berlin behauptet von Sanders, „dass kein deutscher Offizier je an einer Maßregel gegen die Armenier beteiligt gewesen sei." Diese kühne Behauptung kann ein Truppenführer, wenn überhaupt, nur für seinen engeren Befehlsbereich aufstellen, auch nur, wenn dieser nur wenige deutsche Offiziere umfasst und er diese auch noch fest im Blick hat. Aus vielen Quellen jedoch ist bekannt geworden, wie bereits erwähnt, dass i. Allg. die deutschen Offiziere zu den Türken hielten und keine Sympathie mit den Armeniern hegten; es sei denn, dass sie selbst Zeuge einer scheußlichen Tat gegen Armenier geworden sind. Auch in seiner umfassenderen Eigenschaft als Leiter der Militärmission hätte von Sanders so ein Statement nicht machen können und dürfen. Was wusste er denn z.B. von dem u.a. Eberhard Wolffskeel von Reichenberg, der in der 4. Armee unter Cemal Pascha diente?

Im Streit um den Einsatz von Armeniern entlang der Eisenbahnlinien, der noch zu behandeln sein wird, soll sich von Sanders zusammen mit der Firma Philipp Holzmann gegen die Deportation von ca. 10.000 Armeniern gewehrt haben.

In seinem Buch äußert sich der österreichische Militärbevollmächtigte

---

Kriegsjahre in Konstantinopel": „… dass deutsche Offiziere in der Ausrottung und Vertreibung der Armenier frisch-fröhlich die Initiative ergriffen haben".

[146] Lepsius „Deutschland und Armenien 1914–918".

[147] Es sei denn, man steht auf dem Standpunkt, dass letztlich nur ein „Rückberufungsgesuch" oder „Ablösegesuch" ein „anständiges Verhalten" gewesen wäre gegenüber dem Ausharren auf dem Dienstposten, um auf diesem ggf. noch Schlimmeres zu verhindern.

[148] In Toynbee, Arnold „Armenian Atrocities".

[149] In Kaiser, Hilmar „Eberhard Count Wolffskeel von Reichenberg, Zeitoun, Mousa Dagh, Urfa."

[150] Raschid, Harun el alias Hintersatz, Wilhelm „Marschall Liman von Sanders Pascha und sein Werk".

Pomiankowski besonders lobend über von Sanders.[151]

Das Verhältnis zwischen Armeniern und Deutschen hatte sich im 1. Weltkrieg gegenüber der o.a. Stimmung vor dem Krieg eher noch verschlechtert. Einer der zahlreichen Zeitzeugen bzw. Autoren möge hier zu Wort kommen:

"Wir kamen auf die antideutsche Stellung des größten Teils der Armenier zu sprechen. Wir deutschen Missionare haben mit der Deutschfeindlichkeit armenischer Kreise stets zu kämpfen gehabt. Sie hat den Fortschritt deutscher Missionsarbeit stark gehindert. Diese Indifferenz unserer Regierung der armenischen Frage gegenüber, die Reise unseres Kaisers nach Jerusalem, sein Besuch bei Abdülhamid II, und dass er diesen als >Freund< begrüßte, das alles wurde als aktive armenierfeindliche Politik gedeutet. Das Wort Bismarcks von den Knochen des pommerschen Grenadiers in Bezug auf die orientalische Frage wurde unserem Kaiser in den Mund gelegt, und zwar so, dass das ganze armenische Volk nicht die Knochen eines deutschen Soldaten wert sei.

Die armenischen Massaker 1894–1896 wurden (angeblich) direkt auf den Rat unseres Kaisers zurückgeführt, wie denn auch im Weltkriege die Legende verbreitet und geglaubt wurde, dass die wüsten Christenschlächtereien von deutscher Seite veranlasst wurden. Das alles aber war nicht auf armenischem Boden erwachsen, denn so lügen konnten die Armenier nicht. Die Quelle von allem lag in der deutschfeindlichen Propaganda der nachmaligen Entente. Die armenische Presse in der Türkei, die einen besonderen Einflußkreis besaß, stand ganz unter angelsächsischem und französischem Einfluß. Ihr politischer Teil, soweit er die äußere Politik betraf, war ganz französisch oder englisch orientiert und somit deutschfeindlich.

Der Ekel faßte einen, wenn man las, was hier über Deutschland gelogen wurde." [152]

Gegenstimmen, die den Schutz der Armenier im Sinn hatten, kamen im Weltkrieg nur von Wenigen, darunter den Abgeordneten Matthias

---

[151] Pomiankowski, Joseph „Der Zusammenbruch des Osmanischen Reiches."
[152] Christoffel, Ernst J. „Zwischen Saat und Ernte – Aus der Arbeit der Christlichen Blindenmission im Orient".

Erzberger[153] und Karl Liebknecht.[154]

---

[153] Erzberger ist u.a. im Februar 1916 nach Istanbul gereist, hat aber bei den türkischen Entscheidungsträgern nichs bewirken können. In Meyer, Enno „Zwischen Rhein und Arax".
[154] Nach einer Meldung der Berliner Volkszeitung vom 11.01.1916 wollte der Abgeordnete Liebknecht u. a. von der Regierung eine Erklärung haben über die Ereignisse im Osmanischen Reich. Darauf erhielt er die Antwort, dass die armenischen Unruhen die türkische Regierung zu den Deportationen gezwungen habe. Weitere Anfragen wurden unterdrückt. Die Immunität von Liebknecht wird aufgehoben, er landet im Zuchthaus. Sein „Vergehen": Er hatte in Berlin am 01.05.1916 auf dem Potsdamer Platz gerufen „Nieder mit dem Krieg!"

VI Die militärische Spitzengliederung im Osmanischen Reich

Wie o.a. stand der Großwesir in der Hierarchie eigentlich noch zwischen dem Sultan und dem Kriegsminister. De facto aber wurde schon bei der Entscheidung über den Angriff vom Schwarzen Meer am 29.10.1914 der Großwesir Said Halim nicht wirklich beteiligt, selbst Sultan Mehmet V erst nachträglich informiert. Andererseits zeichnete der Großwesir aufgrund seiner Bedeutung bei Gesetzen mit, wie u.a. beim Deportationserlass Ende Mai 1915.

Enver war im Rahmen des Triumvirats mit Talât Pascha und Cemal Pascha die bestimmende Person als Vize-Generalissimus [155]. Wegen der überwiegenden Abwesenheit von Cemal Pascha aus Istanbul war das Kerngremium der Entscheidungen im Kabinett somit reduziert auf ein Duumvirat.

Enver nahm daher in Personalunion für Cemal Pascha vertretungsweise ab 14.10.1914 bis Ende 1917 die Funktion des Marineministers wahr.[156]

Enver Pascha arbeitete mit den anderen Ressorts zusammen, die ebenso mit türkischen Ministern besetzt waren.

Die Ressortkollegen brachten sich zuweilen in militärpolitische Entscheidungen ein, auch weitere Angehörige des Komitees der Partei, "İttihat ve Terakki" (Einheit und Fortschritt) der Jungtürken. Wenn das Parlament nicht gerade aufgelöst war, wurde es beteiligt.

---

[155] Başkumandan Vekili = Vertreter des Oberbefehlshabers (d.h. des Sultans). Zgl. Kriegsminister = Harbiye Nezâreti. Vor der Machtübernahme Anfang 1913 trug Enver Pascha noch den Dienstgrad Oberst.

[156] „Bahriye Erkân-ı Harbiye Reisi olduğum zaman, Nazır Cemal Paşa, Dördüncü Ordu Kumandanı olarak Suriye'de bulunduğundan, Bahriye Nezareti'ne Enver Paşa vekalet ediyordu". (Nach meiner Zeit als Marineminister hat Enver Paşa die Vertretung im Amt wahrgenommen, nachdem Nazır Cemal Paşa sich als Befehlshaber der 4. Armee in Syrien aufgehalten hat) (Übersetzung des Verfassers), in Orbay, Rauf Cehennem Değirmeni – Siyasi Hatıralarım". Cemal Pascha zeichnete aber trotz Abwesenheit weiterhin als „Dördüncü Ordu Kumandanı ve Bahriye Nazırı" = Befehlshaber 4. Armee und Marineminister.

Cemal Pascha
(Quelle: https://de.wikipedia.org/wiki/Cemal_Pascha)

Kriegsgliederung

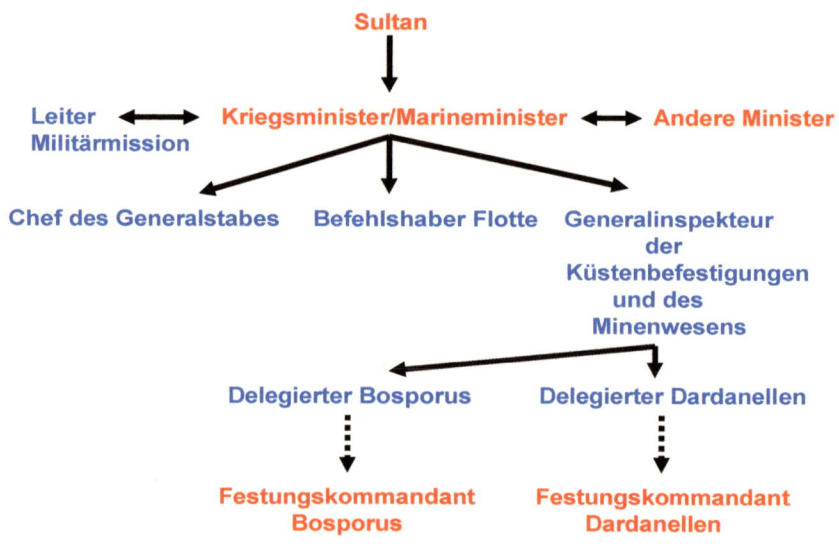

(In Rot türkische Dienstposteninhaber, in Blau deutsche.)
(Quelle: Autor)

Generalstabschef/Chef des Generalstabes war zunächst Bronsart von Schellendorf, ab Ende 1917 von Seeckt. Dem Generalstab „zugeordnet", nicht „unterstellt", war der Generalinspekteur der Küstenbefestigungen und des Minenwesens, Admiral von Usedom, der Admiralstabsoffizier Kapitänleutnant von Janson jedoch dem Generalstab dauerhaft zugeteilt. Dadurch und durch Konsultation mit dem Befehlshaber der Flotte, Admiral Souchon, war eine gewisse Koordination der beiden Teilstreitkräfte sichergestellt, der Generalstab somit nicht nur ein reiner Heeresstab. Die Abgrenzung der Verantwortung zwischen Admiral Souchon und Admiral von Usedom, ergibt sich aus den Titeln. Beide Admirale hatten Immediatsrecht beim Kaiser so wie General von Sanders, General von der Goltz und der Botschafter, später auch General von Falkenhayn. Keine spannungsfreie Konstellation hinsichtlich der Beratung des Kaisers und des Generalstabes in Deutschland. Außerdem berichteten noch spezielle Organisationselemente wie die des Max von Oppenheim[157], weitgehend unabgestimmt.

Admiral von Usedom unterstellt waren die „Delegierten" für die Dardanellen und den Bosporus, die Admirale Merten und (osman. Dienstgrad) Kühlwetter. Diesen wiederum waren als die beiden türkischen Festungskommandanten an den Meerengen Admiral von Usedom nur „zugeordnet", nicht unterstellt. Mit der schwammigen Bezeichnung der „Zuordnung" anstatt der militärisch klareren der „Unterstellung" nahm man Rücksicht auf nationale Befindlichkeiten, verwirrte jedoch Außenstehende und verwässerte Befehlsbefugnisse.

Für das Deutsche Reich nahmen die Botschaft/der Militärattaché/der Militärbevollmächtigte und die Militärmission Einfluss, für Österreich ebenso ihre Botschaft und ihr Militärattaché bzw. ihr Militärbevollmächtigter. Bulgarien hat seine Interessen in Istanbul nach dem Kriegseintritt zu den Mittelmächten am 14.10.1915 durch seinen Botschafter eingebracht.

Im Generalstab waren die deutschen Offiziere als Abteilungsleiter gegenüber ihren türkischen Kameraden deutlich in der Überzahl. Sie führten z.b. im Januar 1918 allein 10 von 13 Abteilungen.[158] Einige deutsche Offiziere nahmen auch zusätzlich korrespondierende Dienstposten im Kriegsministerium in Personalunion wahr.

Beide Dienststellen, das Kriegsministerium und der Generalstab, waren kolloziert neben dem Beyazitplatz in Istanbul auf dem Gelände der heutigen Universität. Als amtierender Marineminister dürfte Enver Pascha auch die Marine aus dieser Liegenschaft geführt haben, unter Zuarbeit aus dem Marinehauptquartier in Kasımpaşa am Nordufer des Goldenen Hornes.[159]

---

[157] Max von Oppenheim, ein Orientalist, aus der diplomatischen Laufbahn kommend. Im 1. Weltkrieg tätig in der „Nachrichtenstelle für den Orient", die vom Auswärtigen Amt und dem Generalstab gegründet worden war. Oppenheim, auch in Istanbul tätig, propagierte 1914 noch in Deutschland den Heiligen Krieg, wurde als ein Gegenspieler von Lawrence von Arabien daher auch „Abu Djihat" genannt.
[158] Mühlmann, Carl „Das deutsch-türkische Waffenbündnis im Weltkriege".
[159] In heutigen modernen Militär-Stäben werden auf der höchsten Ebene alle Teilstreitkräfte aus einem vereinigten Generalstab geführt.

Deutsche Spitzendienstposteninhaber im Generalstab

Generalstabschef	von Schellendorf, von Seeckt
Admiral	von Usedom („zugeteilt")
Zentralabteilung	Dunst
Eisenbahnabteilung (3)	Kübel, Böttrich, Pfannenstiel
Generaletappeninspektion (6)	Rüşdi Bey, Endres
Verkehrsabteilung (8)	Potschernik
Kriegskohlenzentrale (11)	Niemöller
Operationsabteilung (1)	Endres, von Feldmann, von Feldern
Nachrichtenabteilung (2)	von Thauvenay, Seyfi Bey, Sievert
Trainabteilung (4)	Bischof
Waffen-/Munitionsabteilung (5)	Schlee
Abteilung Pionierwesen (12)	Langenstraß
Fliegerabteilung (13)	Serno
Marineoffizier	von Janson

Die Abteilung 6 unter türkisch – deutscher Doppelführung. Die Abteilung 2 ab April 1915 unter türkischer Führung. Die Abteilungen 7 (Sanität), 9 (Kommandant Hauptquartier) und 10 (Registratur) unter türkischer Führung. Die Organisation und die Stellenbesetzungen unterlagen Veränderungen, die dem Autor im Detail nicht bekannt sind.

(Quelle: Autor)

Eine Auswahl dieser Offiziere ist hier gelistet, auf die wir noch z.T. zu sprechen kommen. Die wichtigsten sind die beiden deutschen Generalstabschefs.

In der Person von Enver Pascha als Kriegsminister liefen alle Fäden zusammen; die Einheitlichkeit der Führung war somit sichergestellt. Eine erfahrungsgemäß mühsame Abstimmung mit einem eigenständigen Marineminister oder gar einem Oberbefehlshaber der Luftstreitkräfte wurde so vermieden. Entscheidungen konnten verzugslos getroffen und umgesetzt werden.

Das Heer unterstand dem Generalstab. Es gliederte sich in Großverbände wie Heeresgruppen (nach 1916), Armeen, Korps und Divisionen sowie Verbände wie Regimenter und Bataillone. Obwohl im militärischen Sprachgebrauch eigentlich sprachlich zu differenzieren, können diese Führer pauschal als „Kommandeure" bezeichnet werden. Die Deutschen stellten im Laufe des Krieges mindestens 33 Generale/Admirale, insgesamt ca. 25 Kommandeure [160] in den Dienstgraden Oberstleutnant bis General für die Führungsebenen Division und höher, allein durchgehend bis kurz vor Kriegsende [161] den Befehlshaber der Heeresgruppe „F" („Falke" oder „Falkenhayn") bzw. „Yıldırım" durch von Falkenhayn und Liman von Sanders sowie drei Armeebefehlshaber von 4 Armeen (1., 5., 6., 8.) mit Liman von Sanders, von der Goltz und Kress von Kressenstein. Unterhalb der Ebene der Regimenter und Bataillone gab es die Ebene der Kompanien, die aber zumeist nur von einer Nation besetzt waren.

Die Jandarma konnte bei entsprechendem Ausbildungsstand auch verbandsweise mit den Heerestruppen zusammen eingesetzt werden, wie z.B. in Gallipoli.

Die Heeresflieger wurden geführt aus der 1915 aufgestellten Abteilung 13 im Generalstab unter dem deutschen Abteilungsleiter und Piloten Major Erich Serno. Vor Ort geführt wurden diese Flugzeugstaffeln durch die Befehshaber der Armeen.[162] In einer Zwischenperiode vom Mai 1916–Mitte 1918 wurden auch die Marineflieger durch die Abteilung Serno geführt.

Ab März 1915 verlegte Deutschland umfangreiches fliegerisches Personal und Material [163] in das Osmanische Reich zum Aufbau der Luftstreitkräfte. Es wurden in den militärischen Brennpunkten bis zu 31 Land-Fliegerstaffeln – z.T. nur im Ansatz – aufgebaut, die entweder gemischt oder von einer Nation besetzt wurden. Im Laufe des Krieges wurden ca. 150 deutsche Offiziere als Piloten und Luftbeobachter eingesetzt[164]. Ca. die doppelte Anzahl deutscher Soldaten gehörte dem

---

[160] Die Aufstellung „German Commanders in the Ottoman Army" in http forum.axishistory.com ist unvollständig.
[161] Kurz vor der Kapitulation übernahm Mustafa Kemal Pascha, der spätere Atatürk, die Reste der Heeresgruppe.
[162] Eine eigene Teilstreitkraft Luftstreitkräfte entstand in der Türkei, ebenso wie in Deutschland, erst nach dem 1. Weltkrieg. Dennoch hat die Türkei später das Jahr 1911 als das Geburtsjahr der Luftstreitkräfte festgelegt, weil schon vor dem osmanisch-italienischem Krieg 1911/1912 die ersten Flugzeuge zuliefen.
[163] Mindestens 564 Flugzeuge haben die Front erreicht.
[164] Firma EADS: „Askeri Havacılıkta 100 Yıllık Türk/Alman İşbirliği' bzw. „100 Jahre Deutsch/Türkische Zusammenarbeit in der Militärischen Luftfahrt." Dieses zweisprachige Buch entstand unter der Mitwirkung des Verfassers, lässt deutsche und türkische Autoren zu Wort kommen und hat nur eine Auflage von 200 Stück.

Bodendienst der Luftstreitkräfte an.

Als „Vater" des Aufbaus der Luftstreitkräfte zwischen 1915 und 1918 gilt Hauptmann i.G. Serno. Er hatte seinen Dienstsitz zusammen mit türkischen Kameraden in Istanbul im Ortsteil Pera in einem Gebäude gegenüber dem Tünel-Ausgang. Mehrfach reiste er nach Deutschland zur Rekrutierung weiteren Personals und Beschaffung weiteren Materials.

Erich Serno
(Quelle: www.gallipoli1915.de/#!fliegerstaffeln_1_und_6/c4pu)

(ISBN 978-975-8559-13-8), ist aber im Suchsystem der deutschen Bibliotheken ausleihbar.

Serno hat dem Osmanischen Generalstab berichtet, sich dabei allerdings auf die unter türkischem Hoheitsabzeichen fliegenden oder gemischten Staffeln konzentriert.[165] Aber weder vom deutschen fliegenden Personal noch der zugehörigen Bodenorganisation (incl. Flugabwehreinheiten, Ballondienst, Wetterdienst u.a.m.) sind irgendwelche aufschlussreichen Berichte zur in diesem Buch behandelten Thematik bekannt geworden. Das gilt auch für die recht zahlreichen Bücher und Memoiren verschiedener Offiziere der deutschen Luftstreitkräfte, z. T. noch im Kriege verfasst. Das Armenierkapitel wurde weitgehend ausgespart.

Unter dem Kommando von Enver Pascha stand der Oberbefehlshaber der „schwimmenden" Marine, den Deutschland ab 12.08.1914 zunächst mit Admiral von Souchon stellte, ab November 1915 auch für die bulgarische Marine.

Ihn löste ab am 24.08.1917 Admiral von Rebeur-Paschwitz. In seine Zeit fällt der tragische Untergang der Breslau/Midilli am 20.01.1918 mit 330 Toten bei einer Besatzung von 463 Mann.[166]

Die osmanische Flotte bestand neben den beiden ehemaligen deutschen Schiffen Goeben/SultanYavuz Selim und Breslau/Midilli aus ca. 40 weiteren Schiffen[167] verschiedenster Art, die z.T. noch aus deutschen Werften stammten und z.T. auch unter deutschen Kommandanten fuhren.

Naturgemäß war die schwimmende Marine mit den Massakern an den Armeniern nicht direkt konfrontiert. Aber sie hatte sehr wohl Kenntnisse von den Ereignissen.

Der reaktivierte Admiral von Usedom meldete sich mit 296 Mann, davon 15 Offiziere, am 01.09.1914 bei Enver. Dieses Sonderkommando wurde dann ungefähr im Verhältnis 2:1 aufgeteilt auf die Dardanellen und den Bosporus. Es wuchs später noch weiter auf.

---

[165] Serno, Erich „Ausbau, Organisation und Tätigkeit der türkischen Luftstreitkräfte im 1. Weltkrieg." Datum des Berichts unbekannt, aber wahrscheinlich aus dem Jahre 1917. Der Bericht ist lückenhaft.
[166] https://de.wikipedia.org/wiki/SMS _Breslau. Klaus Wolf hat eine Namensliste publiziert in „Gallipoli 1915"; er spricht hier von 336 Gefallenen.
[167] Vikipedi „Osmanlı Donanması".

Admiral Wilhelm Souchon
(Quelle: https://en.wikipedia.org/wiki/Wilhelm_Souchon)

Obwohl die Truppen des Admirals von Usedom fast ausschließlich an Land eingesetzt waren, waren auch sie mit den Armeniermassakern direkt nicht konfrontiert, hatten aber ebenso Kenntnis. Mehr haben sie vielleicht noch erfahren von den Evakuierungen bzw. Deportationen der „Rum"/„Griechen" vor und während des Krieges von der Ägäisküste.[168] Die Deportationen bzw. Fluchtbewegungen der grie-

---

[168] Nach Taner Akçam „The Young Turks' Crime against Humanity" haben im Nachgang zu den Balkankriegen „Umsiedlungen" der „Griechen" von der Ägäisküste noch bis November 1914 angedauert. Nach Suny, Ronald Grigor „A History

chisch-stämmigen Osmanen, der sog. „Rum", vor dem Krieg und im Krieg, also lange vor Lausanne 1923, dem Bevölkerungsaustauschabkommen, soll nachfolgend jedoch nur thematisiert werden, wenn im Zusammenhang damit deutsche Soldaten erwähnt werden. Nach Stangeland waren allein bis Dezember 1914 insgesamt 350.000 nach Griechenland ausgewandert.[169]

Die Marineflieger flogen ihre Einsätze für die Marine. Der Aufbau deutscher und türkischer Staffeln vollzog sich ebenso schrittweise wie der der Heeresflieger ab 1915. Der spätere Admiral von Dönitz hat mitgewirkt beim Aufbau einer osmanischen Marinefliegerschule in Istanbul.

Der Marineoffizier von Janson als ständiges Mitglied im Generalstab brachte die Expertise für die Marine ein.[170] Im Oktober 1917 befehligt er als Korvettenkapitän Marineeinheiten auf dem Euphrat und Tigris zur Versorgung der Heeresgruppe und der 6. Armee, war dabei der 50. Division in der 7. Armee unterstellt. Näheres über ihn ist nicht bekannt.

---

of the Armenian Genocide" haben ca. 164.000 Rum die Küste nach Westen verlassen, als Flüchtlinge oder Deportierte, ca. 93.000 wurden später ins Innere Anatoliens deportiert. Griechenland hat im 1. Weltkrieg absichtlich keine Truppen gegen das Osmanische Reich eingesetzt – von Einzelpersonen abgesehen – um „ihre Landsleute" nicht zu gefährden. Allerdings haben sie sich dann bei Kriegsende sofort an der Besetzung Istanbuls beteiligt.

[169] Stangeland, Sigurd „Die Rolle Deutschlands im Völkermord an den Armeniern 1915 – 1916".

[170] Oberstleutnant Guhr berichtet, dass schon zuvor der Korvettenkapitän Schneider als Admiralstabsoffizier im „türkischen Flottenkommando" eingesetzt gewesen sei. Guhr, Hans „Als türkischer Divisionskommandeur in Kleinasien und Palästina". Schneider hatte als Luftbeobachter erheblichen Anteil an der rechtzeitigen Aufklärung des alliierten Flottenangriffs an den Dardanellen am Morgen des 18.03.1915; mit ihm als Pilot im Cockpit der gerade überführten Rumpler B1 der o.a. Hauptmann Serno. Der riskante Flug erfolgte mit einem Landflugzeug über dem Meer.

VII   Einsatzräume deutscher Soldaten

Fronten im 1. Weltkrieg im O.R.

(*Quelle: Türkisches Geschichtsbuch für die Oberstufe, Lise Tarih 2, IMA, Ankara, 2005*)

Deutsche Soldaten waren an nahezu allen Fronten[171] eingesetzt, mit Ausnahme des Yemen[172] und des Hedschas/Hicaz, also der Heiligen Stätten um Mekka/Mekke und Medina/Medine. Der weitaus größte Anteil wurde eingesetzt im Feldzug vom Suezkanal/Süveyşkanal nach Aleppo/Halep, weiterhin bis zu ca. 2.000 Mann in den Operationen von Gallipoli/Çannakale, weniger als 1.000 Mann in Mesopotamien/Irak und weniger als 100 Mann an der Kaukasusfront/Kafkas Cephesi bis Anfang 1918. Erst mit Verlegung von ca. 5.000 deutschen

---

[171] Türkisch „Cephe".
[172] Vernachlässigt wird hierbei, dass ein deutscher Trupp mit einem mobilen weitreichenden Funksender über den Yemen nach Ostafrika verlegen wollte; ein im Yemen gescheitertes Projekt.

Soldaten aus Russland in 1918, gefolgt von weiteren Truppen, veränderte sich die Situation im Transkaukasus, dem Gebiet südlich des Kaukasus, deutlich. In Ostthrakien gab es keine aktive Heeresfront, jedoch vereinzelte Operationen von Luftstreitkäften.
Die Land-Fliegerstaffeln waren den Armeen unterstellt, operierten also auch in deren Operationsgebieten. Die Marineflieger dienten der Marine und operierten zumeist über dem offenen Meer. Marinefliegerstationen gab es am Schwarzen Meer bis Batum, an der Ägäis und am Mittelmeer, jedoch nicht mehr südlich Adana.
Die Soldaten marschierten, wo immer möglich, mit der Bahn über Istanbul in ihre Einsatzorte, mit Kraftwagen, mit Booten/Schiffen[173], mit Pferden/Kamelen oder zu Fuß. Die Flugzeuge wurden zumeist zerlegt und von Istanbul aus über weite Entfernungen, wenn möglich, per Bahn transportiert.
Die deutschen Soldaten hätten somit am ehesten in Kontakt mit dem Leiden der Armenier kommen können entlang der Bagdadbahn, im Großraum Aleppo, in der Etappe[174] der 4. oder 6. Armee südlich des Kaukasus oder entlang des Euphrat/Fırat Nehri sowie im Operationsbereich der 3. oder 2. Armee bzw. der Heeresgruppe Kaukasus oder Heeresgruppe Ost zwischen Erzurum und dem Kaspischen Meer. Die kritische Zeitspanne der Haupt-Deportationen lag zwischen April 1915 und Ende 1916. Nach 1916 hätten die Soldaten dann vor allem noch die Folgedeportationen und Nachwirkungen in den Lagern und Aufnahmeorten sehen können.

---

[173] Die Bagdadbahn endete in Ras ul Ain ostwärts des Euphrat. Sie wurde erst 1940 durch Großbritannien fertig gestellt.
[174] Rückwärtige Gebiete, durch die vor allem Versorgungsverkehr läuft.

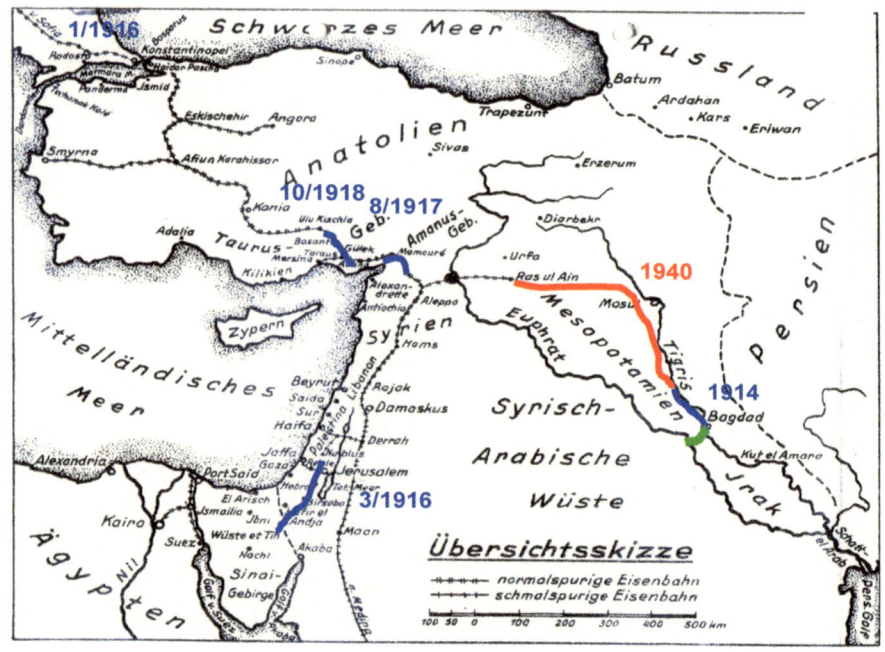

Das Eisenbahnnetz im Osmanischen Reich mit den Ausbaustufen während des 1. Weltkrieges (in Blau) und einer 45 km langen Feldbahn von Risvaniye am Euphrat nach Bagdad (in Grün)
(Quelle: Autor)

VIII Haupt-Siedlungsräume der Armenier, die Deportationsrouten und die Todeslager

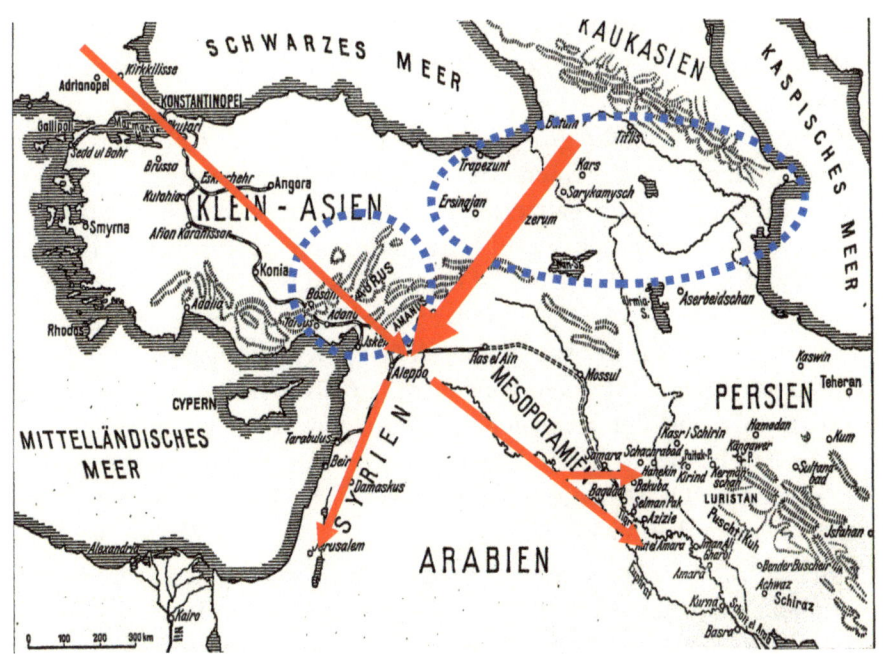

(Quelle: Autor)

Nach Stangeland und Marashlian[175] gab die osmanische Regierung an, dass 1914 ca. 1,3 Millionen Armenier im Osmanischen Reich lebten, davon ca. 1,2 Millionen in Anatolien.[176] Das Patriarchat in Istanbul gab höhere Zahlen an: Ca. 1,8 Millionen gesamt, davon ca. 1,6 Millionen in Anatolien. Beide offiziellen Statistiken sind aber aus verschiedenen Gründen korrekturbedürftig. Daher ermitteln oder schätzen auch verschiedene Autoren abweichende Werte, die i. Allg.

---

[175] Marashlian, Levon „Politics and Demography". Stangeland, Sigurd „Die Rolle Deutschlands im Völkermord an den Armeniern 1915–1916 ".
[176] Es geht um osmanische Armenier. Einen Staat Armenien gab es erstmals kurze Zeit in 1918, i.e. armenische Staatsbürger.

über den offiziellen der osmanischen Regierung liegen.

Hauptsächlich wohnten die Armenier in den nordöstlichen sieben Provinzen Van, Bitlis, Erzurum, Mamurat'ül-Azîz[177], Sivas, Trabzon sowie Diyarbakır und in dem Raum um Kilikien/Adana, hier blau gekennzeichnet. Im Westen wohnten sie in den großen Städten wie Istanbul (ca. 200.000) und Izmir (ca. 20.000), einige Tausend selbst in Kairo.

Schon kurz nach Kriegsbeginn fanden die ersten örtlich/regionalen Deportationen von Armeniern, auch Rum[178], aus strategischen Räumen statt, auch aus ganzen Ortschaften. Shaw berichtet über die Deportierten, Flüchtlinge und Emigranten sehr ausführlich.[179] Danach erfolgten u.a. am 02.04.1915 Deportationen aus Zeytun nach einem dortigen Widerstand der Armenier. Zwei Wochen später wurden dort Muslime von (Gazi) Antep angesiedelt. Der Übergang zu flächendeckenden Deportationen, zunächst die Ostprovinzen betreffend, geschah aufgrund der zeitgleichen Weisungen von Enver Pascha und Talât Pascha am 24.04.1915, verbunden mit Festnahmen von ca. 300 „verdächtigen" Armeniern in Istanbul.[180] Dieser Tag wurde daher zum armenischen Gedenktag.

Die Deportationen fanden hauptsächlich statt aus Ost- und Süd-Anatolien, später jedoch auch in geringerem Umfang aus West-Anatolien und Ostthrakien. Erste Deportationen von Armeniern erfolgten 1915 auch in Syrien, westlich Aleppo und im Raum Latakia, während Palästina und der Libanon weitgehend verschont blieben.[181] Die Hauptphase der Anordnung von Deportationen endete im März

---

[177] Seit 1937 Elazığ. In der Nähe die antike Stadt Kharput/Harput, auch einmal armenischer Bischofssitz. Daher mitunter armenische Bezeichnung für diese Provinz.
[178] Osmanen mit griechischen Wurzeln, zumeist griechisch-orthodoxen Glaubens.
[179] Shaw, Stanford „The Ottoman Empire in World War I" Vol. 2.
[180] Die Schätzungen der meisten Autoren bewegen sich um diese Größenordnung. Beylerian, Arthur „Les Grandes Puissances, L'Empire Ottoman et les Arméniens dans les Archives Françaises 1914–1918". Der deutsche Botschafter Graf Metternich meldet am 07.12.1915 „im mäßigen Umfang". Raymond Kevorkian erwähnt insgesamt ca. 40.000 deportierte Armenier aus Istanbul und den Dardanellen. „L'Extermination des Déportées Arménienne Ottomans dans les Camps de Concentration de Syrie-Mésopotamie".
[181] Sanjian, Avedis „The Armenian Communities in Syria under Ottoman Dominion".

1916, weitere Phasen und Folgedeportationen folgten bis Kriegsende. Das Leiden der Armenier setzte sich fort in den Zielorten, vor allem in den Lagern.[182]

1–1,8 Millionen Armenier wohnten Ende 1914 auf der russischen Seite, 80.000–140.000 in Persien, 50.000 in den USA und weitere 50.000 in dem Rest der Welt, auch noch nördlich des Kaukasus[183].

Im Verlauf des Krieges änderten sich die Bevölkerungszahlen drastisch, nicht nur wegen der Deportationen und Tötungen im Osmanischen Reich, sondern auch wegen der Kampfhandlungen, Vertreibungen, Fluchtbewegungen und Tötungen in eroberten Grenzgebieten zu Persien[184], Russland und in Transkaukasien einschließlich Baku.

Bis in die Gegenwart gilt: Willkürliche Grenzziehungen und Kriege haben Völker getrennt, was häufig weitere Unruhen zur Folge hatte. Im Falle der Armenier war es der Zerfall ihres Großreiches im 11. Jhdt. mit ihrer Hauptstadt Ani und dann im 14. Jhdt. des sog. „Kleinarmenien", des Königreichs Kilikien. Die Grenzziehung von 1878, bei der dem Osmanischen Reich die Gebiete um Batum, Kars und Ardahan verloren gingen, verursachten weitere Spannungen. 1916 schufen das Sykes-Picot Abkommen und 1920 der Vertragsentwurf von Sèvres erneut große Probleme für das Osmanische Reich. Die Spannungen entluden sich vor bzw. während des 1. Weltkrieges und in dem nachfolgenden Krieg 1919–1923, wirken jedoch bis in die Gegenwart nach.

Wichtige Entscheidungsschritte mit dem Ziel einer Gesetzgebung zur

---

[182] Georgeon, François u.a. „Dictionnaire de l'Empire Ottoman", S. 491. Die häufige Beschränkung in der öffentlichen Meinung auf das Jahr 1915 ist somit nicht angebracht. Es muss der gesamte Zeitraum des 1. Weltkrieges des Osmanischen Reiches betrachtet werden, i.e. November 1914–November 1918.

[183] Auch hier schwanken die Zahlen erheblich von Autor zu Autor. Der französische Generalstab schätzt am 14.12.1917 die Zahl der Armenier auf Seite der Ententestaaten, incl. von 300.000 in den USA und von 300.000 geflüchteten Armeniern, auf 4,5 Millionen. Beylerian, Arthur „Les Grandes Puissances, L'Empire Ottoman et les Arméniens dans les Archives Françaises 1914–1918".

[184] „The Ottoman invasions of Persia and the Caucasus saw the plunder of 4.000 – 5.000 Armenian villages and the murder of some 22.000 Armenians and many Assyrians in and beyond Ottoman territory between November 1914 and April 1915". Bloxham, Donald „The great Game of Genocide".

Deportation waren am:[185]

- 08.05.1915 eine Weisung von Talât Pascha, Deportationen aus den 3 östlichsten Provinzen betreffend mit Zielgebiet Euphrat
- 23.05.1915 eine Information von Talât Pascha an den Befehlshaber der 4. Armee und Deportationen aus Kilikien in dessen Befehlsbereich
- 26.05.1915 ein Schreiben des Generalstabes an Talât Pascha mit Forderungen (z.B. 10% Obergrenze von Armeniern)
- 26.05.1915 ein Schreiben von Talât Pascha an den Großwesir mit dem Vorschlag zu einer Kabinettssitzung und der Vorbereitung eines Gesetzes, aber nicht unter der Federführung des Innenministers.[186]

Der wichtigste Meilenstein für die Deportationen [187] war dann der vorläufige ("geçici" [188]) Deportationserlass, der am 27.05.1915 vom Sultan, dem Großwesir und Enver Paşa gezeichnet und am 01.06.1915 mit Gesetzblatt (Takvim-i Vekayi) verkündet wurde.[189] Er wird im Türkischen in der Kurzform als "Tehcir Kanunu" (Umsiedlungsgesetz) bezeichnet, heißt aber offiziell "Sevk ve İskân Kanunu" (Entsende-/Umsiedlungs-/Ansiedlungsgesetz).[190] Das Ge-

---

[185] Halacoğlu, Yusuf „Die Armenierfrage".
[186] Talât wollte wohl, wie weiter unten noch dargestellt, in jedem Fall den Eindruck vermeiden, dass der Hauptgrund der Deportationen ein nicht-militärischer sei. Die Begründung sollte eine militärische sein, damit unter der Federführung von Enver Pascha. Folgerichtig auch das Fehlen der Unterschrift von Talât Pascha unter dem Gesetz.
[187] Enver hatte schon im Vorgriff am 02.05.1915 die Räumung der 6 östlichen Provinzen angeordnet, am 23.05.1915 den Raum um Adana. Hier gab es Anzeichen für eine feindliche Anlandung.
[188] Das Gesetz galt bis zum 08.02.1916, wurde aber formal erst am 04.11.1918 aufgehoben. Ein weiteres vorläufiges Gesetz über die Verwendung aufgegebener Güter vom 26.09.1915 wurde am 08.01.1920 aufgehoben, am 14.09.1922 aber wieder in Kraft gesetzt. Dadrian, Vahakn „The History of the Armenian Genocide".
[189] Abgebildet in Vikipedi: https://tr.wikipedia.org/wiki/Tehcir_Kanunu. Die beiden wichtigen ersten Paragraphen sind dort angeführt mit neu-türkischen Übersetzungsanmerkungen. Vollständig z.B. in Bardakçı, Murat „Talât Paşa'nın Evrak-ı Metrûkesi", oder verkürzt in Gürün, Kâmuran „Ermeni Dosyası".
[190] Der Begriff „Deportation" hätte z.B. mit „zorunlu göç" bezeichnet werden müssen, etwa „erzwungene Übersiedlung".

setz wurde nicht im Parlament beraten, weil dieses zwischen dem 01.03. und 28.09.1915 aufgelöst war. Nachfolgend eine sinngemäße Übersetzung der ersten beiden Paragraphen aus dem Türkischen – nicht Osmanischen – der in Vikipedi sprachlich erläuterten Fassung vom 09.06.2016:[191]

(Vorläufiges) Entsende- und Umsiedlungsgesetz
§ 1 Während des Krieges sind die Befehlshaber der Armeen, die Kommandeure der Korps, der Divisionen und ihre Stellvertreter sowie die Kommandeure selbständiger Einheiten („müstakil mevki" bzw. „postes militaires indépendants") gehalten, ermächtigt und genötigt, zur Aufrechterhaltung der Ordnung in jeglicher Art und Weise („ herhangi bir suretle" bzw."sous quelque forme que sela soit" bzw. „under any form whatsoever") sowie unverzüglich Maßnahmen zu ergreifen - durch Befehle und Handlungen zur Verteidigung des Vaterlandes und zur Aufrechterhaltung der militärischen Ordnung - und bei Feststellung von Zuwiderhandlungen oder bewaffneten Angriffen sofort („en şiddetli") militärische Gewalt anzuwenden und den Angriff oder Widerstand zu ersticken.
§ 2 Die Befehlshaber der Armeen, die Kommandeure der Korps und ihre Stellvertreter sowie die Divisionskommandeure können bei einem begründeten militärischen Erfordernis oder im Fall von Spionage oder Verrat verdächtige („hissetikler" bzw. „soupçonnant coupable" bzw. „are suspected of") Bewohner kleiner Städte oder Dörfer einzeln oder geschlossen an andere Orte entsenden und dort ansiedeln („sevk ve iskân" bzw. „déplacer et installer" bzw. „remove and settle").
Im § 3 wird gesagt, dass das Gesetz sofort in Kraft tritt, im § 4, dass der Dienstposten von Enver Paşa mit der Durchführung beauftragt wird[192] und bei Wiedereröffnung des Parlamentes die Aufhebung der

---

[191] In französischer nicht ganz vollständiger Fassung in Lepsius „Deutschland und Armenien 1914–1918". Engl. Fassung z.B. in Hovanissian, Richard „Armenia on the Road to Independence 1918".
[192] Nach Reşit Akif Paşa (u.a. Vali von Sivas) in Dadrian, Vahakn „The History of the Armenian Genocide": „The deportation order was issued through official channels by the Minister of the Interior and sent to the provinces. Following this order the (CUP) Central Committee circulated its own ominous order to all parties to al-

Vorläufigkeit behandelt werden soll.

Talât Pascha begründet die Einführung des Gesetzes[193]:

„Derhal harbin başlamasına müteakip Muş, Bitlis ve Van vilâyetlerinde Ermeniler tarafından tahrik edilen isyanlar başladı. Bunun üzerine umumî karargâhta <Ermenilerin tehciri> hakkında bir kanun hazırlanarak heyet-i vükelâya arzedildi".

(Gleich nach Kriegsbeginn haben die Armenier in den Provinzen Muş, Bitlis und Van Hetze betrieben und Aufstände verübt. Daher wurde im Hauptquartier das <Umsiedlungsgesetz> erarbeitet und dem Hohen Komiteee/Kabinett unterbreitet." (Übersetzung des Verfassers).

Talât spricht hier von „Aufständen" (isyanlar) in 3 Provinzen, nicht von „dem großen Aufstand".[194] Aus gutem Grund legt er großen Wert auf die Zuständigkeit und damit Gesamtverantwortung für die Durchführung:

„Ben bu kanunun tamamiyle tatbiki aleyhinde idim. Jandarmalar tamamen, polisler ise kısmen ordu hizmetine alınmış ve yerlerine milisler konmuştu. Tehcirin bu vasıtalarla yapılması halinde çok çirkin neticeler elde edileceğini biliyordum. Binaenaleyh istikbali düşünerek, bu kanunun tatbik edilmesinde ısrar ettim ve meriyete girmesini de geciktirmeğe muvaffak oldum."

(Ich war gegen die Gesamtverantwortung in der Durchführung des Gesetzes. Die Gesamtheit der Jandarma und Polizei, ja sogar Teile der Armee wurden in die Pflicht genommen und mit Milizen an den Orten eingesetzt. Ich sollte erfahren, dass infolge der ergriffenen Methode der Umsiedlung sehr viele hässliche Dinge passiert sind. Entgegen folgender Überlegungen blieb ich bei der Ablehnung der Federführung bei der Umsetzung des Gesetzes und später habe ich auch im Ergebnis Recht behalten). (Übersetzung des Verfassers).

---

low the gangs to carry out their wretched task". Dadrian betont an anderer Stelle noch einmal, dass de facto die Durchführung doch vom Innenminister erfolgte. Vielleicht eine Erklärung, warum die §§ 3 und 4 selten veröffentlich wurden.

[193] Kocahanoğlu, Osman Selim „Hatıraları ve Mektuplarıyla Talât Paşa". Auch in Bolayır, Enver „Talât Paşa'nin Hâtıraları".

[194] S. auch Sarafian, Ara „United States Official Documents on the Armenian Genocide, Vol. I": „…no substantiation of the charge that during the 1. World War Armenians were in revolt, that the country was in a state of civil war…"

Talât Pascha kommt in seinen Memoiren noch einmal auf den für ihn wichtigen Punkt zurück:

„Ordu idaresi yeniden Tehcir Kanunu'nun tatbikinde ısrar etti. Ben tekrar kabulü aleyhinde bulundum".

(Die Armeeführung hielt erneut an ihrer Auffassung über die Durchführung des Umsiedlungsgesetzes fest. Ich lehnte wiederum das Angebot ab.) (Übersetzung des Verfassers).[195]

Talât Pascha hat somit offenbar die Gesamtfederführung für die Umsetzung des Gesetzes nicht übernehmen wollen, hat hingegen nahezu zeitgleich und danach mehrere umfangreiche Weisungen an die Gouverneure zur Durchführung erlassen, die jedoch in der praktischen Umsetzung aufgrund der erheblichen personellen, materiellen, infrastrukturellen und organisatorischen Mängel weitgehend scheitern sollten, ja zwangsläufig mussten, auch aufgrund berechtigter oder unberechtigter konkurrierender Bedürfnisse der Armee oder der anderen Bevölkerung vor Ort.[196] Die durch die Deportationen selbstverschuldete Hungersnot, verstärkt durch Dürreperioden im Süden, verschärfte die Situation.

Talât Pascha muss – trotz dieser Maßnahmen, die nach Meinung einiger Autoren auch auf anderen Wegen zumindest teilweise widerrufen wurden – aus Sicht des Autors und anderer Autoren als Schlüsselfigur der Deportationen betrachtet werden,[197] während Enver Pascha zusätzlich auch noch militärische Belange bedachte, wie am Beispiel der Behandlung von bei der Eisenbahn eingesetzten Armeniern noch aufgezeigt werden wird.

Aus heutiger militärischer Sicht wirft das Gesetz einige Fragen auf. So

---

[195] „Talaat n'entend pas endosser seul la responsabilité de l'affaire". („Talât wollte nicht die alleinige Verantwortung für die Sache übernehmen".) (Übersetzung des Verfassers). Beylerian, Arthur „Les Grandes Puissances, L'Empire Ottoman et les Arméniens dans les Archives Françaises 1914–1918".

[196] „Almost every clause of every decree was violated or ignored in one way or another during the deportations that followed, resulting in immense suffering". Shaw, Stanford „The Ottoman Empire in World War I", Vol. 2.

[197] Die Umsiedlung wurde von Talât Pascha initiiert, zunächst beschränkt auf die Ost- und Unruhegebiete. Schrittweise wurde dann der Umfang der Umsiedlung ausgedehnt. So wurden z.B. 58.000 komplett aus Izmit ausgesiedelt. Halacoğlu, Yusuf „Die Armenierfrage".

ist im § 1 mit dem Begriff „müstakil mevki" wohl gemeint, dass die Ermächtigung auch für ein eigenständig operierendes Regiment oder z.B. eine entlegene Festung gelten kann, also für einen Kommandeur oder Kommandanten unterhalb der Divisionsebene. Unklar ist auch, wieweit „herhangi bir suretle" gehen darf: Bis zur standrechtlichen Erschießung? Und gegenüber wem? Auch gegenüber einer Zivilperson?

Im § 2 kann der Begriff „hissetkiler" weit interpretiert werden, weil im Türkischen das Verb „hissetmek" auch „fühlen" bedeutet, also ein sehr vager Verdacht dann schon genügt. Die türkischen Kommandeure werden wohl mit der Interpretation keine großen Schwierigkeiten gehabt haben. Auffällig ist auch, dass das Recht zur Deportation nicht unter die Ebene des Divisionskommandeurs delegiert wurde.

Das Gesetz betraf formal auch ca. 25 höhere deutsche Kommandeure, von denen allerdings nur von Sanders als Befehlshaber der 5. Armee in den o.a. miltärisch begründeten Einzelfällen Deportationen in Zusammenarbeit mit den zivilen Behörden in sehr begrenztem Umfang, speziell an der Ägäisküste, durchgeführt, z.T. noch rückgängig gemacht, aber auch verhindert hat. In der Durchführung waren die türkischen zivilen Behörden zuständig, auch wenn Jandarma oder Militär unterstützte. Von der Goltz sollte dies in einem Zuständigkeitsstreit mit Enver Pascha noch erfahren, in dem es um die Verhinderung von Folge-Deportationen ging.

Das Gesetz hat die Armenier „ex pressis verbis" nicht genannt, aber sie waren neben den „Rum" primär gemeint.

Ab Anfang Juli 1915 ergingen zusätzliche Deportationsbefehle für weitere 4 Provinzen im Nordosten, ab August auch für Zentralanatolien und die westlichen Gebiete, wobei auch der armenische Patriarch Zaven in Istanbul am 10.08.1915 seinen Sitz räumen musste und nach Bagdad exiliert wurde. Er überlebte. Größere Städte im Westen wie Edirne, Istanbul, Izmir, wurden z.T. von Deportationen der Armenier verschont, andere wie Izmit, Bursa oder Konya jedoch nicht. Aleppo war Drehscheibe und Durchgangsstation. Die Anschlussdeportationen erfolgten entweder in Lager entlang des Euphrat und in die Verbannungsorte südlich Deyr-i Zor mit hohen Verlusten oder in Städte und Verbannungsorte von Damaskus bis Maan unter etwas erträgli-

cheren Bedingungen.[198]
Insgesamt wurden so ca. 80% der osmanischen Armenier deportiert.[199] Die Deportationen erfolgten im Westen zumeist per Eisenbahn, im Osten zu Fuß.

Obwohl diese Abhandlung nicht den deutschen diplomatischen Dienst untersuchen will, sei doch zum Verständnis der allgemeinen deutschen Haltung aus dem Umfeld ein Beispiel erwähnt. Ein Befürworter der „Ansiedlung" war auch der deutsche Konsul Bergfeld[200] in Trabzon, der am 01.09.1918 dem Reichskanzler schreibt:

„Bei der Haltung und Gesinnung der Armenier zu Beginn des Krieges war ihre Ansiedelung und zwar nicht nur diejenige der Männer, sondern der ganzen Familien meines Erachtens eine militärische Maßnahme von zwingender Notwendigkeit .... Jeder Kenner des Orients wird mir darin beipflichten, dass die Armenier kaum einen menschlich

---

[198] Die unterschiedliche Behandlung war begründet in verschiedenen Personen, Absichten und Zuständigkeiten. Im Sancak/Regierungsbezirk Deyr-i Zor (auch bez. als Vilayet/Provinz) wütete ab Juli 1916 der Vali/Gouverneur Zeki Bey, der nach Entsendung durch Talât Pascha nur die Vernichtungsabsicht verfolgte, auch gegen die Absicht militärischer Instanzen handelte. In den westlich gelegenen 3 Vilayets Suriye, nicht zu verwechseln mit dem größeren heutigen Syrien, Beyrut und Kudüs (Jerusalem), die letzten beiden auch bez. mit Filistin (Palästina), war Cemal Pascha zuständig. Kevorkian, Raymond H. „L'Extermination des Déportées Arméniens Ottomans dans les Camps de Concentration de Syrie-Mésopotamie (1915–1916)". Cemal hatte bzgl. der Armenier auch militärische Belange im Sinn und hegte nachweislich vorübergehend Putschpläne gegen die Zentralregierung mithilfe der Entente. Bei Gründung eines neuen Staates unter seiner Führung südlich des Taurus und unter Einbeziehung „Armeniens", Kilikiens und „Kurdistans" dachte er ggf. daran, die Tüchtigkeit der Armenier zu nutzen. Im Punkt 7 des Vertragsentwurfes vom 26.12.1915, der von der russischen Botschaft in Paris übergeben wurde, heißt es: „Djemal pacha s'engage à prendre dès à présent des mesures pour sauver la population arménienne et pour subvenir á son ravitaillement jusqu'à la fin de la guerre". („Cemal Pascha werde sich bemühen, ab sofort Maßnahmen zu ergreifen, um die armenische Bevölkerung zu retten und sie bis Kriegsende zu ernähren".) (Übersetzung des Verfassers). Was für ein unverschämtes Angebot bzw. grausame Bedingung! Die Entente ging auf den Vorschlag nicht ein. Beylerian, Arthur „Les Grandes Puissances, L'Empire Ottoman et les Arméniens dans les Archives Françaises 1914–1918 ". Dok. 157.

[199] Suny, Ronald Grigor „A History of the Armenian Genocide"

[200] Er soll auch Reserveoffizier gewesen sein, daher hier sein militärisches Urteil.

sympathischen Zug aufweisen".[201]

(Quelle: Foto Maria Jacobsen, Mai 1915, Informations- und Dokumentationszentrum Armenien in Berlin)

Schon kurz nach der Entwaffnung der männlichen Armenier ab 25.02.1915[202] wurden diese auf andere unkritische Dienstposten in der Armee oder in Arbeitsbataillone[203] versetzt, die eine hohe Todesrate aufwiesen. Auch diese kann man jedoch keinesfalls nur der Anwendung von Gewalt zuordnen. Die armenischen Rumpffamilien wurden deportiert[204] und starben z.T. noch während des Marsches in die

---

[201] Konsul Bergfeld, seit 1910 vor Ort, ist am 08.03.1916 mit dem Konsulat nach Samsun umgezogen, wo er bis 27.01.1917 Dienst tat.
[202] Nach der Niederlage bei Sarıkamış.
[203] Nach Autorenangaben bis zu 300.000 Mann.
[204] Talât Pascha hat mit Weisungen ab August 1915 protestantische und katholische Armenier ausgenommen, ebenso verschiedene Berufsgruppen, Kranke, Waisen u.a.m. Diese Weisungen wie auch die Ausnahmen für Konvertiten wurden zeitweise

Zielgebiete, auch durch Gewalteinwirkung. Rasch aufgestellte undisziplinierte „Jandarma" Einheiten[205], die z.T. aus frei gelassenen Strafgefangenen, Kurden, Tscherkessen, verbitterter umgesiedelter Jandarma vom Balkan u.a.m. rekrutiert worden waren[206], sollten die Deportationen durchführen und die Märsche „begleiten". Diese Einheiten operierten mit der Geheimorganisation „Teşkilat-ı Mahsusa" zusammen oder bildeten gar ihren Rekrutierungspool,[207] die Liquidierungen in allen Phasen der Deportation durchführten, was mitunter auch unter den Augen regulärer Soldaten geschah.

Akçam schreibt:[208]

---

auch widerrufen und uneinheitlich befolgt. Shaw, Stanford „The Ottoman Empire in World War I". Vol. 2.

[205] Die bereits bestehenden Jandarma Einheiten wurden zumeist militärisch an den Fronten eingesetzt. Der Deutsche Harry Stürmer bezeichnet in seinem Buch „Zwei Kriegsjahre in Konstantinopel – 1915–1916" die neu aufgestellte Jandarma als „vertierte Gendarmen", also „gedrehte Gendarmen", die statt einer Schutzfunktion eine Verfolgungsfunktion ausüben sollten. Dadrian, Vahakn berichtet in „Warrant or Genocide", dass auch verbitterte Jandarma nach den Balkankriegen nach Antolien verlegt bzw. dort aufgebaut wurde – z.B. 800 Mann aus Mazedonien –, die die Spannungen zu Nicht-Muslimen erhöhten.

[206] Bestätigt durch den ehemaligen osmanischen Justizminister in einer Anhörung am 10.11.1918.

[207] Aufwachsend auf bis zu 30.000 Mann in 1916. Eine Vorläuferorganisation operierte schon unter Enver seit 1911 und sollte vor allem hinter den feindlichen Linien operieren. Wahrscheinlich im August 1914 neu aufgestellt mit ähnlichem Auftrag, später dann nach den Armenierunruhen in Van im April 1915 mit neuem Auftrag zur Liquidation (kital). Zunächst bis 1915 von Enver Pascha aus Istanbul geführt, danach durch Mitglieder der Jungtürken Partei „Einheit und Fortschritt". Das operative Hauptquartier in Erzurum unter Führung der Zivilpersonen Dr. Bahaettin Şakir und seinem Chef des Stabes Dr. Nazım. Suny, Ronald Grigor in „A History of the Armenian Genocide" sagt, dass das Element in Erzurum unter der Aufsicht von Talât Pascha stand, ein zweites in Trabzon unter der von Enver Pascha. Die Organisation verfügte über geheime und gesicherte Kommunikationswege einschließlich Sonderkurieren; Weisungen ergingen mitunter nur mündlich.
Zahlreiche Autoren haben über die Organisation berichtet, die erst in den Prozessen ab 1919 der breiten Öffentlichkeit bekannt wurde. Die türkische Tageszeitung „Hadisat" hat am 04.11.1918 die Organisation öffentlich gemacht. Die Handlungen dieser Organisation wurden daher von Uneingeweihten zumeist als Aktionen kurdischer Banden angesehen. Akçam, Taner „A shameful Act".

[208] Akçam, Taner „From Empire to Republic".

„In general we can say that the genocide was committed by gendarmerie under the order of the Department of the Interior and the gangs of the Special Organisation from the CUP".[209]

Shaw[210] sieht die Mörder auf der Seite von Kurden, Turkmenen, Arabern und Banditen. Er erklärt, dass staatliche Organe während der Deportationen nicht den notwendigen Schutz gewähren konnten sowie andere notwendige Formen der Unterstützung.

Es gibt z.B. aus dem Juni 1915 einen Bericht zweier Krankenschwestern aus Erzincan, dass in die Deportationen auch reguläre Truppen verwickelt waren, wie das 86. Kavallerieregiment der 3. Armee.[211] Im gleichen Zusammenhang wird berichtet, dass im lokalen Krankenhaus des Roten Kreuzes vier deutsche Ärzte gearbeitet hätten, aber diese unter Führung des Stabsarztes Dr. Colley untätig geblieben seien im Angesicht des Leids der Vorüberziehenden. Die Ethik des Eides von Hippokrates wurde offensichtlich z.T. von Ärzten ignoriert. Nicht nur in diesem Fall. Dr. Colley hat das Verhalten der beiden Schwestern allerdings kritisiert, ihren Bericht abgeschwächt.[212]

Jay Winter berichtet z.B. in „America and the Armenian Genocide of 1915", auch basierend auf Helmut Becker „Äskulap zwischen Reichsadler und Halbmond", über zahlreiche medizinische Versuche an Armeniern mit tödlichem Ausgang, von denen deutsche Diplomaten, zivile Ärzte und Militärärzte Kenntnis hatten, darunter der Militärarzt Prof. Georg Mayer[213] im Umfeld des Leitenden Generalarztes Süleyman Numan Pascha im Generalstab in Istanbul. Kenntnis hatten auch die deutschen Ärzte Ernst Rodenwaldt[214], Zlocisti, Schilling[215]. Sie be-

---

[209] Committee of Union and Progress, (CUP), also aus der Jungtürkenpartei.
[210] Shaw, Stanford „The Ottoman Empire in World War I", Vol. 2.
[211] Gottschlich, Jürgen Beihilfe zum Völkermord".
[212] Özgönül, Cem „Der Mythos eines Völkermordes".
[213] Gehörte zum 1. Kontingent der Militärmission. S. Bild im Kap. IX.
[214] Der spätere Professor war von Dezember 1915 bis Kriegsende als Stabsarzt leitender deutscher Hygieniker und Tropenmediziner, überwiegend eingesetzt bei der 5. Armee unter Liman Pascha und fachlich zugeordnet Süleyman Numan Pascha im Generalstab. Sein Hauptaufenthaltsort war Izmir, wo er u.a. auch große Mengen Typhusvakzine herstellte und versandte. Später wurde er Genetiker und war im 3. Reich u.a. beteiligt an der Auswertung von Menschenversuchen. Nach dem Krieg in einem Prozess freigesprochen.

schränkten sich auf Proteste, soweit sie nicht ganz passiv blieben, jedoch letztlich ohne erkennbares Ergebnis. Der türkische Prof. Hamdi Suat (Aknar) hat sogar über seine Typhus-Versuche im Krankenhaus Erzincan berichtet in der deutschen „Zeitschrift für Hygiene und Infektionskrankheiten", 1916, Heft 22. His berichtet, dass man von einem Paratyphus „Typ Erzincan" sprach und das Auftreten von Cholera verheimlicht wurde.[216]

Talât Pascha
(Quelle: https://de.wikipedia.org/wiki/Talat_Pascha)

Siehe:
https://de.wikipedia.org/wiki/Ernst_Rodenwaldt-Wikipedia.
Sein Buch: Rodenwaldt, Ernst „Ein Tropenarzt erzählt sein Leben". In ihm spricht er nur einmal in einem Nebensatz vom „harten Angreifen der Jungtürken gegenüber den Armeniern und Griechen", erwähnt die Typhusversuche nicht.
[215] Bakteriologe, vermutlich Claus Schilling, der wegen ähnlicher Verbrechen im 3. Reich 1946 hingerichtet wurde. https://de.wikipedia.org/wiki/Claus_Schilling. Der Status der Ärzte, i.e. Soldat oder Zivilperson, ist nicht immer ersichtlich. In den Streitkräften dürften sie wohl einen militärischen Dienstgrad getragen haben.
[216] His, Wilhelm „Die Front der Ärzte". Er inspizierte die Situation im militärischen Sanitätswesen zwischen März und Juli 1917. Er sagt: „Massendeportationen sind schon unter geregelten Verhältnissen eine schwere Aufgabe; unter Kriegsbedingungen, bei Nahrungsmangel, Geldknappheit, schlechten Transportmitteln und Wegen mussten sie zur Katastrophe führen, selbst wenn nicht die tiefe Rassenfeindschaft vorgelegen hätte". Später sagt er dazu: „Aber es lag militärische Notwendigkeit vor".

Nach einem Bericht des US Konsuls von Aleppo vom 08.02.1916 sind im dortigen Großraum unter Einbeziehung von Damaskus 486.000 „Immigranten" angekommen, von denen ca. 300.000 nach Deir ez-Zor /Dair az-Zor/Deyrizor am Euphrat und andere Orte in die Todeslager[217] verbracht worden seien. Wegen Überquellen dieser Lager und bei Überschreitung der regionalen 10% Quote[218] wurden die Unglücklichen auch nach Mossul, Damaskus und Bagdad weitergebracht.[219] Talât Pascha benennt als zugewiesene Ansiedlungszonen für die Armenier („Ermeniler'in iskânına tahsîs olunan mıntıka") die Vilayets Aleppo, Mossul, Deiyr -i Zor und Suriye.[220] Später wurde Aleppo nur noch Durchgangsstation.

Als Befehlshaber der 4. Armee seit November 1914 ist Cemal Pascha auch zgl. Gouverneur/Vali mehrerer Sancaks/Provinzen im Süden/ Südwesten. Nach seiner Teilentmachtung im August 1917 wird er Generaletappen-Inspekteur der Heeresgruppe Yıldırım, muss die zivile Funktion nach Eintreffen von General von Falkenhayn dann wohl bald aufgeben.

Die Augenzeugen der Deportationen waren zahlreich, weil Soldaten und Zivilpersonen, Konsulate[221], Schulen, Missionsstationen von mindestens sechs Nationen, darunter auch neutrale Länder, Einrich-

---

[217] „Ölum campları" nach Taner Akçam „A shameful Act". Angeblich bis zu 25 Lager mit ca. 630.000 Toten, Ergebnisse von Zählungen in diesen Lagern. Die Zivilperson Bernau im US-Konsulat Aleppo, der eine Untersuchung durchgeführt hat, sprach von „concentration camps", verwendet also den Begriff aus den früheren Burenkriegen.

[218] Limitierung schon seit Jahrzehnten angestrebt, durch eine Weisung von Enver Pascha vom 24.05.1915 erneut bekräftigt.

[219] Nicht nur von zahlreichen westlichen Augenzeugen und Historikern im Grundsatz bestätigt, sondern auch von türkischen Offizieren wie General Ali Fuat Erden (Chef des Stabes 4. Armee unter Cemal Pascha) oder Hauptmann Ahmet Refik Altınay. Dieser hat z.B. 1915 eine militärische Untersuchungskommission geleitet zur Aufklärung der Ereignisse in Eskişehir und verschiedene Veröffentlichungen getätigt.

[220] Bardakçı, Murat „Talât Paşa'nın Evrak- ı Metrûkesi".

[221] Deutschland unterhielt neben der Botschaft und dem Generalkonsulat in Istanbul u.a. Konsulate in Adana, Aleppo, Alexandrette/Iskenderun, Bagdad, Beirut, Damaskus, Erzurum, Haifa, Jaffa, Jerusalem, Mossul, Samsun, Sivas, Izmir, Trabzon und Täbris in Persien. Österreich betrieb neben der Botschaft mindestens sieben Konsulate, die USA mindestens zehn und gleich viele Missionsstationen.

tungen jeglicher Art von Deutschland, Österreich und den USA (bis 1917) nahezu flächendeckend auf das Land verteilt waren, ja selbst einige zivile Briten und Franzosen noch nach Kriegsbeginn bis September 1915 bleiben durften oder aber Truppen der Entente im Rahmen militärischer Operationen ab 1917 in die „verräterischen" Gebiete vordrangen. Die Russen haben mit den freiwilligen armenischen Truppen, die sich der militärischen Unterstellung weitgehend entzogen, auf ihrer Seite schon früh im Nordosten des Landes schlechte Erfahrungen gemacht, was sich bis zum Abzug der Russen in 1917 in erheblichen Spannungen zwischen diesen bemerkbar machte.

Über die Ereignisse im 1. Weltkrieg, Armenier auf beiden Seiten betreffend, liegen insgesamt mehrere Tausend im Trend weitgehend übereinstimmende Berichte vor, aus den Ländern der Mittelmächte und der Entente sowie den USA und Armenien, natürlich auch divergierende aus der Türkei.

Die Zahlengaben der zwischen 1914 und 1918 deportierten Armenier insgesamt schwanken ungefähr zwischen 700.000 (Sonyel) und 1,5 Millionen (Europäisches Parlament[222]), die der verstorbenen zwischen 300.000 (Sonyel) und 1,3 Millionen (Stangeland). Türkische Zahlenangaben in Vikipedi sind niedriger als die Angaben von Talât Pascha, der bis 1917 (Monat unklar) von 924.158 „Verschwundenen" ausgeht.[223] Der noch andauernde Streit um diese Zahlen ist für die Fragestellung dieses Buches jedoch von nachrangiger Bedeutung. Wie bereits erwähnt erfuhr Mustafa Kemal Pascha zunächst von 800.000 Toten. Er hat nach dem Krieg selbst einige einschlägige Geheimkonferenzen geleitet, eigene Schätzungen dann aber wohl nicht mehr öffentlich abgegeben, ebenso nicht über die Opfer im Befreiungskrieg 1919–1923.

---

[222] Im Entschließungsantrag vom 13.04.2015 des Europäischen Parlaments heißt es: „…in der Erwägung, dass sich der infolge eines Beschlusses über die Vernichtung des armenischen Volkes im Osmanischen Reich begangene Völkermord an den Armeniern, bei dem 1,5 Millionen Menschen ihr Leben ließen, im Jahr 2015 nun zum hundertsten Mal jährt; …"
[223] „Naklolunan nüfus" in Bardakçı, Murat „Talât Paşa'nın Evrak-ı Metrûkesi."

IX Von Schellendorf, Back, von Seeckt

Von links nach rechts: von Thauvenay, von Feldmann, von König, von Schellendorf, von Sanders, Weber, Buchardi, Nicolai, Prof. Dr. Mayer, Mühlmann
(Quelle: www.gallipoli1915.de/#!die-liman-mission/cnnm)

General Friedrich Bronsart von Schellendorf traf als Mitglied der deutschen Militärmission mit General Liman von Sanders im Dezember 1913 in Istanbul ein.

Wie schon dargestellt wurde er als Generalstabschef formal[224] in der militärischen Hierarchie vor Ort nur der vierte Mann nach dem Sultan, nach Enver Pascha und nach von Sanders, de facto aber der dritte oder gar zweite Mann, weil selbst der Sultan oft nur nachträglich über Entscheidungen informiert wurde. Von Schellendorf hatte aufgrund seiner Funktion und der besonderen Verhältnisse die

---

[224] Ohne Berücksichtigung des Großwesirs Said Halim Pascha, der weitgehend kaltgestellt war. Mit Übernahme dieser Funktion durch Talât Pascha 1917 wird dieser ein noch höheres Gewicht gegenüber Enver Pascha erlangt haben.

größten Einblicke in das Geschehen und auch den höchsten Einfluss, obwohl andere deutsche Offiziere noch höhere Dienstgrade trugen (von Sanders, von der Goltz, von Falkenhayn). Er muss somit als die deutsche militärische Schlüsselfigur der Jahre 1914 bis 1917 bezeichnet werden.

Zuvor jedoch noch eine Klarstellung zu einigen nicht einfachen militärischen Begriffen und Kompetenzen:

Die Mitglieder eines Stabes, damit auch des Generalstabes, haben, außer seinem Führer, dem sog. „Generalstabschef"[225], vom Grundsatz her keine originäre Weisungsbefugnis. Wenn Offiziere des Stabes Befehle erteilen, so können sie das nur tun, wenn der Generalstabschef sie dazu ermächtigt hat, was die Regel ist. Sie zeichnen dann formal korrekt „Im Auftrag". Der Umfang der Zeichnungsbefugnis hängt natürlich ab von der Dienststellung im Stab. Somit ist z.B. die Weisung des Oberstleutnants Böttrich, die noch zu behandeln sein wird, formal und wegen ihres Gewichtes, eine Weisung im Auftrag von Bronsart von Schellendorf, auch wenn der Zusatz „Im Auftrag" gefehlt und noch ein Zwischenvorgesetzter existiert haben sollte.

Von Schellendorf wurde die Funktion des Generalstabchefs zugewiesen. Manche Autoren meinen, er sei damit der „Führer"[226] der „Osmanischen Armee"[227] gewesen. Mit dem Begriff „Armee" ist hier

---

[225] Neueres Türkisch „Genelkurmay Başkanı" oder älteres Türkisch „Başkumandanlık Erkâne Harbiye Reisi". In der Türkei früher über lange Phasen getrennt vom Verteidigungsminister, dem „Savunma Bakanı". Seit 2016 wieder unter dessen Kontrolle.

[226] Der wirkliche „Führer" war Enver Pascha als Kriegsminister und stellvertretender Oberbefehlshaber (Başkumandan Vekâleti), dem auch der Generalstab und damit dessen Generalstabschef unterstand. Ulrich Trumpener formuliert völlig zutreffend im Buch von Jehuda Wallach „Germany in the Middle East" „…the colonel served <u>as a kind of deputy chief of the Ottoman general staff under Enver Pasha</u> until late 1917 …" Also nur „<u>als eine Art Vertreter</u>". Hier von Schellendorf noch mit seinem Eintrittsdienstgrad von 1914 als Oberst bezeichnet.

[227] Im Deutschen kann der Begriff „Armee" verschiedene Bedeutungen haben:
   1. Die Gesamtheit der Streitkräfte
   2. Das Heer
   3. Der Großverband auf der Ebene zwischen Korps und Heeresgruppe.

Da hier die dritte Bezeichnung nicht gemeint ist, können die anderen beiden zutreffen; die Autoren denken aber zumeist in der Kategorie „Heer", da sie die Marine Admiral Souchon zuordnen. Auch im Türkischen kann der Begriff „ordu"

wohl das „Heer" gemeint. Die Gesamtheit der „Streitkräfte" umfasste nämlich „für den Einsatz unterstellte" Truppen der Deutschen (alle Teilstreitkräfte), Österreicher (Heer) und Bulgaren (Marine), auch wenn der türkische Anteil in der „Koalitionsarmee", im Verlauf des Krieges leicht abnehmend, bei ca. 90% lag. Die deutschen Truppen waren der Militärmission und damit Liman von Sanders im heutigen Sprachgebrauch nur „truppendienstlich" unterstellt, einige national verbleibend auch „für den Einsatz". Die meisten Truppen aber waren zusätzlich „international", i.e. „für den Einsatz" Enver Pascha unterstellt.

Aber auch diese Einsatz-Befugnis war beschränkt. So konnte Enver oder von Schellendorf z.B. ein rein deutsches oder gemischtes Kontingent nicht einfach an eine andere Front verschieben.[228] Es gab somit eine doppelte und geteilte Führungsverantwortung, keinesfalls eine uneingeschränkte Befehlsbefugnis von Enver oder gar vom Generalstabschef von Schellendorf.

Ein Wort noch zum vermutlichen Informationsstand des Generalstabchefs. Er hätte zwar, da auf der strategischen Ebene zentral angesiedelt, stets umfassend über die militär-politische Lage informiert sein müssen. Dies ist aber anzuzweifeln. Mit Sicherheit ist er von anderen Ressorts, z.B. vom Innenminister Tâlat, kaum über kritische innerstaatliche Angelegenheiten informiert worden. Es ist auch davon auszugehen, dass bestimmte militärische Meldungen türkischer Untergebener, ggf. auch mit Überspringen deutscher Führungsebenen, am Generalstabschef vorbei direkt an Enver gingen und vice versa.[229] Auch wenn von Schellendorf des Osmanischen mächtig

---

die 2. oder 3. Bedeutung haben, während, die erste, der Begriff „Streitkräfte", schon damals mit dem Begriff „silahlı kuvvetler(i)" beschrieben wurde. Im übrigen ist auch der Begriff „Osmanische Armee" unzutreffend; es war bekanntlich eine „Koalitionsarmee".

[228] In der NATO heute gibt es für diese abgestuften Kompetenzen eines NATO Befehlshabers festgelegte Bezeichnungen. Sie können sogar von Land zu Land der Truppensteller unterschiedlich sein.

[229] Ein Negativbeispiel dieser Art ist z.B. die direkte Meldung von Oberst Mustafa Kemal (Atatürk) an Enver Pascha unter Überspringen seines Vorgesetzten Liman von Sanders Pascha im Gallipolikrieg 1915.

gewesen wäre, hätte er das nicht verhindern können[230].

Enver wird von Schellendorf nur Kritisches mitgeteilt haben, wenn er großes Vertrauen in ihn hatte.

Nun zu von Schellendorfs Bezug zu den Armeniern. Die Einstellung des Generals aus einem Brief im November 1939 zitiert Gottschlich[231]:

„Nun ein Wort über die Armenier: dieses Volk ist nach dem einstimmigen Urteil aller Vorderasiaten 9 Mal schlimmer im Wucher wie die Juden! Sie hatten das ganze Land der Kurden (an der Ostgrenze der Türkei) derart ausgewuchert, daß die Kurden (Viehzüchter und Ackerbauern) ihre unerbittlichen Feinde waren. Als die Armenier ihren Aufstand machten, bei dem sie mit unmenschlicher Grausamkeit die türkische Bevölkerung ausrotteten, ließ Talaat Pascha sie aussiedeln, damit die türkische Armee ihren Rücken frei und ihren notwendigen Nachschub erhalten konnte. Diese Aussiedlung erfolgte sofort, also im Winter, und so waren diese Maßnahmen für die Armenier mit vielen Verlusten an Leben und Material verbunden, ferner übten die Kurden blutige Rache an ihnen, was man ihnen nicht verdenken kann.... Der damalige Gesandte der <Verunreinigten> Staaten von Nordamerika, der Jude Morgenthau, hat mir in seinem lügenhaften Buche vorgeworfen, ich hätte als böser Geist Envers diese <Armenier-Greuel> veranlaßt – von denen ich erst nach Monaten erfuhr!"

Von Schellendorf geht immer noch, wie die damalige osmanische Regierung behauptete, von einem allgemeinen Armenieraufstand in 1915 aus, den es in Wirklichkeit nie gegeben hat, und spricht verharmlosend von „Aussiedlung". Es muss an dieser Stelle wiederum betont werden, dass man auch in einer Schlüsselstelle eines internationalen Stabes durchaus falsch informiert sein kann, wenn man zeitweise umgangen wird, keine weiteren seriösen Informationsquellen nutzt, z.B. von deutschen unterstellten Kommandeuren oder vom diplomatischen Korps, die türkische Sprache nicht beherrscht und sich kein Bild vor Ort verschafft. Über die Verhältnisse in Van

---

[230] Hier schöpft der Autor auch aus Erfahrungen, die er in den Jahren 1979 bis 2005 in vier NATO Stäben gesammelt hat.
[231] Gottschlich, Jürgen „Beihilfe zum Völkermord".

Anfang 1915 z.B. war ja nicht nur von Schellendorf falsch informiert.[232] Der General zeigt allerdings schon in seiner Sprache, dass er es nicht nur an Wissen, sondern auch an Sachlichkeit in der Armenierfrage vermissen lässt, offensichtlich schon geprägt von hergebrachten Vorurteilen. Dies belegt seine Beschreibung der Kurden als Viehzüchter und „Ackerbauern", die von den gängigen Beschreibungen und dem eigentlichen Grund der Spannungen mit den Armeniern deutlich abweicht. Dieser war auf dem Lande vor allem der Wechsel der nomadisierenden Kurden von ihren hochgelegenen Sommerweiden zu den Winterweiden bzw. -quartieren[233] im Tal, wo sie mit den sesshaften Armeniern, den wirklichen Ackerbauern, in Konflikt kamen. Viele Autoren, wie Nolde etwa in 1892, berichten, dass eher umgekehrt die Kurden die Armenier durch Steuern, Abgaben und temporäre Besetzungen drangsalierten.[234]

In Wikipedia wird von Schellendorf wie von vielen Autoren vorgeworfen, dass er „am Völkermord an den Armeniern mitgewirkt habe" bzw. „beteiligt" gewesen sei, zumindest an den Weisungen zur Umsiedlung bzw. Evakuierung bzw. Deportation.[235]

In Vikipedi heißt es im anonymen, Verantwortung zuweisenden Passiv in sanfteren Worten:

„Ermeni Tehciri planının gerçek başlatıcısı olarak tasvir edilir" (Er wird beschrieben als der eigentliche Erschaffer des armenischen Umsiedlungsplanes)[236]. (Übersetzung des Verfassers).

Auf derselben Seite weiter:

„Osmanlı ordusunun Genelkurmay Başkanı sıfatıyla, Ermeni tehciri üzerinde çalıştı". („Als Generalstabchef der Osmanischen Armee war er mit der armenischen Umsiedlung beschäftigt"). (Übersetzung des Verfassers).

Talât behauptete sogar, dass das o.a. Deportationsgesetz vom Ende Mai 1915 vom Generalstabschef entworfen worden sei. Gust

---

[232] Bihl, Wolfdieter „Die Kaukasuspolitik der Mittelmächte", Band I.
[233] Türkisch „kışlak".
[234] Nolde, Eduard „Reise nach Innerarabien, Kurdistan und Armenien 1892".
[235] Z.B. Dadrian, Vahakn „The History of the Armenian Genocide" oder Gust, Wolfgang „Der Völkermord an den Armeniern".
[236] Das von Türken gesteuerte Medium Vikipedi benutzt in solchen Fällen gern das anonyme Passiv.

behauptet, dass von Schellendorf die Deportationen zumindest befürwortet hat[237].

Da sowohl von Schellendorf wie auch von Seeckt bei Verlassen des Dienstpostens alle Unterlagen mitgenommen und möglicherweise vernichtet haben, stützen sich diese Behauptungen auch auf die Einstellungen dieser Offiziere. Weiterhin zu der von Schellendorf:

Am 25.02.1915, im Vorlauf zum Deportationsgesetz, ordnete er nach Gottschlich an, dass „keine Armenier bei der Armee beschäftigt werden".[238]

Dies beruhte auf Misstrauen und der Dolchstoßlegende zur Niederlage bei Sarıkamış, wo russische Armenier, aber auch übergelaufene osmanische Armenier, auf der russischen Seite gekämpft hatten. Allerdings hatten auch die osmanischen Armenier auf osmanischer Seite tapfer gekämpft, wie schon in den Balkankriegen 1912/1913. Noch am 26.02.1915, also nach der Niederlage bei Sarıkamış, hatte Enver Pascha dem armenischen Prälaten in Konya ein Dankschreiben übersandt, zumal ihn kurz zuvor ein Armenier mit Namen Hovhannes gerettet hatte.[239]

Am 20.05.1915 antwortet von Schellendorf auf das Schreiben des Konsuls von Erzurum, von Scheubner Richter, der Brot an Armenier verteilt hatte:

„Das Brot sollte der Konsul lieber der türkischen Armee schicken".[240]

Am 26.05.1915 schreibt er dem Innenminister Talât:

„Es ist in mündlicher Absprache entschieden worden, daß die Armenier aus den östlichen Provinzen, aus Zeitun und anderen Gegenden, die von Armeniern dicht bevölkert sind, in die Provinz südlich von Diyarbakir ins Euphrattal in die Nähe von Urfa und Süleymaniye gebracht werden".[241]

---

[237] Gust, Wolfgang „Der Völkermord an den Armeniern" (Dokumente).
[238] Gottschlich, Jürgen „Beihilfe zum Völkermord".
[239] Beylerian, Arthur „Les Grandes Puissances, L'Empire Ottoman et les Arméniens dans les Archives Françaises 1914–1918", Vorwort S. XXXIV.
[240] S. auch Schreiben von Scheubner Richter am 20.05. und 22.05. 1915 in www.armenocide.net.
[241] Gemeint ist die Provinz „Deir–i Zor", damals Sancak, die heute zu Syrien gehört und an das Wüstengebiet grenzt. Dort lebten nach Vikipedi Angaben 1914 nur 282 überwiegend katholische Armenier gegenüber 65.770 Muslimen.

Ersichtlich ist, dass von Schellendorf das Ergebnis einer „mündlichen Absprache" (wohl zumindest mit Enver Pascha) im Nachgang in einem Schreiben an den Innenminister gerichtet hat[242], nachdem dieser z.B. schon am 08.05.1915 Deportationen aus drei Provinzen verfügt hatte. Im Schreiben geht es dann im Kern über die Art der Unterbringung der Armenier in den Zielgebieten. Dahinter standen alte türkische Pläne noch aus dem 19. Jhdt., die regionale armenische Bevölkerungsdichte unter 10% (in einigen Fällen auch unter 5%) zu halten bzw. zu erreichen.

Gust schreibt vorsichtig: „Bronsart gab diese Anweisungen an das Innenministerium", nicht, dass sie von ihm stammten oder dass es seine Anweisungen gewesen seien, zumal der Generalstab als niedrigere Instanz in zivilen Angelegenheiten gegenüber dem Innenministerium aufgrund einer auch heute noch üblichen ministeriellen Geschäftsordnung bestimmt nicht weisungsbefugt war, wohl aber antragsbefugt. Vielleicht hat von Schellendorf diese Ratschläge in der Diskussion auch wirklich gegeben.

Im August 1916 übermittelt nach Ermächtigung von Enver Pascha von Schellendorf aus militärischen Gründen, wie o.a., eine Weisung zur Deportation der „griechischen Bevölkerung" von der Küste.[243]

Im Zwischenergebnis bleibt somit hier festzuhalten:

Eine Deportationsweisung an den nachgeordneten militärischen Bereich des Generalstabchefs von Schellendorf ohne zumindest vorangehende Billigung von Enver Pascha ist nirgendwo nachgewiesen; für den zivilen Bereich hatte er ohnehin keine Kompetenz.

Am 06.08.1915 gibt er nach einem Dokument im Auswärtigen Amt in Wien dem neuen Konsul in Erzurum, Graf von der Schulenburg, den Rat, „eine andere Haltung einzunehmen"[244], also eine weniger armenierfreundliche; denn eine freundliche hatte zur Ablösung seines Vor-

---

[242] Gottschlich, Jürgen „Beihilfe zum Völkermord".
[243] Gemeint sind wohl „Rum". Gottschlich, Jürgen „Beihilfe zum Völkermord".
[244] Bericht des österreichisch - ungarischen Generalkonsuls in Trabzon von Kwiatkowski an den Außenminister Graf Czernin von Chudenitz vom 26.05.1917. Doch hätten persönliche Wahrnehmungen von der Schulenburg veranlasst, die anfänglich auftragsgemäße Abschwächung der türkischerseits an den Armeniern begangenen Grausamkeiten ab Mai 1916 zu unterlassen. In Institut für Armenische Fragen „The Armenian Genocide" Vol. 2.

gängers im Amt geführt.

Anfang 1919 soll von Schellendorf in einer Radiosendung gesagt haben:[245]

„Der Armenier ist, wie der Jude, außerhalb seiner Heimat ein Parasit, der die Gesundheit eines anderen Landes, in dem er sich niedergelassen hat, aufsaugt. Daher kommt auch der Hass, der sich in mittelalterlicher Weise gegen sie als unerwünschtes Volk entladen hatte und zu ihrer Ermordung führte".

Am 24.07.1921 hat er sich in der Deutschen Allgemeinen Sonntagszeitung zu den Armeniern im Rahmen des Talât Prozesses in Berlin geäußert:

„Der Aufstand war von langer Hand vorbereitet".

„...sondern sie rotteten die muselmanische Bevölkerung in jenen Gegenden einfach aus. Sie begingen dabei Grausamkeiten, von denen ich als Augenzeuge wahrheitsgemäß bezeuge, dass sie schlimmer waren als die den Türken später vorgeworfenen Armeniergreuel...... In dieser kritischen Lage fasste das Gesamtministerium den schweren Entschluss, die Armenier für staatsgefährlich zu erklären und sie zunächst aus den Grenzgebieten zu entfernen..."

„Sie sollten in eine vom Krieg unberührte, dünn besiedelte, aber fruchtbare Gegend überführt werden, nach Nord-Mesopotamien". Der Minister des Inneren und die ihm unterstehende, von dem französischen General Baumann für ihren Beruf besonders ausgebildete Gendarmerie hatten lediglich diesen Entschluss auszuführen..."

„Talât war ein Staatsmann, aber kein Mörder!"[246]

Die meisten seriösen Autoren stimmen darin überein, dass von einem lange geplanten Aufstand nicht die Rede sein kann, aber die Armenier auch beachtliche Ausschreitungen begangen hätten. Dies wird u.a. durch Berichte von russischen Soldaten belegt, auch in den Memoiren von Cemal Pascha[247] und Talât Pascha beschrieben[248].

---

[245] Voss, Huberta von „Das Schweigen der Völker".
[246] Meißner, Axel und Rades, Martin „Christliche Welt und Armenien" und http://dfg-viewer.de.
[247] Cemal Pascha „Erinnerungen eines türkischen Staatsmannes". (Deutsche Übersetzung).
[248] Kocahanoğlu, Osman Selim „Hatıraları ve Mektuplarıyla Talât Paşa".

Was von Schellendorf hier als „fruchtbare Gegend" bezeichnet, zeugt im besten Fall von seiner grenzenlosen Unkenntnis über die türkische Absicht oder den Charakter des Zielgebietes.

Der Seitenhieb auf die Gendarmerie und den französischen General Baumann ist unfair oder zeugt erneut von Unkenntnis, da dessen gut ausgebildete Jandarma an der Front eingesetzt war und mit den nach Abberufung Baumanns hastig neu aufgestellten undisziplinierten Jandarma Einheiten nicht zu vergleichen war. Die Einstellung zu Talât Pascha zeugt erneut von großer Ahnungslosigkeit oder erschreckender Fehleinschätzung.[249]

Einige Autoren wie Stangeland schließen sich dem harten Urteil von Schellendorfs über die Armenier auch nicht an, „da sich in den Akten kein Beweis befinde".[250]

Offensichtlich hat von Schellendorf zeitweise auch einen deutschen Stellvertreter gehabt, nämlich General Ullrich Back. So hat dieser z.B. in einem Schreiben an die Botschaft am 25.02.1916 eine Absage mitteilen müssen bezüglich der Ausreiseanträge von Armeniern aus Istanbul und das Schreiben „Der Chef des Generalstabes in Vertretung" gezeichnet. Die Auskunft hatte die türkisch geführte Nachrichtenabteilung erteilt. Back war schon seit 1910 in osmanischen Diensten, u.a. als Leiter der türkischen Kriegsschule. Im Rahmen der Gallipolischlacht 1915 war er eingesetzt als KG des XVIII Korps in der Saros Bucht[251]. Sicher hat General Back nur vorübergehend die Vertretung übernommen, weil von Schellendorf noch nicht wieder seinen Dienst aufgenommen hatte nach dem Einsatz als Chef des Stabes bei der 3. Armee. Back hat 1917 bis zum Fall Jerusalems dort die Funktion des Stadtkommandanten wahrgenommen. Weiteres über ihn ist nicht bekannt.

General von Seeckt folgte General Bronsart von Schellendorf im Dezember 1917. Er war u.a. stark gebunden durch den Streit zwischen Deutschland und dem Osmanischen Reich hinsichtlich Georgien und

---

[249] Auch der deutsche Botschafter von Papen bezeichnet in der Istanbuler Zeitschrift „Türkische Post" Talât Pascha noch am 25.02.1943 als „unvergesslichen Freund".
[250] Stangeland, Sigurd „Die Rolle Deutschlands im Völkermord an den Armeniern 1915–1916".
[251] Wolf, Klaus „Gallipoli".

des Vorgehens auf Baku. Als dieser eskalierte, wurde er sogar am 06.08.1918 zu „Konsultationen" nach Deutschland vorübergehend abberufen.

Von Seeckt hat mit Sicherheit während seiner Dienstreisen in den Nordosten mit Enver Einiges erfahren über die Greueltaten an Armeniern und Türken in 1918. Über seine Haltung zu den Armeniern heißt es:[252]

„Seeckt war jedoch der Auffassung, dass man sich der Armenier nicht annehmen durfte, weil diese im Einverständnis mit Russland handelten. Den Armeniern gegenüber müsste jede christliche, sentimentale und politische Rücksicht der Kriegsnotwendigkeit halber verschwinden".

An anderer Stelle heißt es:[253]

„Für jede an den Armeniern begangene Greueltat habe ich 10 von armenischer Seite parat".

Von Seeckt hatte in der Armenierfrage ein gespanntes Verhältnis zu General von Lossow, der sich in 1918 für den Schutz der Armenier einsetzte.

Zum Kriegsende ermöglicht von Seeckt in der Nacht zum 3. November 1918 die Flucht der 7 türkischen Hauptverantwortlichen[254] für die Armeniergreuel, mit einem U-Boot oder Überwasserschiff[255] nach Deutschland und entzieht sie damit der türkischen Justiz. Von deutscher Justiz bleiben sie unbehelligt.

Damit scheint klar, dass auch von der zweiten deutschen militärischen Schlüsselfigur Unterstützung für die Armenier, auch jenseits der russisch-osmanischen Grenze, nicht zu erwarten war, auch wenn von

---

[252] Meier-Welcker, Hans „Seeckt".
[253] Rabenau, Friedrich „Seeckt".
[254] Die 3 Kabinettsmitglieder/Paschas Enver, Talât und Cemal, die führenden Köpfe der Terrororganisation Teşkilat - ı Mahsusa Dr. Nazım und Dr. Bahaeddin Şakir, der Gouverneur (Vali) von Trabzon Cemal Azmi und der Polizeipräsident (Polis Umum Müdürü) von Istanbul Bedri. Während für den Autor der Tod von Bedri Bey unklar bleibt, sind alle anderen Personen eines gewaltsamen Todes gestorben.
[255] In der Literatur unterschiedliche Angaben.

Seeckt „die Armeniermassaker bzw. deren Täter verachtet." [256]

*General von Seeckt 1925 bei einem Manöver in Thüringen
(Quelle: https://de.wikipedia.org/wiki/Hans_von_Seeckt)*

---

[256] Stangeland, Sigurd „Die Rolle Deutschlands im Völkermord an den Armeniern 1915–1916". U.a. spricht Seeckt auch hier von „dem griechisch verschlagenen Handelsvolk".

X Weitere Offiziere in Istanbul: Humann, von Feldmann, Böttrich, Endres, von Thauvenay, Sievert

Einige deutsche Offiziere, die über längere Zeit wichtige Dienstposten in Istanbul wahrnahmen, hatten naturgemäß einen breiteren Einblick in das Geschehen und auch mehr Einfluss.

Unter diesen ist zunächst zu nennen der Kapitänleutnant und Marineattaché Hans Humann. Er wurde im Herbst 1913 nach Istanbul versetzt und übte bald de facto die Attachéfunktion aus, die er dann zwischen 1915 und 1917 offiziell bekleidete. Als Sohn des Archäologen Carl Humann war er in Izmir aufgewachsen, beherrschte das Osmanische und war mit Enver freundschaftlich verbunden. Dadurch konnte er trotz seiner nachrangigeren Funktion wichtige politische Entwicklungen mitgestalten wie den Kriegseintritt der Türkei. Als Geheimdienstoffizier arbeitete er auch für Admiral Dönitz und meldete mitunter direkt unter Überspringen von Führungsebenen. Der US Botschafter Morgenthau[257] bezeichnete ihn als „graue Eminenz und Strippenzieher".

Humann teilte voll und ganz die türkische Regierungsauffassung über die Armenier, was nachfolgend belegt wird.

Am 10.06.1915 schreibt der Konsularverweser Holstein aus Mossul:[258] „614 aus Dirabekir hierher verbannte armenische Männer, Frauen und Kinder sind sämtlich auf der Floßreise hierher abgeschlachtet worden; die Keleks[259] kamen gestern leer hier an. Leichen und menschliche Glieder treiben seit einigen Tagen im Fluß hier vorbei. Hier unterwegs befindlichen weiteren Transporten armenischer <Ansiedler> steht das gleiche Los bevor."

Humann versieht die Meldung mit einem Vermerk, in dem er als Kenner der Verhältnisse offensichtlich auch die Völkermordthese stützt, wenn auch mit anderen Worten. Auch Talât Bey, der im Februar 1917 zum Pascha ernannt wurde, zitiert er in diesem Sinne:

---

[257] Morgenthau, Henry „The Tragedy of Armenia".
[258] Gottschlich, Jürgen „Beihilfe zum Völkermord".
[259] Schlauchfloß aus aufgeblasenen Ziegenhäuten.

„Zur vertraulichen Kenntnisnahme. Die Armenier werden aus Anlass ihrer Verschwörung mit den Russen! jetzt mehr oder weniger ausgerottet. Das ist hart, aber nützlich. Botschafter[260] kann leider, sehr zum Nachteil unserer Politik, das Lamentieren darüber immer noch nicht lassen.

Talaat Bey hat ihm neulich auf entsprechende Vorhaltungen seelenruhig geantwortet: <Wir debarassieren[261] uns der Armenier, um bessere Bundesgenossen für Euch zu werden, d.h. solche ohne die Schwäche eines inneren Feindes> ".

Für diesen Bericht nach Berlin 1915 wird Humann zitiert im Deutschlandfunk am 23.04.2005, also am Vorabend des 90 jährigen armenischen Gedenkens, in der Sendung „Türken, Deutsche und das große Unheil der Armenier":

„Armenier und Türken können in diesem Lande nicht zusammenleben. Eine der Rassen muss gehen. Ich tadele die Türken nicht für das, was sie mit den Armeniern machen. Ich halte das für völlig gerechtfertigt. Die schwächere Nation[262] muss verschwinden."

Auf Betreiben vom „Botschafter in außerordentlicher Mission" Kühlmann wird Humann im Oktober 1917 abgelöst. Er ist in Deutschland dann noch zum Fregattenkapitän befördert worden.

Auch später in Deutschland hat Humann zunächst als Verlagsleiter der Deutschen Allgemeinen Zeitung (DAZ), dann als Autor, den Völkermord an den Armeniern gerechtfertigt. Kennzeichnend sind z.B. zwei Ausschnitte aus einer Kolumne „von einer Persönlichkeit, die lange im Orient gelebt hat" in der DAZ vom 08.06.1921 nach dem Freispruch des Armeniers Teilirian im Talât Prozess:

„Der neue Minister des Aeußeren, Dr. Rosen, ist einer der glänzendsten Kenner des Orients. Es wird ihm seine Arbeit im Osten nicht erleichtern, wenn gerade in dem Augenblick, in dem er die Geschicke

---

[260] Gemeint ist von Wangenheim, der mittlerweile eine Kehrtwende in seiner Einschätzung vollzieht und den aufrüttelnden Konsularberichten mehr Vertrauen schenkt.

[261] Entledigen.

[262] Damals gab es keine armenische Nation, sondern die Armenier „in diesem Lande", also eine innerstaatliche Angelegenheit. Wahrscheinlich hatte Human hier den türkischen Begriff „millet" im Sinn, der mitunter irreführend als „Nation" übersetzt wird. Sein Denken stammt aus dem Ideengebäude des Sozialdarwinismus.

übernahm, ein deutsches Gericht den Mörder des angesehensten türkischen Staatsmannes freisprach und wenn das Berliner Publikum sogar ihn wie einen Helden begrüßte".

Humann, der offensichtliche Autor, wagt es dann auch noch, im Namen der Armenier zu sprechen:

„Auch die Armenier selbst werden für ein solches Auftreten kein Verständnis haben".

Zudem bedauerte er, dass von Schellendorf, von Feldmann und Guse nicht als Zeugen aussagen durften, da sie wohl auf Humanns Linie lagen.

Sein Freund von Papen, der ja auch als Offizier im Krieg vor Ort in verschiedenen Funktionen gedient hatte, würdigte auch noch Humann in der Totenrede 1933. Der Witwe von Talât Pascha, Hayriye Talât Bafralı, sandte an von Papen ein Telegramm, abgedruckt in der Zeitschrift "Türkische Post" am 26.02.1943:

„An diesem Tage, an dem die sterbliche Hülle Talât Paşa's nach dem heiligen Boden seiner von ihm so sehr geliebten Heimat zurückkehrt, sind meine Gedanken bei Ihnen, die sie dem großen Staatsmanne, der ein großer Patriot und ein lieber Freund des deutschen Volkes war, lange Jahre hindurch Lebensgefährtin waren. Gleich Ihnen empfinde auch ich eine tiefe Genugtuung darüber, dass der gemeinsame und unvergessliche große Freund unserer beiden Völker von nun an neben seinen Vorfahren und Kampfkameraden auf dem türkischen <Hügel der ewigen Freiheit> ruhen wird.

Franz von Papen. Botschafter des Deutschen Reiches".

Offensichtlich billigte Hitler das Verhalten seines Botschafters und ehemaligen Vizekanzlers.[263] Noch lange nach 1918 durften ehemalige deutsche Offiziere ihre Sicht der Dinge über den Genozid der Armenier und über die beteiligten Hauptverbrecher unbehelligt veröffentlichen.

Ein anderer einflussreicher Offizier war Oberstleutnant Otto von Feldmann [264], der (s. auch o.a. Bild) als einer der ersten Offiziere der Militärmission im Dezember 1913 in Istanbul eintraf. Nach einigen

---

[263] S. auch Möckelmann, Reiner „Franz von Papen – Hitlers ewiger Vasall".
[264] Hrsg. Feldmann, Peter von „Otto von Feldmann – Türkei, Weimar, Hitler".

Zwischenverwendungen und Nebenverwendungen unter von Sanders als Chef des Stabes in der Militärmission (ab Mitte 1914) und als Chef des Stabes der 1. Armee (bis November 1914) führte er ab Oktober 1914 als Oberstleutnant die 1. Abteilung im Generalstab, die Operationsabteilung, in der er zuvor schon für Mobilmachung und Aufmarsch zuständig war. Rein militärisch gesehen war die Abteilung 1 die wichtigste Abteilung im Generalstab, der Abteilungsleiter somit die rechte Hand des Generalstabschefs. Da von Feldmann Enver auch zeitweise begleitete, so während des Winterfeldzuges der 3. Armee 1914/1915 als ihr 1. Generalstabsoffizier, verfügte er über breites Wissen, wahrscheinlich auch über Greueltaten gegen die Armenier im Befehlsbereich der 3. Armee, z.T. ausgeübt von Truppen der 3. Armee. Wegen einer Fußamputation kehrt von Feldmann erst am 02.07.1915 auf seinen Dienstposten in Istanbul zurück, also auf dem zeitlichen Höhepunkt der Deportationen. Er bleibt offensichtlich dort bis kurz vor Kriegsende, denn im August 1918 wird er noch einmal von Istanbul nach Gence entsandt, einem Ort 360 km westlich von Baku im heutigen Aserbaidschan. [265]

Auch von Feldmann zeigt keine Sympathie für Armenier. Im Februar 1919 äußert er sich zur Armenierfrage noch zurückhaltend:

„Ich selbst habe stets den Grundsatz befolgt, mich mit Angelegenheiten die Armenier betreffend grundsätzlich nicht zu befassen, sondern sie meinem türkischen Souschef zu überlassen." [266]

„Gemeint muss sein der türkische Vormarsch 1914. Persönlich kam ich zur Armee[267] erst, als Enver im Dezember 1914 die Führung übernahm. Chef der Operationsabteilung der OHL[268] wurde ich erst 1915. Während meines Aufenthaltes bei der Armee wurde die

---

[265] Bayur, Yusuf Hikmet „Türk İnkılâbı Tarihi", Cilt III.
[266] Festzuhalten bleibt jedoch, dass er dennoch für das Handeln seines Untergebenen verantwortlich bleibt.
[267] 3. Armee.
[268] OHL – Oberste Heeres Leitung. Nach Auffassung des Autors ein nicht ganz zutreffender Begriff. Es war der Generalstab, dem nicht nur das Heer unterstand, sondern auch die ortsfesten Teile der Marine „zugeordnet" waren. Die Luftstreitkräfte waren noch keine eigene Teilstreitkraft, sondern in das Heer und die Marine integriert. Allerdings war der deutsche Major Serno Leiter der später hinzugefügten, örtlich abgesetzten, Abteilung 13 im Generalstab, die bei den Darstellungen grundsätzlich von Autoren vergessen wird.

Armenierfrage überhaupt nicht berührt. Was vorher geschah, weiß ich nicht. Ich war vorher Chef einer Armee[269] in Konstantinopel gewesen und hatte mich mit den Kaukasusverhältnissen nicht zu beschäftigen."

„Ich will aber auch nicht verschweigen, dass ... wir nicht mit den Türken verbündet sein können und ihnen gegenüber Stellung für die Armenier nehmen könnten, namentlich wo zwingende militärische Gründe im Interesse der türkischen Truppen und damit der Gesamtkriegsführung Maßregeln gegen die Armenier forderten. Ein feindlicher Volksstamm hinter der eigenen Front[270] ist eben ein Unding, namentlich ein Volk wie die Armenier, das aufgestachelt von Engländern, Russen und wohl auch Amerikanern seine Feindschaft offen in die Tat umsetzte, ohne sich irgendwo ernster Sympathien zu erfreuen."

„Wenn man die Mitschuld an den sog. Armeniergräueln prüfen will, so muss m. A. unsererseits verlangen, dass klargestellt wird, wer die Armenier bei Beginn des Krieges veranlasst hat, die Türken anzugreifen und den Aufstand zu entfachen, und wer sie finanziell unterstützt hat."[271]

---

[269] Gemeint ist „Chef des Stabes" der 1. Armee. Der „Chef", i.e. der „Befehlshaber", war nämlich von Sanders. Aber die Deutschen damals waren wohl eher mit dem militärischen Sprachgebrauch vertraut. Manche jüngere zumeist ungediente Autoren stolpern mitunter über diese Begriffe und ziehen daraus die falschen Schlüsse hinsichtlich der Kompetenzen.

[270] Von Feldmann hat vielleicht bei der 3. Armee nicht gewusst, dass auf der anderen Seite nur ca. 10.000 armenische Überläufer mit den Russen gekämpft haben. Hingegen waren ca. 160.000 „russische Armenier" von 1,7 Millionen nach Darstellung von Hacobian („Armenia and the War") verpflichtet worden. Er hätte aber wissen können, dass die meisten Armenier loyal auf der eigenen Seite kämpften, wie zuvor in den Balkankriegen. War er nur ein Opfer der türkischen Propaganda und anschließenden Dolchstoßlegende?

[271] Wusste von Feldmann wirklich nicht, dass die Russen einen deutsch-türkischen Angriff im Schwarzen Meer erwidert haben, also nicht der Angreifer waren, dass die osmanischen Armenier „keinen Aufstand entfacht" haben? Die deutsche Propaganda hat ja auch die Situation des ersten Angriffs der osmanischen Flotte unter Admiral Souchon mit Billigung von Enver Pascha und wahrscheinlich auch Cemal Pascha völlig falsch dargestellt. Dass der türkische Marineminister hier nicht mitgewirkt hat, ist höchst unglaubwürdig. Cemal Pascha „Erinnerungen eines türkischen Staatsmannes".

Von Feldmann äußert sich in der DAZ vom 30.06.1921 auch noch einmal zu den Evakuierungen bzw. Deportationen:
„Es soll und darf aber nicht geleugnet werden, dass auch deutsche Offiziere, und ich selbst gehöre zu diesen, gezwungen waren, ihren Rat dahin zu geben, zu bestimmten Zeiten gewisse Gebiete im Rücken der Armee von Armeniern freizumachen. Die Pflicht der Selbsterhaltung der türkischen Front zwang einfach dazu."...
„Dass die Armenier sich vor dem Kriege und während desselben nicht als türkische Untertanen, sondern in erster Linie als russische Vortruppen betrachteten, ist wohl klar erwiesen."
Von Feldmann wird mit einem Teil dieses Zitates in Wikipedia beschrieben:[272]
„In dieser Funktion wirkte er mit an dem Genozid an den Armeniern".
So wird rasch durch Worte aus der vermuteten Mitwirkung zur Deportation eine Mitwirkung am Genozid.
Von Feldmann räumt auch einschränkend ein:
„Die Grausamkeiten der türkischen Gendarmen[273] sollten und können von uns nicht beschönigt werden. Dass aber die Regierung Talât diese meisten Ausschreitungen gewollt hat, dafür ist man den Beweis schuldig geblieben".
Von Feldmann hat offensichtlich später vor Ort noch eine andere Zentralfunktion wahrgenommen im sanitätsdienstlichen Bereich[274], bevor er noch einmal als Regimentskommandeur an die Westfront versetzt wurde. Über seinen Nachfolger in der Abteilung 1 im Generalstab von Feldern ist nichts weiter bekannt.
Ein Offizier, der in bedenklicher Weise in Erscheinung trat, war der Oberstleutnant Sylvester Böttrich. Er hatte die Abteilung Eisenbahnwesen von seinem Vorgänger Major Kübel im August 1914 übernommen, der abgelöst worden war.[275] Es ging in dieser Zeit vor

---

[272] https://de.wikipedia.org/wiki/Otto_von_Feldmann. Unter Hinweis auf Gust, Wolfgang „Der Völkermord an den Armeniern".
[273] Von der Geheimorganisation Teşkilat-ı Mahsusa, die bis auf ca. 30.000 Mann aufwuchs und die zahlreiche Morde beging, hat er möglicherweise nichts gewusst.
[274] https://tr.wikipedia.org/wiki/Otto_von_Feldmann.
[275] Gefallen 1918 an der Westfront.

allem um den Weiterbau der Bagdadbahn, einer Trasse von Konya über Bagdad (1.710 km) nach Basra, nunmehr um die schwierigen Bauabschnitte am Taurus und Amanus. Schwierigkeiten gab es auch beim Betrieb der fertiggestellten Teilstrecken.

Die jahrelangen Auseinandersetzungen mit der Eisenbahngesellschaft[276] waren nicht nur finanzieller Natur, sondern ab 1915 auch grundsätzlicher Art im Umgang mit den Armeniern, die bei ihr beschäftigt waren.

In der uns bewegenden Frage gab es einerseits die türkische Auffassung, wohl auch vertreten von Bronsart von Schellendorf und Böttrich, dass die Armenier ein Betriebsrisiko (z.B. durch Sabotage) darstellen würden. Talât hatte darüber hinaus die Vernichtungsabsicht im Sinn. Enver dachte ähnlich, hatte aber auch andererseits militärisches Interesse am störungsfreien Betrieb und schnellen Weiterbau der Eisenbahn.

Die Eisenbahngesellschaft und die deutsche Botschaft wiederum hatten dies auch im Sinn, aber gestützt auf die fachkundigen Armenier. Dabei verfolgten diese beiden Instanzen auch die Absicht, die Armenier zu retten. Der deutsche Hauptmann Dagobert von Mikusch verlangte sogar im Juli 1915 von der Eisenbahngesellschaft, Deportierte zu beschäftigen. [277]

In die Auseinandersetzungen schalteten sich weitere Dienststellen ein, die ihre jeweilige Position vertraten.[278]

---

[276] „Gesellschaft für den Bau von Eisenbahnen in der Türkei". Hase & Koehler „Die Bagdadbahn".
[277] Kaiser, Hilmar „The Extermination".
[278] Kaiser, Hilmar „The Bagdad Railway and the Armenian Genocide 1915 – 1916" in Hovannisian, Richard „Remembrance and Denial". Cemal Pascha stellte Soldaten zum Schutz und zum Bau, hatte als Befehlshaber der 4. Armee wohl auch mehr den störungsfreien Betrieb im Sinn. Ihm unterstand im Krieg der berühmte deutsche Ingenieur Meißner Pascha, „Vater" der Hedschasbahn. Die Eisenbahngesellschaften hatten am 19.10.1914 das Personal, Material und ihre Dienste dem Krieg untergeordnet. Das rechtfertigte auch das Eingreifen von Enver Pascha und anderer Minister der türkischen Regierung in Aktiengesellschaften, ihren Bau und Betrieb, neben den bereits bestehenden vertraglichen Vereinbarungen. Am 06.11.1915 wurde zusätzlich ein Vertrag geschlossen zwischen der Gesellschaft, der Obersten Deutschen Heeresleitung und dem deutschen Auswärtigen Amt für den Weiterbau der Bahn.

In dieser Interessenkollision, die nach dem deutschen stv. Generaldirektor Günther schon seit August 1915 andauerte,[279] unterschreibt Böttrich am 03.10.1915[280] ein internes und zgl. externes Schriftstück, eigentlich ein Protokoll, welches die Entscheidung einer interministeriellen Kommission unter Beteiligung des Großwesirats, des Innenministeriums und des Ministeriums für öffentliche Arbeiten bzgl. der Entlassung von Armeniern bekannt gibt, gerichtet an Enver Pascha als federführenden Minister und den nachgeordneten Militärkommissar der Anatolischen Bahnen. Erste Entlassungen seien schon innerhalb eines Monats zu vollziehen. Zwar hat das Schriftstück für den nachgeordneten Bereich Weisungscharakter, ist aber keine eigenmächtige Weisung von Böttrich, auch wenn er inhaltlich in der Kommission vorher zugestimmt haben sollte. Hier waren vor allem die 850 Armenier[281] entlang der Eisenbahn durch den Taurus betroffen, aber auch andere. Es hätte ihm klar sein müssen, dass diese Entlassung einer Deportation gleich käme und den mutmaßlichen Tod der Armenier zur Folge gehabt hätte. Zudem machte er den formalen Fehler, so ein wichtiges internes Papier (eigentlich Antrag auf Billigung durch Enver), zgl. voreiliges externes Papier (mit Weisungscharakter), selbst zu unterschreiben, was von Enver hätte geschehen müssen. Ein krasser Fehler in der Stabsarbeit eines entweder unerfahrenen oder amtsanmaßenden Stabsoffiziers. Die Unklarheit, ob er dabei „Im Auftrag" unterschrieben hat, ist formal zwar nicht unwichtig; letztlich aber ist doch auch für dessen Handeln der Dienststellenleiter, also der Generalstabschef, voll verantwortlich. Nach allen vorausgegangenen Querelen ist nicht davon auszugehen, dass von Schellendorf die Weisung nicht mitgetragen hat, da er im Dienstweg zu Enver Pascha eingebunden gewesen sein muss.

Böttrich wird von Außenminister von Jagow gerügt, nicht in der

---

[279] Lepsius, Johannes „Deutschland und Armenien 1914–1918". Schreiben Günther vom 05.11.1918 an den Verwaltungsrat der Eisenbahn - Gesellschaft in Berlin.
[280] Als Anlage beigefügt einem Erlass des Unterstaatssekretärs Zimmermann an Botschafter Wolff-Metternich vom 18.11.1915. Archiv im AA „Großes HQ", Vol. 194. Dadrian „The History of the Armenian Genocide". Auch nachlesbar unter http://www.armenocide.de/armenocide/armgende.nsf/74c6b7b259a61915-11-18-DE-001.
[281] Beim Bau und Betrieb sollen bis zu 35.000 Personen beschäftigt gewesen sein.

Sache, sondern formal, weil er selbst unterschrieben habe. Böttrich genoss aber bei drohender Ablösung weiterhin den Schutz seiner Vorgesetzten.

Schließlich erreichte die Deutsche Botschaft, dass Enver einlenkte, weil auch er jetzt primär die Versorgung der Großverbände südlich des Taurus gefährdet sah. Die Armenier konnten zunächst bleiben.[282] Nach Naim Bey hatte Talât Pascha noch am 26.12.1915 die Weisung zur Deportation der bei der Eisenbahn beschäftigten Armenier bekräftigt, diese aber im Einklang mit Enver Pascha am 16.01.1916 widerrufen. Auch die Arbeiter am Amanus bei Entilli und Airan[283] seien zu verschonen. Hier ging es nach Balakian um 15.000 Armenier.[284] Außerdem war angedacht, sie nicht nur durch Türken, sondern auch durch gefangene Briten oder Inder zu ersetzen[285]. Damit war die erste Gefahr für die Armenier abgewiesen; die Weisung von Böttrich wurde nicht umgesetzt.

Die Deportation der Armenier aus ihren Siedlungsgebieten ging davon unberührt weiter. Das nachfolgende Bild des stv. Direktors der Generaldirektion der Bagdadbahn Franz Günther aus dem Oktober 1915 zeigt, wie Armenier in völlig überbelegten offenen Viehwaggons transportiert wurden, bis zu 880 Personen in zehn Waggons.

---

[282] Die Rettung wird bestätigt durch den deutschen Generaldirektor Günther mit Schreiben vom 05.11.1918 an den Verwaltungsrat in Berlin. In Lepsius, Johannes „Deutschland und Armenien 1914–1918".
[283] Hilmar Kaiser „The Baghdad Railway and the Armenian Genocide 1915–1916" in Hovannisian, Richard „Remembrance and Denial". Ab Juni 1916 jedoch wurden die Armenier, wie die in Maraş, nicht mehr verschont.
[284] Balakian, Grigor „Armenian Golgotha".
[285] Naim Bey „The Memoirs of Naim Bey". Britische und indische Kriegsgefangene wurden verfügbar nach der 2. Schlacht von Kut el Amara ab Mai 1916. Ostwärts des Euphrat wurden ca. 4.000 gefangene Briten, dort und im Amanus auch 6.000 Hindus eingesetzt, ebenso russische Kriegsgefangene und deutsche Soldaten. Shaw, Stanford „The Ottoman Empire in World War I". Vol. 2.

(Quelle: Archiv Deutsche Bank – Historisches Institut)

Nach dem armenischen Patriarchen Zaven[286] waren die Eisenbahntransporte nur an einem Tag in der Woche für Transporte ziviler Personengruppen vorgesehen, da Vorrang bestand für das Militär. Dabei sollte auch der Geschäftssinn nicht zu kurz kommen: „Reiche Armenier können in Reisewagen fahren unter der Bedingung, dass sie ihre Tickets selbst bezahlen. Diese reichen Armenier erhalten Vorrang beim Transport" (Übersetzung des u.a. Textes vom Verfasser).[287]

Der 2. größere Versuch zur Deportation von Armeniern im Dienste der Eisenbahngesellschaft Mitte Juni 1916 im Amanus Bereich verlief allerdings im Sinne von Talât Pascha.[288] Die Intervention von General

---

[286] Zaven, Der Yeghiayan „My Patriarchial Memoirs".

[287] „Zengin olan Ermeniler, biletlerini kendileri almak şartıyla, yolcu vagonlarından istifade edebilirler ve öncelikle bu zengin Ermenilerin sevkleri yapılır". Dokument 190, datiert 28.08.1915, aus Sonyel, Salahi „Ermeni Tehciri ve Belgeler".

[288] In der Literatur wird häufig der 1. Versuch der Deportation nach der Weisung von Böttrich vermengt mit dem hier beschriebenen 2. Versuch, Böttrich also die

Falkenhayn als Befehlshaber der Heeresgruppe "F" im November 1916 kam zu spät.[289] Die Proteste des Schweizers Huguenin, General-Direktor der Bagdad Eisenbahngesellschaft in Istanbul, im Juni 1916 blieben ebenfalls erfolglos.

Korn[290] berichtet von acht Sabotageakten mit Sprengstoff am Amanus in 1916, stets nachts. Waren es nicht statt Armenier wahrscheinlich Araber nach ihrem Aufstand im Juni 1916, vergleichbar den Anschlägen auf die Hedschasbahn durch arabische Krieger unter Lawrence von Arabien? Warum sollten die wehrlosen armenischen Arbeiter am Amanus ihr Leben riskieren?

Nach Balakian wurden 11.500 Armenier deportiert, was im Blutbad endete. Dieser armenische Geistliche, der die Deportation am 24.04.1915 aus Istanbul in einer Odyssee überlebt hatte, konnte sich vor dieser späten weiteren Deportation retten. Er erhielt einen Pass eines Deutschen mit Namen „Kegel". Zudem soll ein deutscher Major geholfen haben, ebenso ein Schweizer mit Namen „Leutenegger".

Die Oberlehrer Niepage und Graeter berichten dem Reichskanzler am 08.07.1916 von bevorstehenden Deportationen von ca. 1.500 Arbeitern/Arbeiterinnen aus dem Amanus Streckenteil. Konsul Rößler berichtet am 10.07.1916 vom Verschwinden von ca. 1.000 Arbeitern aus dem Streckenabschnitt Adana. Der armenische Arbeiter Leon Khatschadurian sagt am 09.07.1916, dass von 1.000 Deportierten noch 623 übrig seien. Selbst noch am 25.03.1917 meldet der Botschafter an das AA die Deportation von mehr als 505 Arbeitern von den Abschnitten des Taurus und Amanus.

Mühlmann erwähnt auch nur unvollständig den 2.Teil des Dramas

---

Folgen des 2. Versuches zugeschrieben. Letztlich war aber im Hintergrund Talât Pascha der treibende Keil, dem sich Enver Pascha nur halbherzig und nur zeitweise widersetzen konnnte bzw. wollte. Raymond Kevorkian spricht von 30.000 beschäftigten Armeniern im Amanusbereich und Deportationen in Kolonnen à 2.000 Mann. Verantwortlicher war Avni Bey in Adana im Auftrag von Talât Pascha. Angeblich hat auch Liman von Sanders wieder (vergeblich) protestiert. „L'Extermination des Déportées Arménienne Ottomans dans les Camps de Concentration de Syrie-Mésopotamie".

[289] Ihrig, Stefan „Justifying Genocide".
[290] Korn, Wolfgang „Schienen für den Sultan".

und erwähnt die frühere Weisung von Böttrich nicht:[291]

„Im Sommer 1916 glaubte die Regierung, auch die am Bahnbau beschäftigten und die Mehrzahl der Arbeiter bildenden Armenier von ihren Arbeitsplätzen entfernen zu müssen. Enver Pascha erkannte wohl das Schädliche dieser Maßnahme, hielt sich aber nicht für stark genug, sich dem Drängen von Regierung und Komitee entschieden entgegenzustellen.Völlige Einstellung der Arbeiten am Amanus war die Folge. Der Chef des türkischen Generalstabes, General von Bronsart, sah die Lage für so ernst an, daß er ein Eingreifen der deutschen Obersten Heeresleitung für erforderlich hielt, was auch geschah. Am 2. Juli verständigte Enver Pascha General von Falkenhayn, daß die Bauarbeiten wieder aufgenommen wären".

Danach: „Diese Annahme war nicht zutreffend".

„Am 14. November 1916 richtete General Ludendorff an den Militärbevollmächtigten[292] die Frage: <Welche militärischen Folgen sind zu befürchten, ist der Weiterbau der Taurus- und Amanusbahn gefährdet?>"

Über den tödlichen Ausgang der Aktion berichtet Mühlmann nicht mehr. Auch in seiner Berichterstattung stehen noch im Jahre 1940 militärische Überlegungen im Vordergrund; das anschließende Schicksal der Armenier wird nicht erwähnt.

Böttrich wurde noch vor Kriegsende an die Westfront versetzt, wo er ein Infanteriebataillon führte. Von Österreich wurde er mit dem Leopold Orden ausgezeichnet.[293] (!) Von Oberstleutnant Pramann (1916–1917), dem Nachfolger von Böttrich, sind keine Berichte hinterlassen.

Im Generalstab dienten weitere deutsche Offiziere in sehr wichtigen Funktionen, die leider wenig oder gar nichts von ihrer Einstellung zu den Armeniern verraten haben. Auch ihre militärischen Werdegänge sind kaum bekannt.

Da wäre zunächst der bayrische Offizier und Schriftsteller Franz Carl Endres, der 1912 unter Beurlaubung als Hauptmann in osmanische Dienste getreten war und an den Balkankriegen teilgenommen hat. In

---

[291] Mühlmann, Carl „Das Deutsch-Türkische Waffenbündnis im Weltkriege".
[292] General von Lossow.
[293] http://de.wikipedia.org/wiki/Sylvester_Boettrich.

Istanbul lehrte er zuvor an der Generalstabsschule. Während der Balkankriege und bis zum Kriegseintritt der Türkei hat er in der Abteilung 1 des Generalstabes gedient,[294] der Operationsabteilung, im Krieg dann in Gallipoli und als Oberquartiermeister in der 1. Armee unter von der Goltz im Stabe der 6. Armee in Mesopotamien, danach in der Generaletappeninspektion des Generalstabes.

Wie kaum ein anderer Offizier hat Endres somit breite und tiefe Einblicke gewonnen in das Geschehen in der Zentrale wie an der Front und in den rückwärtigen Gebieten.

Carl Franz Endres
(Quelle: https://commons.wikimedia.org/wiki/File:Carlfranzendres.jpg)

---

[294] Möglicherweise auch zeitweise die Funktion des Generalstabchefs ausgeübt nach https://personenlexikon.bl.ch/Franz_Carl_Endres.

In seinen zahlreichen Veröffentlichungen zeichnet er ein differenziertes Bild über die Armenier, indem er mit anderen Worten auch die Genozidthese stützt:[295]

„Die Armenier haben sich beim Ausbruch des Krieges zum Teil landesverräterisch benommen, sie sind zu den Russen übergegangen, sie haben Spionendienste der Entente geleistet. Aber ebenso viele Armenier haben in bewundernswerter Loyalität zur türkischen Regierung gestanden, obgleich ihnen nichts als Verachtung zuteil wurde, obgleich jeden Tag neue Nachrichten einliefen, daß ihre Verwandten, ihre Freunde von den Türken sinnlos ermordet oder deportiert wurden. Diese Deportationen während des Weltkrieges waren nichts anderes als organisierter Massenmord".

Seine Kritik an den Armeniern wiederholt er:[296]

„Im Weltkrieg haben sich törichterweise armenische Kreise dazu verleiten lassen, russisch-englische Interessen durch Spionage und Zerstörung zu unterstützen".

Endres bekräftigt die überwiegende deutsche Auffassung zu den Armeniern in Bezug auf ihre Geschäftstüchtigkeit, auch in den agrarischen Gebieten, mit einem Seitenhieb auf die türkische Verwaltung:

„Dazu kommt, daß der Armenier häufig die dem Volke verhaßte Tätigkeit eines Steuerpächters ausübt und natürlich ohne jede Rücksicht zu seinem Vorteil ausübt als gelehriger Schüler des türkischen Beamten".

Auch über die Türken zeichnet Endres ein differenziertes Bild:

„Der Türke, sofern er dem einfachen Volk angehört, ist ehrlich, treu, anständig, der Typus dessen, was wir < einen guten Kerl > nennen".

Aber in Bezug auf die Ausschreitungen gegenüber den Armeniern stellt er auch fest:[297]

„Die Türken sind zukünftig kein Kulturvolk mehr".

Ein weiterer Offizier mit sicherlich tiefen Einblicken war der Oberstleutnant Etienne Perinet von Thauvenay. Er gehörte zu den ersten Offizieren der Militärmission, nachdem er schon zuvor fünf Jahre

---

[295] Endres, Franz Carl "Die Ruine des Orients".
[296] Endres, Franz Carl „Die Türkei".
[297] Endres, Franz Carl „Der Weltkrieg der Türkei".

Ausbilder in Argentinien gewesen war. Im Generalstab hat er bis April 1915 die Abteilung 2 aufgebaut, die sich traditionell dem Gegner und der Sicherheitslage im eigenen Land widmet.[298] In diesem Fall kam wohl auch noch die Aufgabe dazu, die politische Lageentwicklung militärisch zu beurteilen. Eine auch personelle Verzahnung mit dem Kriegsministerium erlaubte diese Einblicke. Eigentlich hätte diese Abteilung auch informiert sein müssen über die Operationen von Sonderorganisationen wie der Teşkilat-ı Mahsusa. Ob und inwieweit dies der Fall war, lässt sich mangels fehlender Aufzeichnungen nicht mehr beurteilen. Auch die sogenannte „Schwarze Liste" mit den Namen der Armenier in Istanbul, die zum 24.04.1915 deportiert wurden, muss dieser Abteilung bekannt gewesen sein. Sie war u. a. das Produkt des Verrats von Armeniern und wurde vom Istanbuler Polizeipräsidenten Bedri zusammen gestellt.[299]

Im April 1915 wurde von Thauvenay als Chef des Stabes zum II Korps an die Gallipolifront versetzt.

Im Generalstab folgte ihm der türkische Oberstleutnant Seyfi Bey. Dieser nahm eine Schlüsselrolle wahr bei den Beschlüssen über die anschließenden Deportationen als verantwortlicher zuständiger Abteilungsleiter im Kriegsministerium wie im Generalstab.[300] Diese wichtige Rolle von Seyfi Bey wurde bestätigt am 16.11.1916 durch General von Lossow.

Oberstleutnant Sievert als deutscher Vertreter in der Abeilung stieß im September 1916 hinzu und blieb bis 1918. In dem kritischen Zeitraum April 1915–September 1916 war die deutsche Stelle offensichtlich vakant. Auch Sievert hat keine Aufzeichnungen hinterlassen.

---

[298] İstihbarat Daire. (Abteilung Aufklärung).
[299] Balakian, Grigor „Armenian Golgotha". Nach Dadrian, Vahakn haben auch deutsche Agenten bei der Erstellung der Liste mitgeholfen, wie auch der Kaiser den Einsatz osmanischer Agenten in Deutschland gebilligt haben soll. „The History of the Armenian Genocide".
[300] Herausgeber des Propaganda- und Desinformationsmagazins „Harb Mecmuası" (Kriegsmagazin).

XI Von der Goltz in der Zeit 1914–1916

Das Verhalten des Marschalls von der Goltz gegenüber den Armeniern ist bereits mehrfach angesprochen worden, nämlich in der Angelegenheit der Umsiedlungen/Deportationen und des militärischen Eingreifens gegenüber Kräften im Lande, die sich gegen Maßnahmen der osmanischen Behörden auflehnen.
Manche Autoren machen ihm Vorwürfe hinsichtlich seines Verhaltens in Belgien als Generalgouverneur in der Zeit August bis November 1914, in der deutsche Truppen mitunter unverhältnismäßig gegen belgische Freischärler (Partisanen) vorgegangen seien und ihnen von der Goltz nicht Einhalt geboten habe.[301] Wieder andere sagen, dass er zu milde gewesen sei, auch wegen seines fortgeschrittenen Alters, i.e. 71 Jahre. Dazu zählt auch Enver Pascha.
Von der Goltz lässt seine Gründe bzgl. Versetzung aus Belgien anklingen:[302]
„Aber auch rein persönlich genommen, fühle ich mich nirgends so wohl als auf dem Schlachtfeld".
„... denn bald kam es zu neuen Differenzen. Der Generalintendant verlangte vom Generalgouvernement die Eintreibung von Kontributionen in einem Umfange, der praktisch unausführbar war".
Friedrich Freiherr von der Goltz schreibt über dessen steten Wunsch auf ein Truppenkommando:
„<Wie einen Klang aus Rolands Horn> begrüßte Goltz es mit unverhohlener Freude, als er Ende November 1914 unter Enthebung von der Stellung des Generalgouverneurs von Belgien nach Konstantinopel entsandt wurde".
Am 17.11.1915, also ein Jahr später in Istanbul, schreibt er seiner Frau, den Pulverdampf missend:
„Das Oberkommando der 1. Armee hier machte mir sehr viel Freude. Dass ich mit ihr nicht zum Kampfe kam, war weder meine noch

---

[301] Bryce, Viscount „Bryce Report into German Atrocities in Belgium". (www.firstworldwar.com/source/Brycereport.htm).
[302] Freiherr von der Goltz, Friedrich „Generalfeldmarschall Colmar Freiherr von der Goltz – Denkwürdigkeiten".

anderer Leute Schuld, sondern die Fügung des Schicksals".
Von der Goltz traf am 12.12.1914 in der Türkei ein, wurde militärischer Berater des Sultans, ebenso von Enver Pascha, des Generalstabes und am 25.03.1915 Befehlshaber der 1. Armee mit Hauptquartier in Istanbul in der Nachfolge zu Liman von Sanders Pascha.
In den darauffolgenden Wochen war er viel unterwegs mit Inspizierungen und Besuchen in verschiedenen Hauptstädten. Er engagierte sich eben stark militär-politisch. Am 10.04.1915 war er zwar wieder in Istanbul, widmete sich dann allerdings intensiv einem Manöver und der Dienstaufsicht in seiner 1. Armee, die weiträumig von Thrakien bis Bosantı am Taurus disloziert war.
Es ist daher nicht auszuschließen, dass er von den kritischen Entwicklungen ab Anfang April 1915 nicht allzuviel mitbekommen hat und i. Allg., ähnlich wie 1895, den türkischen Bekundungen traute. Ein Indiz dafür ist auch seine Desorientierung über die bevorstehende Niederlage bei Sarıkamış. So schreibt er am 04.01.1915 an seine Frau: „An der kaukasischen Grenze haben sie nicht unerhebliche Vorteile bei Ardahan und Sarıkamış, einem Grenzort zwischen Erzurum und Kars, errungen."
War er noch nicht im Bilde oder wieder Opfer der Propaganda oder hielt er sich hier an die Regel der Militärzensur? Eine Kontaktaufnahme zu Bronsart von Schellendorf hätte ihn eines Besseren gelehrt.
Auch die nachfolgende Auseinandersetzung in Van im April 1915 hat er im Bericht an den Kaiser am 02.05.1915 im Einklang mit der türkischen Propaganda dargestellt; hier war auch kein deutscher militärischer Augenzeuge vor Ort. [303]
Am 05.10.1915 erhielt von der Goltz eine Depesche, die ihn auf seine neue Verwendung als Befehlshaber der 6. Armee in Mesopotamien mit zusätzlichem Einsatzgebiet Persien vorbereitete, deren Kommando er dann am 12.12.1915 in Aziziye südlich Bagdad von Nurettin Bey übernahm. Auf dem Wege dorthin wurde er mit Armeniergräueln konfrontiert, zunächst aber auch getäuscht.

---

[303] Stangeland, Sigurd „Die Rolle Deutschlands im Völkermord an den Armeniern 1915–1916".

Niepage berichtet:[304]

„Als der General-Feldmarschall von der Goltz nach Bagdad reiste und bei Djerablus den Euphrat passieren musste, war dort ein großes Lager von halbverhungerten deportierten Armeniern. Kurz vor der Ankunft des Feldmarschalls trieb man die Unglücklichen, so erfuhr ich in Djerablus, samt Kranken und Sterbenden mit Peitschenhieben ein paar Kilometer über die nächsten Hügel. Als von der Goltz durchkam, war von dem widrigen Anblick nichts mehr zu sehen. Als wir bald darauf mit ein paar Kollegen den Platz besuchten, fanden wir an versteckteren Stellen noch Männer- und Kinderleichen, Kleiderreste und Schädel und Knochen, von denen Schakale und Raubvögel das Fleisch erst teilweise abgefressen hatten".

Einen ähnlichen Täuschungsfall hat es offensichtlich zuvor über ein Camp in Mamure in Kilikien in der Provinz Mersin gegeben.[305]

Dann aber sieht von der Goltz doch die Gräuel, offensichtlich im Lager Katma.[306] Am 22.11.1915 schreibt er seiner Frau nach der Durchquerung des Taurus Tunnels mit der Bahn:

„Der Haupttunnel wurde am nächsten Morgen durchfahren, und dann ging es in die nordsyrische Ebene hinab.

In dieser bot sich uns der harmvolle Anblick der flüchtenden Armenier, die am Südfuß des Taurus angesiedelt werden sollen und bei denen natürlich, da menschliche Fürsorge bei so großen Massen nicht viel vermag, grenzenloses Elend herrscht. Eine fürchterliche Völkertragödie. Ohne Nahrung, ohne Versorgung, schutzlos strömten Tausende und aber Tausende einem unbekannten Ziele entgegen. Viele sterben an der Straße und bleiben lange unbeerdigt liegen. Man muss in tiefster Seele Mitleid empfinden und konnte doch nicht helfen. Welche Tragödien dieser unheilvolle Krieg schon hervorgerufen hat, ist kaum aufzuzählen, und wie viele wird er noch verursachen. Bedenkt man dazu, dass er im Grunde genommen eigentlich nur aus dem elenden Futterneide Englands entstanden ist, so ermisst man erst ganz die Schuld dieses Staates".

---

[304] Dr. Niepage, Martin „Eindrücke eines deutschen Oberlehrers aus der Türkei". Lehrer an der deutschen Schule in Aleppo.
[305] Leverkuehn, Paul „A German Officer during the Armenian Genocide".
[306] A.a.O. Eine Eisenbahnstation nw. von Aleppo auf syrischer Seite.

„Flüchtende"? „Unbekanntes Ziel"? Kannte er hier die wirklichen Deportationsziele weiter südlich etwa auch nicht? Konnte er wirklich nicht helfen? Konnte er nicht Enver und den deutschen Botschafter einschalten und bei örtlichen Behörden auf Fürsorge drängen? Hätte er da nicht schon seinen Hut in den Ring werfen müssen? Er sah offensichtlich seinen militärischen Auftrag absolut vorrangig und ließ den Dingen weitgehend ihren Lauf.

Der Armenier Khoren Davidson, ein Überlebender der Massaker in Zeytun[307] vom März 1915, beschreibt dieselbe Szene folgendermaßen:[308]

„The weather was bitterly cold. Katma is on a hill where the freezing winds blow continually.

We heard it rumored that the idol of Turkey, the German, Von der Goltz, would come to Katma for a visit. The priest and several others planned to see him and ask for mercy and some Arabian tents. The pasha did not approach the camp. From a distance of two miles, where he stopped his automobile, he viewed the camp through his field glasses. The priest and his company could not approach him. Through his interpreter, the pasha sent word, telling the people not to come close with their typhus germs. Through the interpreter again, the people put their petition before the pasha. He told them that when he is in Aleppo, he would see that those tents they asked for would be sent to them.

He went, but no tents arrived. Instead, there came an edict from him ordering who could walk to get ready to leave the camp. Those unable to leave would be shot, to end their sufferings in that concentration camp".

Dass so ein Edikt durch von der Goltz erlassen wurde, erscheint dem Autor allerdings aus verschiedenen Gründen unglaubwürdig. Der Rest mag stimmen.

Kaiser lässt die Krankenschwester Elmasd Santoorian bzgl. dieses Lagers, in dem wegen vorangegangener Trennung von den Männern vor allem Frauen und Kinder vegetierten, mit einem schlimmen Verdacht

---

[307] Heute Süleymanlı.
[308] Davidson, Khoren „Odysee of an Armenian of Zeitoun". Früherer Name Khoren Davidian. 1920 in die USA emigriert.

zu Wort kommen:[309]

„I did not witness any killings at Ghatma, probably because the people were dying off faster from disease, starvation, and exposure than their corpses could be carted away on the few donkey-drawn carts available. The most rampant and dreaded diseases were typhus and dysentery. Lice and vermin were everywhere. Ghatma may have looked like Hell itself, but actually it was only its antechamber".

Bezeichnend ist auch, was ein Offizier und Autor schreibt, der ebenso auf dem Weg nach Mesopotamien durch das Gebiet kommt:[310]

„Jeder, der den Weg von Adana über die Amanusstraße und von Aleppo über Dscherablus und Nusaybin nach Mosul 1915 und 1916 passiert hat, weiß, dass er von Armenierleichen gesäumt war".

„Wir mussten damals schweigen".

Über die Armenier allgemein schreibt er:

„Sie haben als politische Vertreter und Kriegsverräter ihre strenge Bestrafung voll verdient, und niemand wird die Türken anklagen dürfen, dass sie mit den Schuldigen kurzen Proceß machten, wie es im eigensten Lebensinteresse unbedingt geboten war".

Frey distanziert sich allerdings dann auch von der Art der Bestrafung unter Einbeziehung der Familien und dass dies eine „Schande" gewesen sei. Er behauptet, dass die Armenier „Verräter und Spione" gewesen seien, sie die „Einstellung in die türkische Armee verweigert" hätten, „massenhaft zu den Russen übergelaufen seien", „gemeinsam mit russischen Kosaken die muhammedanischen Bewohner niedergemacht und grausam ermordet" hätten. Die Armenier seien „dreiste Betrüger, hinterlistig, feige, grausam und fanatisch".

Major Hans von Kiesling reiste als Angehöriger des Stabes von der Goltz unmittelbar nach ihm und passierte dabei ebenfalls den Knotenpunkt Aleppo. Auch sein Bericht ist typisch:[311]

„… und rund um die Stadt dehnten sich jene gewaltigen Armenierlager aus, die gleichzeitig Brutstätten aller Krankheitserreger waren. In jener Zeit gab es in Aleppo etwa 200 amtlich festgestellte Todesfälle

---

[309] Kaiser, Hilmar „The Crossroads of Der Zor".
[310] Frey, Waldemar (Pseudonym) „Kut el Amara".
[311] Von Kiesling, Hans „Mit Feldmarschall von der Goltz Pascha in Mesopotamien und Persien".

pro Tag. Was sonst draußen in der Steppe in den Lagern und an der Heeresstraße zugrunde ging, davon sprach niemand. Es war ein furchtbares Elend, das uns auf Schritt und Tritt entgegentrat, umso furchtbarer, als nicht die geringste Möglichkeit bestand, hier in irgendeiner Weise helfend einzugreifen".

Wirklich? Von Kiesling hat danach von der Goltz ausführliche schriftliche Vorschläge gemacht zur Verbesserung der militärischen Situation an der Bagdadbahn, aber keinerlei Idee geäußert, was sein Vorgesetzter zur Verbesserung der Armeniersituation tun könne. Aber seine Einstellung hat er schon zuvor verdeutlicht als offensichtlich weiteres Opfer der türkischen Dolchstoßlegende, der nie im Operationsraum der 3. Armee gewesen war:

„Auf Grund des Verhaltens der Armenier im Rücken der gegen den Kaukasus operierenden III. türkischen Armee, das vielen Tausenden türkischer Soldaten das Leben gekostet hatte, verpflanzte man das ganze armenische Volk nach Süden in die Euphratgegend, um den Rücken der Kaukasusarmee von Aufständischen freizumachen. Militärisch ist das Vorgehen gegen die Armenier durchaus gerechtfertigt gewesen. Die Art, wie dann die Absicht der türkischen Regierung zur Ausführung gelangte, ist allerdings nicht zu billigen. Keine Vorbereitung auf der Marschstraße ermöglichte Unterbringung und Verpflegung der ankommenden Massen, und so gingen Tausende dieses ins Elend wandernden Volkes an der Heerstraße zugrunde".

Erstaunlich auch, dass von Kiesling während einer Urlaubsreise über Istanbul Ende September 1916 dem Legationsrat Hoesch berichtet, dass die Lage der ca. 8.000 Insassen in den Lagern Der Zor und Meskene[312] befriedigend sei hinsichtlich Nahrung und Unterbringung.[313]

In einer anderen, jedoch prestige-trächtigen Angelegenheit hat von der Goltz am 18.01.1916 Enver seinen Rücktritt angeboten. Hier ging es angeblich um die Abschiebung von „Griechen"/„Rum" [314] durch

---

[312] Syrischer Ort am Euphratbogen.
[313] Aufzeichnung Hoesch vom 01.11.1916.
[314] Nach Aussage von Lepsius im Mordprozess um Talât in Berlin 1921 soll es sich um Armenier gehandelt haben. S. auch Lepsius: „Deutschland und Armenien 1914–1918". Auch Krethlow, Carl Alexander „Colmar Freiherr von der Goltz und der Genozid an den Armeniern 1915–1916" spricht von Armeniern und datiert das

den stellvertretenden Gouverneur/stv. Vali von Bagdad[315], die er verhindern wollte. Von der Goltz klagte das mündliche Versprechen Envers ein, dem Vali bzw. seinem Stellvertreter Weisung erteilen zu dürfen, zumal doch der eigentliche Vali, Halil Bey, ihm militärisch unterstellt war. Enver versagte die Befugnis. Der Sach- und Kompetenzkonflikt „wurde schließlich durch Entgegenkommen beider Teile behoben". Damit wurden nach Leverkuehn zunächst („for the time being") viele Menschenleben von Armeniern gerettet, also nicht nur von „Rum".

Der Legationsrat im AA Dieckhoff schreibt in einer Aufzeichnung vom 19.11.1918:

„Im Spätsommer 1915 waren auf Anordnung der türkischen Regierung die in Bagdad wohnenden Armenier nach Mossul deportiert worden. Kurz nach der Ankunft des Feldmarschalls Freiherrn v.d. Goltz in Bagdad (Dezember 1915) erließ der bisherige Oberkommandierende in Mesopotamien, Nureddin Bey, den Befehl, diese Armenier nach Mossul weiterzutransporteren und auch die in Mossul ansässigen Armenier nach dem Euphrat zu schaffen. Der Feldmarschall (nun dessen Nachfolger als Oberkommandierender) intervenierte energisch bei den Wilayetbehörden. Zunächst ohne Erfolg. Die Sache zog sich fast einen Monat lang hin, und der Feldmarschall konnte zunächst nur erreichen, dass die Armenier einstweilen in Mossul auf weitere Weisung warten sollten. Als bis Mitte Januar keine Weisung aus Konstantinopel eingetroffen war, verbot der Feldmarschall aufgrund seiner Oberbefehlshaberbefugnisse dem Wali von Mossul, die Armenier weiterzutransportieren…"

Die Fortsetzung entspricht dann der o.a. Darstellung.

Das Ereignis wird auch rückblickend beschrieben, nachdem von der Goltz schon verstorben war, von dem aus Istanbul ausgewiesenen armenischen Patriarchen Zaven Der Yeghiayan[316] bei seiner Ankunft

---

Ereignis auf den 06.12.1915. Dies war wohl der Beginn der Auseinandersetzung, die bis Februar 1916 andauerte.

[315] Nach Lepsius "Deutschland und Armenien 1914–1918" erging die Weisung vom Vali selbst, also Nurettin Bey, was Sinn macht im Zusammenhang mit dem Kompetenzstreit. Die Darstellung in Von der Goltz, Friedrich Freiherr „Generalfeldmarschall von der Goltz – Denkwüdigkeiten" ist wohl hier nicht zutreffend.

[316] Zaven Der Yeghiayan „My Patriarchal Memoirs".

in Bagdad am 26.09.1916:

„Some of the Armenian notables of Baghdad had been deported to Der Zor, and the rest to Ras ul-Ain, but they did not stay long in these places. During those days the commander for Mesopotamia, von der Goltz passing through those areas on his way to Baghdad, was petitioned by the deportees; they were allowed to return to their native places several days later. Two of their companions had meanwhile died of natural causes and were buried locally".

Nach Leverkuehn hat von der Goltz in Mossul auch weitere Chaldäer und Syrisch Orthodoxe vor dem Tode und 50 vor der Deportation bewahrt. Dies wurde 1918 auch von den Briten berichtet, bezeugt von Boutros Abed, Patriarch und Erzdiakon der Chaldäisch Katholischen Kirche in Ägypten. Leverkuehn behauptet auch, dass es viel leichter war für Enver, syrische Christen zu verschonen als Armenier.

Von der Goltz starb nach einer Fleckfieberinfektion am 19.04.1916 in Bagdad und wurde am 24.06.1916 auf dem deutschen Botschaftsgelände von Tarabya in Istanbul beigesetzt.

Der Sieg in der 2. Schlacht von Kut-el Amara über den britischen General Townshend am 29.04.1916 fiel somit schon unter das Kommando von Halil Pascha, der später den Familiennamen „Kut" erhalten wird.

Den damaligen und wohl noch heutigen sehr guten Ruf des Feldmarschalls von der Goltz unter den Türken hat der türkische Offizier Moukbil Bey wohl zutreffend beschrieben:

„Le vieux Maréchal était le seul Allemand qui fût réellement aimé en Turquie et qui possedât une certaine influence" (Der betagte Marschall war der einzige Deutsche, der in der Türkei wirklich geliebt/verehrt wurde und der einen gewissen Einfluss besaß). (Übersetzung des Autors)[317]

In Wikipedia[318] wird von der Goltz sehr kritisch gesehen:

„Während des Ersten Weltkrieges war Colmar Freiherr von der Goltz neben Sylvester Boettrich und anderen deutschen Offizieren am Völkermord an den Armeniern beteiligt und entwickelte Pläne zur De-

---

[317] Moukbil Bey „La campagne de l'Irak 1914–1918".
[318] https://de.wikipedia.org/wiki/Colmar_von_der_Goltz.

portation der Armenier. Schon um 1900[319] hatte Goltz öffentlich vorgeschlagen, eine halbe Million Armenier, die an der russischen Grenze lebten, nach Mesopotamien umzusiedeln. Als im März Enver Pascha ihm den Deportationsbefehl vorlegte, stimmte er, der die Armenier für <gerissene Händler> hielt, dem zu".[320]

---

[319] Gemeint ist möglicherweise die bereits erwähnte Rede im Februar 1914 in Berlin. Vielleicht hat er aber auch, was Unstimmigkeiten der Autoren über den Ort und den Zeitpunkt erklären könnte, die Deportationsidee mehrfach vorgetragen.
[320] Unter Hinweis auf Gottschlich, Jürgen „Beihilfe zum Völkermord".

XII Souchon, von Usedom, Merten

Admiral Wilhelm Souchon hätte aufgrund seiner o.a. Dienststellung und seines Immediatsrechtes, direkt und indirekt, positiven Einfluss speziell auf Enver Pascha ausüben können. Hinzu kam, dass er sich wegen der eingeschränkten Funktionsfähigkeit seines Flaggschiffes und der Flotte über längere Zeit in Istanbul aufhielt.

Leider war seine Einstellung zur Armenierfrage sehr negativ, einen Völkermord gutheißend. So notierte er am 10.08.1915 in sein Tagebuch:

„Die Türken gehen gegen die Armenier mit orientalischer Gründlichkeit vor; sie sollen aber vollkommen im Recht dazu sein, da alle Berichte darin übereinstimmen, dass die Armenier im ganzen Lande in hochverräterischer Weise den Feind unterstützen. Für die Türkei würde es eine Erlösung sein, wenn sie den letzten Armenier umgebracht hat; sie würde dann die staatsfeindlichen Blutsauger los sein".[321]

Eine schlimme Einstellung, die nicht zu rechtfertigen ist. Muss man annehmen, dass Souchon nur falsch unterrichtet war? Das zumindest bleibt zu hoffen. Ein Bekanntwerden seiner Einstellung hätte eigentlich zu seiner sofortigen Ablösung führen, der ihm am 29.10.1916 verliehene Orden Pour le Mérite nachträglich aberkannt werden müssen.

1917 scheidet er aus türkischen Diensten aus und führt ab Oktober 1917 das deutsche Geschwader IV der Hochseeflotte.

---

[321] Gottschlich, Jürgen „Beihilfe zum Völkermord".

*Von links nach rechts:
Von Usedom – Kaiser Wilhelm II – Enver – Merten
(Quelle: https://de.wikipedia.org/wiki/Guido_von_Usedom_(Admiral)*

Admiral Guido von Usedom, ebenfalls mit Immediatsrecht ausgestattet und dem Generalstab mit deutscher Weisung „zugeteilt", hätte ebenso wie Souchon auf Enver Pascha Einfluss für die Armenier ausüben können. Zwar sah er sein Hauptwirkungsfeld an den Dardanellen, hat aber mit Sicherheit Einblicke in das Geschehen gehabt, zumal er durchgehend von September 1914 bis Kriegsende vor Ort war. Über dessen Einstellung zu den Armeniern schreibt der US Botschafter Morgenthau, dass „die Entfernung der Armenier notwendig" gewesen sei.[322]

Auch zu Deportationen Deutschlands allgemein schreibt Morgenthau:[323]

„This is the treatment which, since the war began, she has applied to Belgium, to Poland, to Serbia; its most hideous manifestation, as I shall show, has been to Armenia. Acting under Germany's prompting,

---

[322] Morgenthau, Henry „The Tragedy of Armenia".
[323] Morgenthau, Henry „Ambassor Morgenthau's Story".

Turkey now began to apply this principle of deportation to her Greek subjects [324] in Asia Minor. Three years afterward the German admiral, Usedom, who had been stationed in the Dardanelles during the bombardment, told me that it was the Germans <who urgently made the suggestion that the Greeks be moved from the seashore>. The German motive, Admiral Usedom said, was purely military." [325]

Admiral Johannes Merten, ebenfalls reaktiviert, war Admiral von Usedom unterstellt, besaß kein Immediatsrecht. Er war „Delegierter des türkischen Großen Hauptquartiers in Çannak",[326] also auf die Dardanellen beschränkt und befasste sich primär mit den Operationen der dortigen Marine. Wegen seines Einsatzes im Küstenbereich mit den Forts verlieh ihm das Osmanische Reich den Titel „General der Artillerie"; 1916 wurde er zugleich deutscher „Vizeadmiral". Sein Einfluss aufgrund seiner Dienststellung und des Einsatzraumes war damit begrenzt; über seine Einstellung zu den Armeniern ist zudem nichts bekannt.

---

[324] Gemeint sind vor allem die „Rum", die Osmanen griechischen Ursprungs.

[325] Allerdings bleibt festzustellen, dass in der Geschichte des Osmanischen Reiches seit dem 13. Jahrhundert auch zwangsweise Umsiedlungen speziell von Türken in großem Ausmaß stattfanden von Ost nach West im Zuge der Eroberungen. So sollten der Islam und die türkische Kultur verbreitet, zugleich die Sicherheit und Zuverlässigkeit in den eroberten Gebieten erhöht werden. Auch nach den ausbleibenden Eroberungen ab dem 17. Jahrhundert fanden zahlreiche Umsiedlungen verschiedener Volksgruppen statt, nunmehr auch in andere Richtungen. Sie fanden ihren Höhepunkt in den Deportationen nach den Balkankriegen, im 1. Weltkrieg und im Rahmen der Vereinbarungen von Lausanne 1923.

[326] Mühlmann, Carl „Der Kampf um die Dardanellen 1915".

XIII Offiziere zwischen Erzurum und Baku: Guse, Stange, Schraudenbach, Guhr, Posseldt, Paraquin, von der Goltz (Junior)

Kampfgebiet November 1914 – September 1918

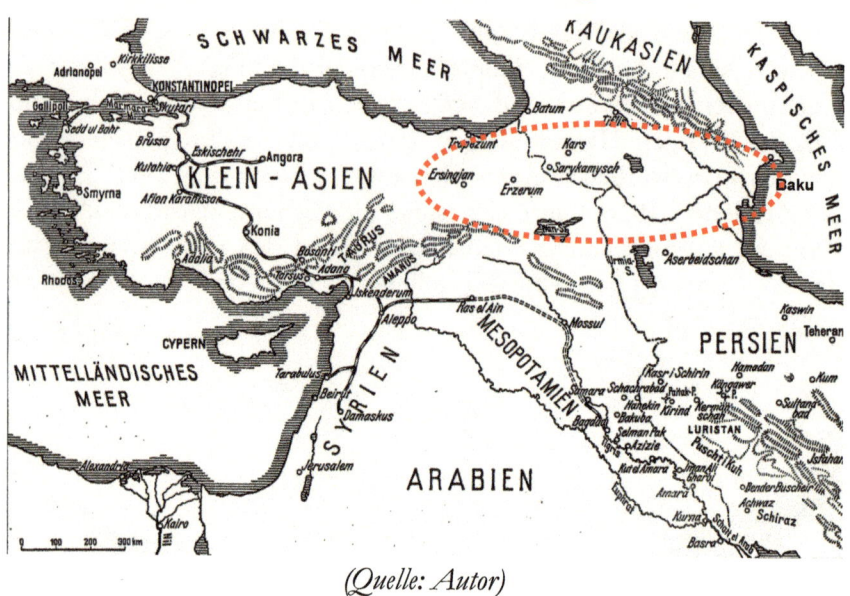

(Quelle: Autor)

Das rot schraffierte Gebiet zwischen Erzincan und Baku bezeichnet ein Gebiet, in dem die Ausschreitungen gegen die Armenier schon Ende 1914 begannen und noch bis Kriegsende andauerten. Mit mehreren Horizontalverschiebungen des Frontverlaufes, die im Einzelnen nicht dargestellt werden, waren umfangreiche Flüchtlingsbewegungen und Racheakte verbunden, auch von Armeniern an Türken. Dieses Gebiet war zunächst das Operationsgebiet nur der osmanischen 3. Armee, in das ab 1916 weitere Truppenkörper auf türkischer Seite[327] einrückten. An der Front standen sich auch reguläre

---

[327] Mit Einführung der 2. Armee ab Mitte 1916 (Befehlshaber Kemal Pascha), der Bildung und Existenz der neuen Kaukasischen Heeresgruppe im Zeitraum März – Dezember 1917 (Befehlshaber Izzet Pascha), der Bildung einer neuen Heeresgruppe

armenische Truppen beider Seiten gegenüber, geschätzt im Dezember 1914 ca. 35.000 Westarmenier unter türkischer Führung und 150.000 Ostarmenier unter russischer.[328] Ca. 6.000–10.000 Westarmenier waren überdies übergelaufen und wurden von den Russen in der Front eingesetzt, darunter auch an der persischen.[329] Dies löste neben den nachfolgenden Ereignissen in Van Anfang 1915 die Dolchstoßlegende aus.

Da im Verantwortungsbereich der 3. Armee viele Deportationen und auch Greueltaten stattfanden, hauptsächlich bis Februar 1916 unter dem Befehlshaber Mahmut Kamil Pascha[330] und dem Vali Cemal Azmi im Verbund mit der Sonderorganisation Teşkilat-ı Mahsusa, liegt ein besonderes Auge auf dieser Armee und auf den dortigen zivilen Amtsinhabern, die den Befehlen der türkischen Befehlshaber folgen mussten.

Daher muss anfangs eine Klarstellung stehen: Die Generale von der Goltz und von Sanders waren nie Befehlshaber der 3. Armee, wie fälschlich behauptet von Trumpener[331], übernommen von Neulen[332], übernommen von Stangeland[333]. Eine kurze INTERNET-Recherche in heutiger Zeit hätte dies gezeigt, erst recht, wenn Autoren selbst einen Widerspruch feststellen.

Ost ab Juli 1918 (Befehlshaber Halil Pascha Kut, einem Onkel von Enver Pascha), der Aufstellung der Kaukasischen Islam Armee ab Juli 1918 (Befehlshaber Nuri Pascha Killigil, einem Bruder von Enver Pascha), der Einbeziehung der 9. Armee (Befehlshaber Yakub Şevki Pascha) und der 6. Armee (Befehlshaber Ihsan Pascha) führten ausschließlich türkische Befehlshaber diese Großverbände im Osten, ab Juli 1918 dann unter dem Heeresgruppen-Oberbefehl von Halil Pascha. Sie konnten den Willen von Enver Pascha, deutschen Interessen z.T. entgegen gerichtet, durchsetzen. Aserbeidschanische Truppen wurden ebenfalls einbezogen.

[328] Meyer, Enno „Zwischen Rhein und Arax".
[329] Ohandjanian, Artem „Der verschwiegene Völkermord".
[330] Mahmut Kamil Pascha wird weitgehend in Vikipedi totgeschwiegen in https://tr.wikipedia.org/wiki/Mahmut_Kamil_Paşa. Weder werden seine genaue Dienstzeit in der 3.Armee erwähnt (Februar 1915–Februar 1916) noch irgendwelche Details zu seiner Amtsführung.
[331] Trumpener, Ulrich „Suez, Baku, Gallipoli. The Military Dimensions of the German-Ottoman Coalition 1914–1918" in „Coalition Warfare. An uneasy Accord".
[332] Neulen, Hans Werner „Feldgrau in Jerusalem".
[333] Stangeland, Sigurd „Die Rolle Deutschlands im Völkermord an den Armeniern 1915–1916".

Ein Offizier hätte aufgrund seiner langen Verweildauer und seiner verschiedenen Dienststellungen in dem bezeichneten Gebiet eigentlich tiefere Einblicke in das Geschehen haben können: Oberstleutnant Felix Guse. Er war spätestens ab Mai 1914 Chef des Stabes beim X Korps im Raum Erzincan/Sivas,[334] dann mit Mobilmachung ab August 1914 Chef des Stabes der 3. Armee und nach einer Krankheitsphase von November 1914 bis Februar 1915 vom März 1917 bis 07.12. 1917 Chef des Stabes der Heeresgruppe Kaukasus.[335] Er diente also nur in Stäben, war somit von den Informationen abhängig, die man ihm zutrug.

Seine recht einseitige pro-türkische und anti-armenische Einschätzung hat Guse nach dem Krieg veröffentlicht, z.B. bei der Kommentierung des Talât Prozesses im Juni 1921 in der DAZ oder in einer späteren Veröffentlichung in „Wissen und Wehr" 1925 mit der pauschalierenden unbewiesenen Behauptung schon im Titel „Der Armenieraufstand 1915 und seine Folgen".[336]

---

[334] Wie er sagt „zu Vorarbeiten", zusammen mit Major Vonberg.

[335] Guse sagt in dem Artikel in Wissen und Wehr „Der Armenieraufstand 1915 und seine Folgen": „Ich wirkte 3 1/2 Jahre vom Kriegsausbruch bis zu den Friedensverhandlungen von Brest als Chef des Generalstabes an der türkischen Kaukasusfront...". Er meint den deutschen Kriegsausbruch. S. auch sein Buch „Die Kaukasusfront im Weltkrieg".

[336] Guse, Felix „Der Armenieraufstand 1915 und seine Folgen" in Wissen und Wehr , Heft 10 , München 1925. Auch in türkischer Übersetzung verfügbar unter http://www.eraren.org/index.php?Page=Dergilcerik&IcerikNo=269.
S. auch Dinkel, Christoph „German Officers and the Armenian Genocide".

Felix Guse
(Quelle: http://oi55.tinypic.com/2moqm4x.jpg)

Guse nimmt politische Äußerungen der radikaleren armenischen Hintschakisten[337] schon als Beweis für einen umfassenden Plan eines Aufstandes mit anschließender Durchführung, schildert aber selbst nur eine Reihe konkreter armenischer Einzelaktionen. Aktionen auf türkischer Seite erwähnt er zwar auch, konkretisiert sie aber nicht. Die Sonderorganisation Teşkilat-ı Mahsusa erwähnt er mit keinem Wort, kannte sie vielleicht auch nicht unter diesem Namen; er sieht die

---

[337] Gegenüber der gemäßigteren Partei der Daschnaken.

Kurden als Hauptverantwortliche für die Ausschreitungen gegen die Armenier.[338]

Guse bemüht sich nach seinen Worten zwar um eine objektive Betrachtung, indem er richtigerweise sagt:

„Es muss auch unterschieden werden, was der Betreffende selbst gesehen, und was er von anderen gehört hat. Gegen alles dies wird oft verstoßen."

Aber er selbst tut genau dies, da er offensichtlich bei keinem Ereignis, dass er erwähnt, selbst Augenzeuge war. Das gilt z.B. für den so von ihm bezeichneten „offenen Aufruhr in Van" bzw. „Aufstand der Armenier in der Umgebung von Van" mit angeblich 10.000 Mann, in Wirklichkeit wohl ursprünglich nur ein ernsthafter armenischer Widerstand, mit Ausschreitungen von verschiedenen Seiten, der ja neben der Niederlage bei Sarıkamış die Dolchstoßlegende mitbegründete. Guse schreibt dazu:

„Der Ernst und die Größe des Armenieraufstandes wird nicht genügend gekannt und gewürdigt. Das kommt vielleicht daher, daß in der Gegend von Wan kein Deutscher mitfocht und daß außer mir keiner der wenigen Deutschen der türkischen Kaukasusarmee in einer Dienststellung war, in der er die Gesamtlage und die Schwierigkeiten übersehen konnte, die der Armenieraufstand den Türken bereitete."

Guse war also nicht vor Ort. Nach Auffassung des Autors eine falsche Selbsteinschätzung von hoher Warte bzw. Dienststellung, wohl gegründet auf falscher Information: Wer nur "über-sieht", der "übersieht" eben auch leicht (Bemerkung des Autors).

Die wirklichen Ursachen und Abläufe in Van Anfang 1915 sind in zahlreichen Veröffentlichungen genügend genau dokumentiert, jedoch deutlich anders, als von der türkischen Seite behauptet.[339]

---

[338] Dass die Kurden mit verantwortlich waren, ist unstrittig. Entweder handelten sie aus eigenem Antrieb oder wurden gedungen, auch durch die Jandarma, wie von mehreren Autoren beschrieben. S. z.B. Sarafian, Ara (Hrsg.) „US official Documents on the Armenian Genocide, Vol III". Letztlich ist es eine Art Fortsetzung der osmanischen indirekten Strategie mithilfe der kurdischen Hamidiye Regimenter im 19. Jhdt.

[339] Auf dieser Linie liegen auch deutlich abweichende Veröffentlichungen und Bewertungen wie die von Justin McCarthy in „Turks and Armenians". In ihnen werden Vorbereitungen der Armenier für eine Rebellion, zahleiche Waffenfunde und

Wolfdieter Bihl artikuliert z.B. die überwiegende Auffassung seriöser Autoren[340], indem er sagt, dass es kein Aufstand war, sondern Selbstschutz der Armenier, nachdem Mitte April 1915 fünf armenische Führer ermordet worden seien.[341] Dies löste die Kämpfe vom 20.04. bis 17.05.1915 aus. Er lässt allerdings die Beantwortung der Frage nach der Kooperation mit den Russen offen, die ab 18.05.1915 in die Stadt eindrangen. Diese Kollaboration war hier offensichtlich gegeben, das hier ausnahmsweise mehrheitlich von Armeniern bewohnte Gebiet schon lange eine Krisenregion.

Eine den Autor überzeugende detaillierte und keinesfalls nur einseitige Darstellung wird auch gegeben durch Suny[342] und die dort zitierten Augenzeugen: Der Vali (bis 14.03.1915) Hasan Tahsin Uzer, der US-Missionar Dr. Ussher und der venezolanische Offizier de Nogales. Dieser sollte nach seiner Einschätzung mehrfach als unliebsamer Zeuge beseitigt werden.[343]

Guse jedoch fasst zusammen:

„Die Armenier haben mit ihrem Aufstand den Kampf angefangen, und zwar sofort in grausamer, nach unseren Begriffen völkerrechtswidriger Weise. Ebenso haben die Türken geantwortet...".

„Die Leiden der Armenier waren schwer, aber nicht unverschuldet und die Türken haben nicht weniger erduldet."

Bei den vorliegenden Erkenntnissen über die Dienststellung von Guse und seiner Einstellung ist aber die harte Beurteilung seines Verhaltens durch Eva Fleischhauer nicht nachvollziehbar, die einfach behauptet: „Guse trug Mitverantwortung für die Tötung von etwa

---

Ausschreitungen gegen die Türken beschrieben. Er schildert allerdings auch die Unzuverlässigkeit sog. „Augenzeugenberichte", z.T. ohne Namensnennung der Augenzeugen, und die Problematik von Statistiken und Schätzungen insgesamt, schon infolge von Fluchtbewegungen der Armenier aus dem Osmanischen Reich. „What the missionaries heard and repeated was often plainly wrong. In fact, the missionary stories were ridiculous".

[340] Im Vorwort zu „The Armenian Genocide" in Institut für Armenische Fragen, Vol. 2.
[341] Ohandjanian, Artem „Armenien 1915". Lepsius, "Deutschland und Armenien 1914–1918".
[342] Suny, Ronald Grigor „A History of the Armenian Genocide".
[343] De Nogales, Rafael „Vier Jahre unter dem Halbmond".

100.000 Armeniern".[344]

Ein weiterer Offizier, Oberstleutnant August Stange, operierte im Raum Erzurum bzw. im Raum der 3. Armee und auf gegnerischem Gebiet, zunächst als Artillerist im Stab des XI Korps. Die nachfolgende Darstellung erscheint dem Autor glaubwürdig, beseitigt sie doch einige Fragezeichen in anderen Darstellungen[345]:

„German Captain Stange, a Prussian artillery officer who originally was sent to command the Erzurum fortress artillery and subsequently had been commanding the Ottoman Special Detachment patrolling along the border near Çoruh,[346] was ordered to capture Ardahan in conjunction with the other Ottoman offensives. He was to unite with the X (th) Corps and the 8 (th) Regiment to form what came to be known as the Stange Detachment/Stanke Bey Müfrezesi, and advance along the shore to surround and capture Batum, thus regaining control of the Black Sea from the Russians. With the help of the Teşkilat-ı Mahsusa guerilla units commanded by Bahaeddin Şakir, Stange led a force of 58 officers, 2.800 soldiers and a volunteer force of 1.000 to 1.500 men which defeated the Russians and captured Rize (9 December), Hopa (16 December), and Artvin (21 December). A subsequent effort to capture Ardahan, though successful momentarily on 29 December, ultimately was defeated, however, with heavy losses due to Stange's inability to coordinate the operations of the various Ottoman army and guerrilla units in the area".

Bayur bestätigt im Kern diese Darstellung, wobei er nur von zwei Bataillonen spricht, die Stange unterstellt sind.[347] Danach sollte Stange, so berichtet Bayur, mit seinen Truppen am Gefecht bei

---

[344] Fleischhauer, Eva „Der deutsche Anteil am osmanischen Völkermord 1915–1916 ".

[345] Shaw, Stanford „The Ottoman Empire in World War I" ,Vol.2. S. 819 ff.

[346] Grenzfluss im Pontischen Gebirge, der südlich Batum ins Schwarze Meer mündet.

[347] „ Bu kuvvet 10 Aralık'ta Rize'ye çıkacaktır. Bahaettin Şakir, Yakup Cemil ve Rıza Beylerin Teşkilât- ı mahsusasiyle birlikte Ardahan'la Batum arasında Çoruh vadisinde çete savaşı yapacaktır." („Diese Truppe brach am 10. Dezember nach Rize auf. Zusammen mit Bahaettin Şakir, Yakup Cemil und Rıza von der Teşkilat-ı Mahsusa sollten Partisanenoperationen im Tal der Çoruh im Raum Ardahan/Batum durchgeführt werden.") (Übersetzung des Verfassers). Bayur, Yusuf Hikmet "Türk inkilâbi tarihi", Cilt 3.

Sarıkamış teilnehmen, wo es bekanntlich zu einer empfindlichen Niederlage kam.

Auf Befehl von Enver Pascha hat Stange sich bis 01.03.1915 wieder nach o.a. Verlusten auf die Ausgangsstellungen zurückgezogen[348]. Shaw setzt dann fort, dass Stange in den ersten Monaten 1915 mit seinen Truppen neben einem Regiment der Teşkilat-ı Mahsusa unter Führung von Halit Bey in dem Raum Verteidigungsoperationen durchgeführt hat gegen russische Gegenangriffe, unterstützt von Bataillonen der Armenier und Kosaken auf russischer Seite. Stange wurde danach Kommandeur eines Lazistan-/ Gebietskommandos mit 4.200 regulären und irregulären Truppen bis Januar 1916.

Ein soldatisches Fehlverhalten kann somit Stange nicht unterstellt werden, wenn er sich, wie es scheint, auch bei Partisanenoperationen an die Regeln des damaligen Kriegsvölkerrechts[349] gehalten hat und auch wenn eine organisatorische bzw. räumliche Nähe zur Sonderorganisation Teşkilat-ı Mahsusa gegeben war, die offensichtlich im Verlauf des Krieges sehr verschiedenartige Aufträge ausgeführt hat. Von Ausschreitungen gegen die Armenier auf eigenem Gebiet distanziert er sich.

Stange hat am 23.08.1915[350] der Militärmission in Istanbul ausführlich und anklagend von „Freiwilligen, Aschirets[351] und ähnlichem Gesindel"[352] im Raum Erzurum[353] berichtet, die Armenier ermordeten. Das Ganze auch unter der Mithilfe von Militärs. Stange meldet weiterhin

---

[348] https://de.wikipedia.org/wiki/Kaukasusfront_(Erster_Weltkrieg)#cite_note-13.
[349] de.wikipedia.org/wiki/Partisan.
[350] Lepsius, Johannes „Deutschland und Armenien 1914–1918".
[351] Kurdische Volksstämme. Mitunter auch Bezeichnung für die irregulären kurdischen Hamidiye Kavallerie Regimenter.
[352] Stange kannte möglicherweise die Geheimorganisation Teşkilat- ı Mahsusa nicht oder nicht unter diesem Namen, von der die meisten erst nach dem Krieg im Rahmen der Prozesse erfahren haben. Allerdings hat sein türkischer Übersetzer nach dem Krieg Aussagen dazu machen können. Winter, Jay (Hrsg.) „America and the Armenian Genocide".
[353] Konkret z. B. in Tercan, der Karawanserei Mama Hatun Hanı, im berüchtigten Kemah Tal am Euphrat und an anderen Orten, heute z.T. zur Region Erzincan gehörig. In der Kemah Schlucht sollen allein im Zeitraum 10.06.–14.06.1915 ca. 25.000 Armenier ermordet worden sein.
https://de.wikipedia.org/wiki/Kemah_(Türkei).

am 23.08.1915:
„In Trapezunt wurden Armenier aufs Meer hinausgefahren und dann über Bord geworfen".[354]
Gleiche Aktionen haben stattgefunden in Unieh, Ordu, Kiresun und Rize.[355]
Konkret benennt Stange als Schuldige die Komitee Mitglieder Hilmi Bey, Şakir Bey[356], den Erzurum Abgeordneten Seyfoulla Bey, den Vali Tahsin Bey[357], den Polizeidirektor Chouloussi Bey sowie den Befehlshaber der 3. Armee Kamil Pascha. Stange stellt fest, dass militärische

---

[354] U.A. bestätigt vom ehemaligen Minister Çürüksulu Mahmut Pascha am 02.12.1918 im Parlament, indem er den Vali Cemal Azmi belastet. Auch bestätigt vom österreichischen Generalkonsul in Trabzon Dr. Ernst von Kwiatkowski am 31.07.1915 . In Voss, Huberta v. (Hrsg.) „Die Armenier", im Artikel Dadrian, Vahakn „Der armenische Genozid: Eine Interpretation". S. auch http://www.oesta.gv.at/site/cob_62060/currentpage_0/6644/default.aspx. Ebenso berichtet vom italienischen Generalkonsul in Trabzon G. Gorrini im Interview mit Il Messaggero, Rom, vom 25.08.1915. (In Institut für Armenische Fragen „The Armenian Genocide", Band I). Bestätigt auch durch Hafiz Mehmet, der den Vali Cemal Azmi belastet, in Winter, J.M. „America and the Armenian Genocide of 1915". Mustafa Yamulki als Vorsitzender des Kriegsgerichts 1919–1920 bestätigt dies erneut, ebenso der US Konsul von Trabzon Oscar S. Heizer mit Meldung vom 28.07.1915 in Sarafian, Ara „United States Official Documents on the Armenian Genocide, Vol. II". Erwähnt in weiteren Quellen (Dadrian, Kiernan, Bartov, Report in US National Archives vom 11.04.1919).
[355] Winter, Jay „America and the Armenian Genocide of 1915".
[356] Dr. Bahattin Şakir Bey, eine Schlüsselperson der Organisation Teşkilat-ı Mahsusa, der mit der anderen Schlüsselperson Dr. Nazım Bey nach Deutschland fliehen konnte, wo Şakir zusammen mit dem ebenfalls schuldbeladenen ehemaligen Vali von Erzurum, Cemal Azmi Bey, 1922 in Berlin ermordet wurde.
[357] Hasan Tahsin Uzer, Vali von Van bis Juli 1914 und danach Vali von Erzurum, distanziert sich während der Prozesse im August 1919 und stellt fest, dass die Armenier schuldlos gewesen seien, keine Rebellion gemacht hätten und die Schuld woanders läge. In Winter, Jay „America and the Armenian Genocide of 1915". Taner Akçam zitiert Uzer in „The Ottoman Documents and the Genocidal Policies of the Committee for Union and Progress towards the Armenians in 1915": „The Teşkilat-ı Mahsusa was composed of two units. When I came back from Erzurum, the Teşkilat-ı Mahsusa had turned into a major power and they'd become involved in the war. The Army knew about it. Then there was another Teşkilat-ı Mahsusa, and that one had Bahaeddin Sakir's signature on it. In other words, he was sending telegrams around as the head of the Teşkilat-ı Mahsusa...and communicated with two different codes with the Sublime Porte and the Ministry of War".

Gründe bei den ergriffenen Maßnahmen nicht im Vordergrund gestanden hätten.

Stange war letztlich von den deutschen Stellen im Raum Erzurum ab 1916 nicht mehr erwünscht.

Guse[358] berichtet, dass ein Oberst Stange bei der Artillerie eingesetzt sei. Eva Fleischhauer[359] berichtet, dass Stange das XI Armeekorps "geleitet" habe[360], welches in der Tat auch an der Kaukasusfront eingesetzt war. Der „Leiter", i.e. der „Kommandierende General" (KG), war jedoch ein Türke. Gleiches gilt für ihre Behauptung bzgl. des X Armeekorps und eines Oberstleutnant Lange. Er war nur Chef des Stabes. Auch dieses Korps war an der Kaukasusfront eingesetzt, der KG jedoch wiederum ein Türke. Oberstleutnant Schraudenbauch (s. u.) berichtet dann wohl zutreffend, dass Stange im Juli 1916 Generalinspizient der Ersatztruppen gewesen sei.

Es bleibt also festzuhalten, dass Stange, soweit bekannt, nur militärische Funkionen ausgeübt hat.

Oberstleutnant Hans Guhr war ein deutscher Divisionskommandeur in der 3. Armee. Er übernahm die 29. Division des IX Korps der 3. Armee im Raum Erzincan im August 1916, ab Oktober 1916 die 1. Division des II Korps der im Süden eingeführten 2. Armee und führte diese bis Oktober 1918, u. a. im Raum Harput/Elazığ. Er verließ die Türkei im Januar 1919. Über seine Erlebnisse hat er in einem Buch berichtet.[361]

---

[358] Guse, Felix „Die Kaukasusfront im Weltkrieg".
[359] Fleischhauer, Eva Ingeborg „Der deutsche Anteil am armenischen Völkermord 1915–1916". Die Autorin hat wohl gemeint, dass der „Chef" auch der „Chef" sein müsse, obwohl er als „Chef des Stabes" nur der 2. Mann war, damit nur der Vertreter des militärischenn „Führers".
[360] Beide Tätigkeiten offensichtlich vor der o.a. beschriebenen Zeit.
[361] Guhr, Hans „Als türkischer Divisionskommandeur in Kleinasien und Palästina".

Hans Guhr
(Quelle: Guhr, Hans "Als türkischer Divisionskommandeur in Kleinasien und Palästina", Mars Verlag, Berlin)

Guhr war zwar protürkisch eingestellt, hat aber die Ausrottungspolitik verurteilt. Er schreibt in seinem Buch:

„Die Armenier waren daher bald wohlhabende Leute. Sie wohnten besser, hatten wertvollere Pferde und Kamele, und ihre Frauen trugen kostbarere Gewänder und Schmuck als die der Türken. Dies erregte bei letzteren Neid und Mißgunst, infolgedessen entstanden Streitigkeiten zwischen Sippen, Dörfern und im ganzen Lande. Die Türkei sah sich veranlaßt, staatliche Machtmittel einzusetzen und ließ es an harten Strafen nicht fehlen. Uns Deutschen war es streng verboten, irgendwelche Gespräche über jene Unruhen zu führen".

Auch berichtet Guhr von einem Besuch eines von Deutschen geführten Waisenhauses am 02.10.1916 bei Mezre/Harput:

„Die Insassen waren armenische Kinder, die zum größten Teil ihre Eltern infolge der innenpolitischen Wirren unter bedauernswerten Begleitumständen verloren hatten und dort mit Liebe und Sorgfalt zu brauchbaren und tüchtigen Menschen erzogen wurden; sie machten alle einen gesunden, zufriedenen und lebensfrohen Eindruck".

Die „bedauernswerten Begleitumstände" erläutert er nicht. Allgemein äußert er sich zur Armenierfrage:

„Jedenfalls ist aber die im Abendland weitverbreitete Ansicht falsch, die Türken wären bei den Aufständen die grausam fanatischen Bedrücker, die Armenier indessen die demütigen, verfolgten, unglücklichen Christen".

Guhr geht also auch von „Aufständen" aus, hat aber in seinem Buch keinen einzigen als Augenzeuge geschildert. Er spricht von „Streitigkeiten" zwischen den Armeniern und Türken und fährt fort:

„Die Türkei sah sich veranlaßt, staatliche Machtmittel einzusetzen und ließ es an harten Strafen nicht fehlen".

Guhr distanziert sich dann mit Worten, die die Völkermordthese nähren:

„Wie man sich aber auch zur armenischen Frage stellen will, unter allen Umständen schien ihre Lösung durch die Türkei abwegig. Durch die gewaltsame Ausrottung der Armenier beeinträchtigte sie ihren guten Ruf [362] und fügte sich selbst schweren Schaden zu...".

Ein weiterer Divisionskommandeur in der später benachbarten 2. Armee, nicht der 3. Armee, war Oberstleutnant Ludwig Schraudenbach. Er hatte erst bis September 1916 die 24. Division an den Dardanellen geführt und dann ab Oktober 1916 bis Dezember 1916 die 14. Division im III Korps der 2. Armee an der Kaukasusfront. Seine Division wurde dann nach Mesopotamien verlegt unter das Kommando des XIII Korps der 6. Armee. Nach längerem Genesungsurlaub vor Ort reiste er seiner Division hinterher und konnte

---

[362] Die Armenierverfolgungen vor dem 1. Weltkrieg negiert er oder er wusste nichts davon.

diese nur noch im April 1917 führen, bevor er auf eigenen Wunsch beurlaubt wurde. Auch Schraudenbach hat seine Erlebnisse in einem Buch niedergelegt[363]. Er sagt zu den Armeniern:

„Sie hatten aber andere Eigenschaften, die ihnen die Mißgunst ihrer osmanischen, kurdischen oder arabischen Nachbarn und Umwohner zuzogen: Sie waren intelligenter, geschickter, arbeitsamer und deshalb wohlhabender als jene; sie wohnten in schöneren Häusern, hatten schönere Teppiche, Ringe, Pferde. Auch waren sie – nicht zu vergessen – Christen. Und im Geschäft sicher nicht skrupulös".

Schraudenbach berichtet, dass er mit türkischen Offizieren das armenische Thema nie erörtert habe, allerdings mit Anderen. Auch er stützt mit den Begriffen „Versuch" und „auszurotten" die Völkermordthese:

„Abends bei den Kraftfahrern drehte sich das Gespräch um die Armenierpolitik der Türkei. Der Versuch, das armenische Volk durch Metzeleien und Deportationen auszurotten, war vom menschlichen Standpunkt unbedingt zu verwerfen und wurde von allen deutschen und k.u.k. Offizieren, mit denen ich darüber sprach, rückhaltlos verurteilt".

„Mit türkischen Offizieren habe ich das Thema <Armenier> nie erörtert. Es war eine der ganz wenigen Weisungen, die man in Cospoli[364] für den Verkehr mit den Bundesgenossen erhielt: Die Armenierfrage als noli me tangere zu behandeln".

Aufrüttelnd und zugleich zutiefst deprimierend ist sein Kapitel über das Armenierelend in Rakkah am Euphrat, wo Schraudenbach am 22.02.1917 auf dem Weg zu seiner Division nach Bagdad durchkommt. Hier erschütternde Auszüge aus dem Kapitel:

„Abermals umschwärmten mich die kleinen, halbverhungerten Knaben. Dann kamen mir zwei Mädchen entgegen, in Bettdecken gehüllt, fast nackt, blond, von üppiger Schönheit trotz alles Elends, verführerisch lächelnd mit blitzend weißen Zähnen. Armenierinnen. Ich gab ihnen Geld, und nochmals Geld, als sie erzählten, auch ihre Mutter sei hier".

„Inzwischen waren wir selber fahrbereit geworden; der hungernde

---
[363] Schraudenbach, Ludwig „Muharebe".
[364] Konstantinopel.

Schwarm lief zu unserem Anlegeplatz zurück. Wir stießen ab, ich winkte Nitschke, und er warf das in Stücke geschnittene Brot, das er gestern noch geholt, den bis zum Wasser Nachdrängenden zu. Ein rasendes gellendes <Effendim! Effendim!>[365] Die meisten wälzten sich auf dem Boden übereinander, um Brot zu erraffen, ein paar Weiber aber liefen unserem Schachtur[366] nach, bis zur Brust ins eisige Wasser, und griffen mit verzweifelnden Händen nach den Planken. Brot! Brot! Brot!> Schon führte uns die Strömung abwärts, das sahen wir noch, wie am Ufer die Erwachsenen sich auf die Kinder warfen, sie niederschlugen und ihnen das Brot aus den Händen rissen, um es zu verschlingen. In unendlichem Jammer wehklagten und schluchzten die Schwachen, Vergewaltigten, lange noch klangen uns die Schreie ihrer Qual, ihrer Verzweiflung in den Ohren....

Wie ein Gesicht aus Dantes Inferno[367] steht die Erinnerung an die Todgeweihten von Rakkah noch vor mir".

Was hätten Schraudenbach und seine wenigen Begleiter noch tun können? Bei der türkischen Behörde vor Ort vorstellig werden? Bei nächster Gelegenheit ein Schreiben an eine deutsche Behörde absenden?

Schraudenbach hatte sich erst einen Tag zuvor in Haman in einem Schreiben an den türkischen Etappenkommandanten für eine armenische Familie eingesetzt, die nach Der es Soor abgeschoben werden sollte. Das Ergebnis hat er nicht mehr erfahren. Da er keine Truppe bei sich hatte, hatte er auch keine Macht, irgendetwas durchzusetzen. Die bohrenden Fragen bleiben, die Schuld erdrückend.

Auch der katholische Militärpfarrer der 6. Armee Joseph Kiera, der vom März 1916 – August 1918 im Osmanischen Reich war, berichtet von erschütternden, z.T. auch perversen Szenen, im Umgang mit lebenden und toten Armeniern bzw. Armenierinnen, in Diyarbakır,

---

[365] Efendim = Hier bin ich. Bitte! Bitte!
[366] Flachgängiges Schiff.
[367] Auch der mit dem US- Konsulat in Aleppo zusammen arbeitende zivile Öl-Agent Auguste Bernau der US „Vacuum Oil Company" erstattet am 10.09.1916 einen erschütternden Bericht von den Zuständen entlang des Euphrats und spricht von Dantes Hölle. Seiner nicht genehmigten Inspektionsreise folgte anschließend von Cemal Pascha eine massive Drohung gegen Bernau. Sarafian, Ara „United States Official Documents on the Armenian Genocide, Vol. I".

südlich des Taurus in Mossul, Meskene, Der el Zor und Tell Eremen. Er stellt in seinem 818 Seiten starken Buch fest:[368]
„In Mosul waren zeitweise ein Zehntel der gesamten Bevölkerung heimatvertriebene Armenier. – Wir Deutschen durften als Bundesgenossen der Türken ihre rasse- und religionsverhaßten Volksgenossen nicht unterstützen, soweit eine öffentliche, großzügige Aktion in Frage kam".

Heimlich allerdings hat Kiera unterstützt, auch mit Geld. Aus christlicher Sicht befremdlich ist allerdings seine Feststellung im Rahmen der großen allgemeinen Hungersnot 1917/1918, die auch durch die Deportationen der Armenier ausgelöst worden war:

„Ich habe später beim Anblick der hungernden Türken und Kurden und Araber später oft bei mir denken müssen < Wie gerecht ist doch Gott schon auf dieser Welt! >".

Im Operationsraum der 3. Armee agierte weiterhin der deutsche General Posseldt.[369] Er sollte auf Wunsch von Enver Pascha ursprünglich Befehlshaber der 3. Armee werden, wurde dann aber auf Einspruch von Cemal Pascha nur Inspekteur für die schwere Artillerie und zgl. Festungskommandant von Erzurum. In seiner Einsatzzeit vom August 1914 bis April 1915, also noch vor dem Deportationserlass Ende Mai 1915, ist auch er offensichtlich schon früh ins Visier der Militärmission geraten. Der Konsul von Erzurum Scheubner-Richter würdigt ihn noch in seinem rückblickenden zusammenfassenden Bericht vom 05.08.1915:[370]

„Bis Anfang Mai lebten die Armenier hier frei und ungehindert und konnten ungestört ihren Geschäften nachgehen. Einzelne Vorfälle, wie die Ermordung des Bankdirektors Pasdirmadjan[371] und ähnliches,

---

[368] Kiera, Joseph „Ins Land des Euphrat und Tigris".
[369] Vorname unbekannt.
[370] Lepsius, Johannes „Deutschland und Armenien 1914–1918".
[371] Der Armenier S. Pasdermadjan war stv. Direktor der Osmanischen Bank und am 10.02.1915 ermordet worden. General Posseldt hat sich vergeblich um die Aufklärung dieses Mordes bemüht. Pasdermadjan war der Bruder des Armeniers „Armen Garo" (Kampfname), Abgeordneter im osmanischen Parlament 1908 – 1912, und späterer Botschafter der Republik Armenien in den USA. In: http://www.genocide1915.info/history/ Armenian Genocide History and Timeline.

übten nur vorübergehend eine beunruhigende Wirkung aus. Die Furcht vor einem Massaker durch die Türken war allerdings vorhanden und nicht unbegründet, doch dürfte die Anwesenheit und Tätigkeit General Posseldts sowie des deutschen Konsuls den Ausbruch eines solchen verhindert haben."

Auch erhielt Posseldt Dank vom armenischen Bischof in Erzurum im März 1915 für seine Bemühungen um den Schutz der armenischen Bevölkerung.

Posseldt wurde im April 1915 vom Dienstposten abberufen, auch wegen seiner Kooperation mit dem Bischof[372]. Schließlich hatte er sich damit entgegen der Weisung in inner-osmanische Angelegenheiten eingemischt. Am 26.05.1915 wurde er dann Kommandeur des Reserve Artillerieregiments 2 in Deutschland.

Auch ein weiterer deutscher Offizier im transkaukasischen Einsatzraum der Heeresgruppe Ost unter Halil Pascha zeigte ein ehrenvolles Verhalten, Oberstleutnant Ernst Paraquin, sein Chef des Stabes. Er war schon zuvor ein Jahr in der 6. Armee Chef des Stabes bei Halil Pascha in Mesopotamien gewesen, bis er mit ihm Ende Juli 1918 in den Stab der neu aufgestellten Heeresgruppe wechselte. Paraquin blieben die dreitägigen Ausschreitungen der Türken und Tataren[373] an den Armeniern ab dem 14. September 1918 mit der Einnahme von Baku mit anschließenden Verhaftungen[374] nicht verborgen, bis er endlich seiner Empörung Luft verschaffte. Er berichtet darüber ausführlich am 26.09.1918 aus Tiflis an General von Seeckt, hier Auszüge:[375]

„Nuri Pascha, der in Baku der Höchstkommandierende war, hat es unterlassen, rechtzeitig und ausreichend Maßnahmen zum Schutze

---

[372] Fleischhauer, Eva Ingeborg „Der deutsche Anteil am osmanischen Völkermord 1915–1916".
[373] Nach Kirakossian, John „The Armenian Genocide" sollen die 5. und 15. osmanische Division (der 9. Armee) in Tatarenuniformen aufgetreten sein. Andere Autoren spezifizieren diese Tataren als Aserbeidschaner.
[374] Institut für Armenische Fragen „The Armenian Genocide" Vol. 2. Bezugnehmend auf eine Zeitungsmeldung aus Tiflis vom 12.10.1918. Geschätzt 8.000 – 30.000 Tote. Artilleriebeschuss der Stadt ab 24.09.1918 nach Ohandjanian, Artem „Armenien 1915".
[375] Lepsius, Johannes „Deutschland und Armenien 1914–1918".

des bedrohten christlichen und europäischen Lebens und Eigentums zu treffen. Ich bitte als Beweis für meine Behauptung folgende Punkte aufführen zu dürfen:
1. Am 23.08. sagte mir Mürsel Pascha in Güsdek, daß die Tataren offen aussprächen, sie würden die Armenier massakrieren, sobald die Türken Baku nähmen. Ich habe diese Äußerung Nuri Pascha mitgeteilt, und ihn rechtzeitig um vorbeugende Maßnahmen gebeten.
2. ...
3. Der größte Teil der Tataren wohnt in Baku in einem durch eine zwei km lange hohe Mauer abgeschlossenen Stadtteile. Nichts wäre einfacher gewesen, als die Zugänge zu besetzen. Damit wäre einem großen Teil des Mordgesindels die Möglichkeit zu Ausschreitungen genommen gewesen. Bis zuletzt wurde diese Maßnahme nicht durchgeführt.
4. Von vornherein mußten in Gensche oder Tiflis Plakate vorbereitet werden, die das Standrecht verkündeten und jede Plünderung mit dem Tod bedrohten. Als das Gemetzel unvermindert den dritten Tag anhielt, entschloß man sich endlich zu dieser Maßnahme.
5. ...
6. ...
7. Als wir im Saale des Hotel Metropol versammelt waren, stürmten von allen Seiten telephonische und persönliche Hilferufe auf uns ein. Die neutralen Konsuln, an ihrer Spitze der dänische, erschienen und beschwerten sich in bitteren Worten über die Untätigkeit der Türken, der es allein zu verdanken sei, daß Gemetzel und Plünderung andauerten....
8. Statt mit allen Mitteln an die Herstellung der Ordnung in der Stadt zu gehen, trieben sich die Paschas, der Stadtkommandant, die gesamten Generalstabsoffiziere müßig in den Sälen des Hotels umher. Wenn Klagen und Bitten an Nuri oder den Stadtkommandanten kamen, so wurden sie mit jener inneren Teilnahmslosigkeit abgefertigt, die sofort erkennen läßt, daß jeder ernste Eifer und Wille fehlt. Ein großes Festmahl schloß sich an, dem sämtliche Generäle und die Stäbe mit dem Stadtkommandanten beiwohnten. Das Kaukasuslied wurde gespielt. Mit unverhohlenem Triumph wurde mir der Inhalt verdeutscht, daß nunmehr die Türkei sich ihr altes Eigentum, den

Kaukasus, wieder holen werde. Während und nach der Tafel ging in der Stadt Mord und Plünderung weiter. Die Türken ließen sich dadurch in ihrer Untätigkeit nicht stören....

Ich ging nun auf Nuri Pascha zu und sagte mit lauter erhobener Stimme ungefähr folgendes <Exzellenz, ich bitte Sie nun endlich wirksame Maßnahmen zum Schutze der Deutschen zu treffen.[376] Ich bin sonst gezwungen, der Deutschen Botschaft in Konstantinopel zu berichten, wie wenig Sie deutsches Leben und deutsches Eigentum schützen>.[377]...

Sachlich trug mein Auftreten jedenfalls Früchte. Der Stadtkommandant wurde sofort seiner Stelle enthoben. ...Offiziere wurden mit Autos in die Stadt entsandt. Neue Truppen wurden in die Stadt gezogen.... Nun wurde vor unserem Hotel ein Plünderer aufgehängt. Die Türken erzählten uns, auch andere Hinrichtungen würden jetzt vollzogen, um die Plünderer abzuschrecken....

Als ich am 17.09. abends mich von Nuri Pascha verabschiedete, reichte er mir die Hand....

Am 18. vormittags erschien der Adjutant Halil Paschas und überreichte mir, ohne daß vorher ein Wort zwischen Halil Pascha und mir gewechselt oder irgendeine Reibung erfolgt wäre, folgendes Enthebungsschreiben, datiert vom 17.09: „Votre tenue et vos paroles contre S. E. Noury Pascha, le commandant en Chef de l'armée Islam, devant une foule amie et étrangère et par conséquence la plainte officielle de S.E. à moi m'obligent définitivement de mettre un terme à votre Mission de Chef d'Etat - Major chez moi.

Je vous ai mis à la disposition du grand quartier Général auquel je l'ai télégraphié.

Halil-en Chef de groupe d'armées d'Est. Lieutenant-Général et commandant".[378]

---

[376] Paraquin hebt, wie auch von Kressenstein bei anderer Gelegenheit, bewusst auf die Deutschen ab, schließt damit aber auch Armenier mit ein.
[377] Kurz zuvor waren zwei unbewaffnete Deutsche trotz Erklärung, dass sie Deutsche seien, an die Wand gestellt worden. In dem Haus hatten sich vorher armenische Soldaten verteidigt, die geflohen waren.
[378] „Ihr Auftreten und Ihre Äußerungen gestern gegenüber Seiner Exzellenz (S. E.) Nuri Pascha, dem Befehlshaber der Islamarmee, vor einer befreundeten Menge und vor Fremden und die offizielle Beschwerde S. E. an mich verpflichten mich in der

In dem Buch von Sorgun über die Erinnerungen von Halil Pascha[379] wird besonders das unbotmäßige Verhalten[380] von Paraquin herausgestellt, die eigentliche Sache nur gestreift. In ähnlicher Weise berichtet Bayur in dem offiziellen türkischen Geschichtswerk und präzisiert noch, dass Paraquin auch generell aus osmanischen Diensten entlassen worden sei.[381]

Parallel zu Paraquin agierte vor Ort der Freiherr Oberst von der Goltz (Junior), ein Sohn des berühmten Vaters. Der Sohn war schon einmal 1916 bei von Kressenstein auf dem Sinai eingesetzt gewesen und hatte in seiner 2. Verwendung im Osmanischen Reich nach einem Einsatz im Westen im August 1918 in Tiflis das Kommando über die deutschen Truppen in Georgien von General Kreß von Kressenstein übernommen. Kurz danach erhielt er den Auftrag, als offizieller deutscher Vertreter die Interessen in Baku wahrzunehmen. Er traf dort am 02.10.1918 ein, nachdem Baku bereits am 15.09.1918 in türkische Hand gefallen war.

Von der Goltz meldete sich bei Nuri Pascha, mit dem er besser zurecht kam als Paraquin, wohl auch der Reputation seines berühmten Vaters geschuldet. Von der Goltz berichtet zwar auch über eine

---

Konsequenz zwingend, ihrer Entsendung von Ihrer Militärmission zu mir ein Ende zu setzen" (Übersetzung des Verfassers).

[379] Sorgun, M.Taylan „Halil Pascha - Bitmeyen Savaş – Kütûlamare Kahramanı Halil Paşa'nın Anıları". In seinen Erinnerungen brüstet sich Halil Pascha (Kut) mit dem Mord an ca. 300.000 Armeniern, die er angeblich schon zuvor hat vornehmen lassen. („300.000 Ermeni... Fazla veya eksik olabilibir. Saymadım") („300.000 Armenier...Weniger oder mehr. Ich weiß die Zahl nicht mehr"). Sein Verhalten gegenüber Paraquin und den Armeniern wird damit noch erklärbarer. Halil flieht nach dem Krieg aus britischer Kriegsgefangenschaft und stirbt unbehelligt 1957 in Istanbul. Nachfolger von Halil Pascha als Befehlshaber der 6. Armee war İhsan Pascha (Sabis), der sich auch der Morde an Armeniern rühmte. Er konnte nach britischer Gefangenschaft in Malta später ebenso unbehelligt eine politische Karriere anschließen und starb 1957. Der Vorwurf einzelner Autoren an die türkische Justiz besteht darin, dass zwar die geflohenen 7 türkischen Top-Akteure des Genozids in Abwesenheit zum Tode verurteilt wurden, die anderen jedoch, deren man habhaft war, mit ganz wenigen Ausnahmen ungeschoren davon kamen.

[380] Weil eben vor aller Augen.

[381] Bayur, Yusuf Hikmet „Türk inkılâbı tarihi", Cilt III, 1914–1918 Genel Savaşı, Kısım 4. Eine falsche Vorstellung: Paraquin diente in einer Koalitionsarmee und stand nicht allein in osmanischen Diensten.

Anreiseverzögerung wegen herausgerissener Schienen, kommentiert dies aber nicht weiter.[382]

Auch er äußert sich kritisch zu den Vorkommnissen mit den Armeniern in und um Baku:

„Da keine staatliche Autorität hindernd einschreiten konnte, kam es im März 1918 zu einem entsetzlichen Massaker, in dessen Verlauf etwa 10.000 Tataren, Männer, Frauen und Kinder, in den Straßen Bakus erschlagen wurden, während ihre Behausungen in Flammen aufgingen. Ein Ereignis, das beweist, wie gut auch die Armenier sich auf das <Metzeln> verstehen".

Zu den Ereignissen nach Eroberung von Baku führt er aus:

„Schon in Tiflis waren Gerüchte im Umlauf gewesen, daß es bei der Einnahme von Baku zu entsetzlichen Metzeleien unter der armenischen Bevölkerung gekommen sei. Allerdings sollten es nicht die Truppen der Islam-Armee gewesen sein, die das Blutbad angerichtet hatten, sondern tatarische Horden. Man machte Nuri Pascha jedoch den Vorwurf, er habe den Einmarsch seiner Truppen absichtlich verzögert, um seinen Glaubensgenossen Gelegenheit zu geben, ihr Mütchen an den verhaßten Armeniern zu kühlen".

Zwar spricht von der Goltz auch von einem „auf die Blutrache zurückzuführenden Vergeltungsakt" und „dieser entsetzlichen, von alters her bestehenden Unsitte" im Orient, und sagt „müssen uns aber im übrigen mit Wilhelm Tells Ausspruch begnügen: < Das ist des Landes so der Brauch >".

Über Nuri Pascha urteilt er nicht so hart wie Paraquin, kennt vielleicht auch nicht dessen Darstellung des Hergangs:

„Im übrigen steht fest, daß Nuri nach seinem Einzuge in die Stadt Ruhe und Ordnung mit nach unseren Begriffen freilich recht drakonischen Mitteln wiederhergestellt hat. Des öfteren sah man auf öffentlichen Plätzen Gehenkte am Galgen. Das waren auf frischer Tat ertappte Verbrecher. <Mit Euren zivilisierten Strafgesetzen kom-me ich hier nicht durch>, sagte mir der Pascha eines Tages. <Wer bei Mord, Plünderung oder Raub betroffen wird, der wird sofort aufgeknüpft. Wenn man beim Wucher mit Geld oder Lebensmitteln

---

[382] Freiherr von der Goltz „Meine Entsendung nach Baku" in Jahrbuch der Asienkämpfer, Band 3.

abfaßt, dem lasse ich die rechte Hand abschlagen>".
Aber von der Goltz bleibt auch selbst nicht untätig:
„Ab und zu sah man Trupps von Armeniern, die unter Bedeckung nach dem Gefängnis geführt wurden. Meiner Instruktion und meinem eigenen Pflichtbewußtsein entsprechend, suchte ich für diese Leute einzutreten. Die Justiz lag in den Händen von Bebut Khan Dschewangschier. Er versicherte mir, daß nur solche Armenier der Bestrafung zugeführt würden, denen eine Beteiligung an den Tatarenmetzeleien vom März nachgewiesen werden könne. In diesen Fällen war ich machtlos. Einen Armenier, bei dem eine Schußliste gefunden wurde, nach der er mit eigener Hand mehr als sechzig Tataren ins bessere Jenseits befördert hatte, konnte ich natürlich nicht vor dem Strange retten. Andere wieder, die solcher Greueltaten nicht überführt waren, erlangten auf meine Fürbitte die Freiheit zurück. Ich mußte bei dieser Gelegenheit mit Vorsicht verfahren. Das erste, was die tatarische Bevölkerung von ihrer Regierung verlangte, war eben die Sühne für die Märzverbrechen. Diesem Verlangen sich zu widersetzen, wäre für die herrschenden Männer bedenklich gewesen".
„Erfreulich war, daß sich das Straßenbild sofort belebte, als unsere Leute sich zwischen der Bevölkerung zeigten. Das Vertrauen, daß nunmehr alle Gefahr für Leib und Leben vorüber sei, kehrte zurück".
Interessant ist nach zwei Darstellungen nunmehr eine dritte. Essad Bey [383] aus Baku stellt in seinem Tatsachenroman lobend das Wirken der deutschen Offiziere in den Vordergrund mit der Behauptung, dass sie die Funktion der Justiz wahrgenommen hätten:[384]
„Am Ende des dritten Tages baten die Aserbeidschaner, die Türken mögen das Siegesfest verlängern. Da griff der deutsche Stab ein, der bis dahin außerhalb der Stadtgrenze geblieben war und sich neutral verhalten hatte. Jetzt machte man nicht mehr mit, sondern wehrte energisch ab.
Die Deutschen erklärten, die Frist, die sie in Übereinstimmung mit

---

[383] Alias Lev Nussimbaum.
[384] Essad Bey „Öl und Blut im Orient – Meine Kindheit in Baku und meine haarsträubende Flucht durch den Kaukasus".

den Sitten des Landes gewährt hätten, sei um.[385] Weiteres Morden könne man nicht mehr als landesüblich bezeichnen, sondern es sei ein Verbrechen und müsse aufhören. Das deutsche Verbot war so fest ausgesprochen, dass die Regierung sich fügte. Als der dritte Tag zu Ende ging, zeigte sie durch Kanonenschüsse an, dass Recht und Ordnung ihre Herrschaft wieder angetreten hätten.

Nicht alle gehorchten den Kanonenschüssen. Nach dreitägigem Morden war es schwer, zur Besinnung zu kommen. Da zogen die Deutschen, von den Türken begleitet, in die Stadt ein und errichteten an allen Straßenecken Galgen. Jeder, der nach dem Kanonenschuß die Ordnung verletzte, raubte, mordete oder den man beim Diebstahl ertappte, wurde unverzüglich gehängt. Neben jedem Galgen stand ein Offizier mit einer Handvoll Soldaten und hielt einen Strick in der Hand. Das flößte der Bevölkerung einen außerordentlichen Respekt ein. Hunderte wurden auf Befehl des deutschen Kommandos erhängt und schaukelten tagelang am Galgen. Jeder Gehängte trug ein Schild mit der Aufschrift seiner Übeltat: <Gehängt wegen Diebstahls von einem Pfund Nüsse oder so ähnlich>.

Eine andere als die Todesstrafe wurde nicht verhängt. Das wirkte. Vor der Eroberung wimmelte Baku von Verbrechern aller Art, fünf Tage nach der Eroberung war es eine Musterstadt an Ehrlichkeit, Sicherheit und Ordnung".

---

[385] Gemeint ist hier eine alte osmanische Tradition, eine Stadt, die sich nicht ergeben hat, noch drei Tage nach Eroberung auszuplündern u.a.m. Das galt z.B. auch bei der Eroberung Konstantinopels am 29.05.1453.

XIV Reserveoffiziere/Diplomaten: Von Scheubner-Richter, Graf von der Schulenburg, Holstein, Litten

Eine der bemerkenswerten Personen in den Jahren 1914–1916 im Osmanischen Reich war der Reserveoffizier und Diplomat Max Erwin von Scheubner-Richter. Er diente zunächst als Diplomat, dann als Offizier und wurde als Gründungsmitglied der NSDAP neben Hitler beim Putsch in München am 09.11.1923 vom Schuss eines Polizisten tödlich verletzt.

von Scheubner-Richter
(Quelle: https://de.wikipedia.org/wiki/Max_Erwin_von_Scheubner-Richter)

Das 1938 von einem seiner Begleiter, dem Offizier Paul Leverkuehn geschriebene Buch „Posten auf ewiger Wache – Aus dem abenteuerlichen Leben des Max von Scheubner-Richter" beschreibt sein Wirken überwiegend aus militärischer Sicht, ohne allerdings die Hintergründe der Ausschreitungen gegen die Armenier weiter auszuleuchten und zu präzisieren. Dies tut jedoch der renommierte Genozid Forscher Hilmar Kaiser in einer ausführlichen Einführung zur englischsprachigen Fassung des Buches von Leverkuehn „A German Officer during the Armenian Genocide" aus dem Jahre 2008.

Als zu Kriegsbeginn der Verweser[386] und Vizekonsul von Erzurum Anders in Tiflis von den Russen verhaftet worden war, folgte ihm in gleicher Funktion[387] Dr. Schwarz, dann wiederum ab 17.02.1915 in gleicher Funktion von Scheubner-Richter, der das Amt bis 06.08.1915 ausübte.

Der österreichische Industrielle und Ölexperte Dr. Paul Schwarz stand in deutschen Diensten. Er rekrutierte seit Eintreffen in Erzurum am 11.11.1914 Agenten für Operationen hinter den russischen Linien, speziell zur Zerstörung der Öl-Einrichtungen in Baku auf russischer Seite. Am 17.02.1915 übergab er das Amt an von Scheubner-Richter, der einen ähnlichen (nicht-diplomatischen) Erst- bzw. Zweitauftrag hatte. Dr. Schwarz wollte sein Ziel erreichen in Begleitung des Vorgehens der 3. Armee nach Osten.

Von Scheubner-Richter nahm ebenso untypische Aufgaben war, auch zehrend von seinem Wissen als bayerischer Reserveoffizier im Dienstgrad Leutnant. Er war Verbindungsperson bzw. -offizier zwischen anti-russischen Revolutionären und der 3. Armee einerseits, bereitete sich andererseits schon darauf vor, mit einem noch aufzustellenden militärischen Sonderkommando am rechten Flügel der 3. Armee in Richtung auf die persische Grenze und den Ost-Kaukasus vorzugehen.

---

[386] Eine Person, die nur vorübergehend das Konsulat verwaltet.
[387] Es soll ja auch heute noch international üblich sein, Personen mit Sonderaufträgen im diplomatischen Dienst zu verstecken, aber nicht mit einer diplomatischen Leitungsfunktion zu betrauen. Dies gilt nicht für die Militärattachés, die auch nach außen in Uniform in Erscheinung treten. Jeder kennt deren Auftrag. Weniger riskant ist jedoch, die Agenten unauffällig außerhalb des diplomatischen Dienstes zu etablieren.

Zunächst jedoch, und das soll hier hauptsächlich gewürdigt werden, widmet er sich in seiner diplomatischen Funktion dem Leid der Armenier im Großraum Erzurum. Bei seiner Amtsübernahme im Februar 1915 hatte die 3. Armee gerade die katastrophale Niederlage bei Sarıkamış erlitten und wird kurz danach ebenso bei dem ersten Kampf gegen die Armenier in Van scheitern. Beide Niederlagen führen aus Sicht mancher Autoren zu einer türkischen „Dolchstoßlegende", da neben den regulären Armeniern auf russischer Seite auch osmanische Armenier mit ihnen kämpfen, die die Seite gewechselt haben.

Zeitlich parallel zur von Scheubner-Richter Truppe stellt der osmanische Parteimitbegründer Dr. Bahattin Şakır seit August 1914 örtliche Sondereinheiten der Teşkilat-ı Mahsusa auf in Erzurum und Trabzon, nicht nur für Operationen hinter den feindlichen Linien, sondern auch zum Vorgehen gegen die Armenier.[388] Ausschreitungen gegen diese setzen ein ab Januar 1915 in Tortum, breiten sich aus und erreichen einen vorläufigen Höhepunkt im Zusammenhang mit der o.a. Weisung von Talât Pascha im Mai 1915 zur Evakuierung der Provinzen Erzurum, Bitlis und Van. Dies führt auch zur Flucht vieler osmanischer Armenier auf die russische Seite.[389]

Von Scheubner-Richter berichtet in zahlreichen Telegrammen an die Botschaft in Istanbul über den Ernst der Lage, meldet auch früh den Zielort der Deportationen, hilft wo und wie er kann, stößt aber in Istanbul – zumindest in den ersten Wochen – auf wenig Verständnis. Wie oben erwähnt, handelt er sich am 20.05.1915 eine Rüge von General Bronsart von Schellendorf ein, weil er Brot an die Armenier

---

[388] Dr. Bahattin Şakır wird im März 1915 Beauftragter für die Deportationen. Akçam, Taner „The Young Turks Crime against Humanity". Er wird damit als Chef der Teşkilat-ı Mahsusa auch zuständig für den grausamen Teil der Umsetzung des Deportationsgesetzes vom Mai 1915.
(https://tr.wikipedia.org/wiki/Bahattin_Şakır).
[389] Der britische Konsul in Batum schätzt im Januar 1915, dass ca. 150.000 Armenier aus Persien und dem Osmanischen Reich auf die russische Seite geflohen seien. Die Türken hatten nämlich in dieser Zeit schon Operationen im türkisch-persischen Grenzgebiet durchgeführt, u.a. die Städte Täbriz (türkisch Tebriz) und Urmia (türkisch Urmiye) eingenommen. Außerdem waren 1878 nach dem russisch-türkischen Krieg mit Verlust der Region Kars-Batum-Ardahan schon viele Tausend Westarmenier auf die russische Seite geraten.

verteilt hat.

Er versucht ständig, über den Gouverneur/Vali von Erzurum, Hasan Tahsin (Uzer)[390], Erleichterungen für die Armenier zu erzielen, weigert sich z.T. mit Erfolg, Armenier aus dem Konsulat zur „Evakuierung" frei zu geben, stellt einen Armenier zusätzlich ein, um ihm damit Schutz zu gewähren, schafft es zumindest, für einige Familien für den Marsch Ochsenkarren bereit stellen zu lassen. Einige Kranke, Familien ohne Männer und alleinstehende Frauen dürfen nun zunächst auch in Erzurum zurück bleiben. Kurz danach blieben dann nur noch einige armenische Kranke, Ärzte und Apotheker.

Er sucht Anfang Juni 1915 den Befehlshaber der 3. Armee, Mahmut Kamil Paşa (2/1915 – 2/1916)[391], in Tortum auf, noch vor dem Vali Cemal Azmi die Schlüsselfigur,[392] ohne jedoch viel zu erreichen. Der erwähnt auch, dass der Raum um Deir ez-Zor/Deyr-i Zor in Mesopotamien das Zielgebiet sein wird.

Auch wenn der örtliche armenische Erzbischoff seine Hilfe sucht und ihm dankt, bleibt von Scheubner-Richter letztlich doch ohne ernsthafte Unterstützung aus Istanbul machtlos. Er informiert auch seine Kollegen in Adana, Aleppo, Bagdad und Mossul über die laufenden Deportationen.

---

[390] https://tr.wikipedia.org/wiki/Hasan_Tahsin_Uzer.
[391] https://tr.wikipedia.org/wiki/Mahmut_Kâmil_Paşa. Bericht Scheubner-Richter vom 02.06.2015.
[392] Ein türkischer Armeebefehlshaber konnte dem Vali Weisungen erteilen, ein deutscher nicht. Hilmar Kaiser: „In sum, Tahsin accepted only a <formal> responsibility for the atrocities as the real power in the province rested with Mahmut Kamil". Bestätigt auch von Kiernan, Ben in „Erde und Blut" oder in diesem Fall auch von Suny, Ronald Grigor in „A History of the Armenian Genocide". Vehip Pascha, der ab Februar 1916 nachfolgende Befehlshaber der 3. Armee, wollte den Vali Ahmet Muammer wegen einer Weisung zu Ermordungen zur Rechenschaft ziehen. Daraufhin entzog Talât Pascha Vehip Pascha die (zivile) Gerichtsbarkeit. Dem Verantwortlichern der Durchführung jedoch, dem Hauptmann der Jandarma Nuri, der das armenische Arbeitsbataillon von 2.000 Mann im Raum Sarıkışla ermorden ließ, wurde seinerseits von Vehip Pascha ein kurzer Prozess gemacht. Der Vali Cemal Azmi Bey, der 4 Jahre in Erzurum im Amt war, konnte nach Deutschland fliehen, wurde in absentia von den Türken zum Tode verurteilt und in Berlin 1922 ermordet. Noch 1921 hatte er sich dort gebrüstet, dass nach den Ertränkungen der Armenier die Anchovis sich vermehrt hätten („Bu sene hamsi çoğalsın"). Dadrian in Winter, Jay „America and the Armenian Genocide".

Kurz nach dem Beginn der Deportationen aus Erzurum am 15.06.1915 beantragt Mahmut Kamil Paşa, am 19.06.1915 die Evakuierung weiterer 4 Provinzen:[393]

Trabzon, MuA = Mamurat-ul Aziz (Harput, heute Elazığ), Diyâr-ı Bekr (Diyarbakır) und Sivas.

Osmanische Provinzen um 1881 [394]
(Quelle: https://tr.wikipedia.org/wiki/Osmanlı_vilayetleri_listesi)

Zusammen mit seinem Nachfolger, Graf von der Schulenburg, gelingt

---

[393] Vehip Paşa distanziert sich von den vorangegangenen Deportationen sowie Massakern und weist dem Führer der Spezialorganisation die Schuld zu: „The butchers of human beings, who operated in the command zone of the Third Army were procured and engaged by Dr. Bahattin Şakir...He stopped by all major centers where he orally transmitted his instructions to the party's local bodies and to the governmental authorities". In Forsythe, David „Encyclopedia of Human Rights", Vol. 1 page 100.
[394] Noch vor 1914 Gebietsverluste in Nordafrika und auf dem Balkan nach den Balkankriegen 1912/1913, de facto auch Verlust von Zypern und Ägypten an Großbritannien.

es von Scheubner-Richter, eine kleine Gruppe von armenisch-katholischen Schwestern und Mönchen (Mechitaristen), ausgestattet mit deutschen Pässen, herauszulösen. Sie kommt im Dezember 1915 sicher in Istanbul an, wo sie dem apostolischen Delegaten Monsignore Angelo Maria Dolci von den Ungeheuerlichkeiten berichtet.

Hesemann berichtet darüber:[395]

„Die armenisch-katholischen Ordensleute verdankten ihre Rettung einer gemeinsamen Intervention des deutschen Konsuls in Erzurum und der deutschen und österreichisch-ungarischen Botschaft in Wien. Ein 13-seitiger Bericht <Über die Deportation der Armenier von Erzurum>, verfasst von einer Ordensschwester, befindet sich in den Akten des Vatikans".

Ein anderer Kampf des Konsuls von Scheubner-Richter zusammen mit Graf von der Schulenburg war ebenso erfolgreich. Er erreichte, dass sein armenischer Vermieter und Übersetzer, ein Professor für deutsche Sprache mit Namen Solighian, in Sivas überleben und 1918 mit seiner Familie in die USA auswandern konnte.

Auch von Scheubner-Richter und sein Mitarbeiter Carl Schlimme waren Verleumdungen ausgesetzt, Gerüchte, die später ungeprüft in das offizielle „Blue Book" des Britischen Parlaments aufgenommen wurden:[396]

„The German officers at Erzeroum helped the Turks to organise the deportation, and also took their share of the booty. Almost every one of them had kidnapped Armenian girls. An officer called Schappner,[397] for instance, took with him four girls; another called Karl,[398] two girls; and so on-there was a long list of names which the reporter could not remember".

---

[395] Hesemann, Michael „Völkermord an den Armeniern". In Ohandjanian, Artem „Armenien 1915" ist die Rede von 10 Schwestern und den Mechitaristen. Die endgültige Rettung bestätigt am 08.01.1916 in einem Dokument im Politischen Archiv in Wien.

[396] Bryce, James & Toynbee, Arnold „The Treatment of Armenians in the Ottoman Empire, 1915–1916, Dokument Nr. 56 (London, 1916). Bericht publiziert am 08.03.1916. Reporter Dr. Minassian. Später stellte sich heraus, dass das Blue Book u.a. auch ein Instrument britischer Propaganda war.

[397] Gemeint wohl von Scheubner-Richter.

[398] Gemeint wohl Carl Schlimme.

Der britische Botschafter bestätigt die Verleumdung später in seinem Schreiben an den Reichskanzler vom 26.01.1917.

Die Anwesenheit von Friedrich Werner Graf von der Schulenburg ermöglichte von Scheubner-Richter nun das militärische Kommandounternehmen Richtung persische Grenze, das vom 25.09.1915 bis 31.07.1916 dauern sollte. Eine gemischte Truppe, im Zuge des Vorgehens aufwachsend bis ca. 1.000 Mann, stand unter der Doppelführung von ihm und dem türkischen Hauptmann Ömer Naci[399], später unter alleiniger Führung von Naci. Nur ein Ereignis dieses Unternehmens soll erwähnt werden, weil es für die Gesamtfragestellung relevant ist.

Nach Leverkuehn hatte der Vali von Diyarbakır Naci und von Scheubner-Richter beauftragt, renitente Ortschaften zur Raison zu bringen, die sich angeblich weigerten, Verpflegung und Rekruten für die türkischen Truppen zu stellen. In der Gegend hielten sich Armenier und syrische Christen auf. Von Scheubner-Richter, der sich im Wechsel Oktober/November 1915 dem Raum näherte, glaubte nicht an eine Revolte sondern an Selbstverteidigung, ähnlich dem bisherigen Verhalten der Armenier. Er weigerte sich zunächst, Naci seine Truppen einschließlich der Deutschen zur Bereinigung der Situation abzugeben, unterstellte ihm letztlich nur die türkischen und kurdischen Truppen.

Nach einem verlustreichen türkischen Angriff mit 15 Toten und 25 Verwundeten konnte die Sache angeblich friedlich durch die von Scheubner-Richter erbetene Intervention des Vali von Mossul gelöst werden.

Es handelte sich nach von Scheubner-Richter um den Ort Hazik (heute İdil) im Westen der heutigen Provinz Şırnak, damals Provinz Musul/Mossul, während Dadrian[400] und Krethlow[401] den Ort mit Midyat angeben. Dieser liegt ostwärts davon in der heute westlich an-

---

[399] Angehöriger der Partei und der Teşkilat-ı Mahsusa, der u.a. an der Kaukasusfront im Iran in „Bandenkämpfe" (Çete Savaşları) verwickelt war.
(http://www.kimkimdir.gen.tr/kimkimdir.php?id=556)
(Ömer Naci 1878–1916).
[400] Dadrian, Vahakn „German Responsibility in the Armenian Genocide".
[401] Krethlow, Carl Alexander „Colmar Freiherr von der Goltz und der Genozid an den Armeniern" in Sozialgeschichte 2006, Band 3.

grenzenden Provinz Mardin, damals noch Provinz Musul/Mossul. Der geografische Raum scheint damit augenscheinlich identisch zu sein.

General von der Goltz war zu dieser Zeit auf der Durchreise, da er die 6. Armee südlich Bagdad übernehmen sollte. Ihm wären u. a. dann auch gemäß Vereinbarung die Soldaten unterstellt, wie von Scheubner-Richter, die sich im rückwärtigen Gebiet der 6. Armee aufhielten, obwohl nicht zur 6. Armee gehörend. Sein nachfolgendes Handeln, das noch von zahlreichen Dienststellen beeinflusst wurde, wird von verschiedenen Autoren, auch von Hilmar Kaiser, weitgehend übereinstimmend beschrieben, jedoch unterschiedlich bewertet.

Von der Goltz war in Sorge um die Sicherheit des rückwärtigen Gebietes und glaubte, schon im Vorgriff Weisungen erteilen zu dürfen und müssen. Er hatte wohl zunächst auch Weisung auf Bereinigung der Angelegenheit gegeben, auch versucht, die 4. Armee unter Cemal Paşa wieder einzubinden. Der Vizekonsul Holstein in Mossul meldete am 04.11.1915 an den Militärbeauftragten General von Lossow in Istanbul, von der Goltz habe den Befehl erteilt, „den Armenieraufstand in Midyat zu unterdrücken."

Im Laufe der Konsultationen allerdings revidierte von der Goltz sich am 08.11.1915 und wies von Scheubner-Richter an, alle Deutschen aus der Angelegenheit herauszuhalten. Gegenüber Naci Bey wäre von der Goltz erst recht nicht weisungsbefugt gewesen, da dieser auf Weisung des Vali von Diyarbakır handelte.

Naci akzeptierte die Verhandlungsergebnisse auf friedliche Beilegung nicht und griff noch nach dem 11.11.1915 an mit o.a. Verlusten. Danach konnte Naci aber auch seinerseits den Konflikt friedlich beilegen.

Schließlich befahl Enver Paşa, dass die Deutschen sich heraushalten sollten und die Sache ohnehin in den Zuständigkeitsbereich der 3. Armee fiele. Schon Monate früher war die 4. Armee unter Cemal Paşa beauftragt gewesen, hatte aber in Ermangelung von Kräften vor Ort die Sache nicht bereinigen können. Auch nach Darstellung von Hilmar Kaiser haben die Beteiligten sich letztlich auf eine friedliche Lösung geeinigt. Dies meldete der Botschafter Metternich am 14.02.1916 an Bethmann Hollweg, auch, dass von der Goltz die Sache positiv beeinflusst habe.

Hilmar Kaiser stellt fest, dass in dem Ort keine Armenier sondern Chaldäer und syrisch orthodoxe Christen gelebt haben, während Dadrian und auch Lepsius von Armeniern ausgehen. Lepsius hatte 1919 von der Rettung der Armenier durch von Scheubner-Richter gesprochen.

Die Angelegenheit wird von den Autoren unterschiedlich bewertet, auch im Kontext mit dem u.a. Verhalten des Generals von der Goltz in anderen Situationen. Am schärfsten Dadrian[402]:

„Von der Goltz hat die Zerstörung eines Dorfes im Raum Midyat befohlen".

Er sei damit für ein Massaker verantwortlich gewesen. Während Donald Bloxham[403] „keine deutsche Mittäterschaft" sieht.

Heute kann man in Wikipedia über die Ortschaft İdil nachlesen[404], gestützt auf Toma:

„Im Ersten Weltkrieg belagerte die türkische Armee, unterstützt von der deutschen Armee und begleitet von kurdischen Kriegsherren, ab Anfang August 1915 die Stadt." [405]

De Courtois[406] hinterlässt den Eindruck, als sei die Stadt Hazek bzw. Azekh bzw. İdil von Syrisch Orthodoxen besiedelt gewesen, da er Armenier nicht erwähnt. Er schreibt sehr glaubwürdig in seinem neueren Buch in 2004 an einer Stelle, die in Wikipedia nicht zitiert wird:

„<Azekh, a large Syrian village, withstood the Turkish assault so vigorously for months, that in the end, the Turks gave up and went home>, confirms the report presented by Patriarch Rahmani. The Syriac historian Jean Hannouche, originally from this village, offers further details.

<The attack of the Kurdish tribes and armed men began on August 17, 1915. Among the attackers, there were the Kochers from Miram and Hamidi, the Hadji from the city of Jezireh, and Abdi Agha's men. Unable to penetrate the city and suffering heavy losses, they withdrew

---

[402] Dadrian, Vahakn „German Responsibility in the Armenian Genozide".
[403] Bloxham, Donald „The great Game of Genocide".
[404] https://de.wikipedia.org/wiki/İdil.
[405] Zitat entnommen einem Artikel von Raif Toma mit dem Titel „Azekh, Stadt der Mutigen". http://assyrismus.beepworld.de/weiteres.htm.
[406] De Courtois, Sébastien „The forgotten Genocide", S. 190/191.

to the outskirts on the night of September 8-9, 1915. In the beginning of November of the same year, a regiment of the Turkish army under the command of Omer Naji Bey, with the help of thousands of armed Kurds, encircled Azekh. The attack began on the night of November 7-8 1915. …

The inhabitants of Azekh led a counter-attack on the night of November 13-14 by choosing a group of fifty volunteers, fedajin ready to sacrifice themselves, and they laid waste to the Turkish camp, killing many soldiers as they slept. They were also able to bring back hundreds of rifles. Meanwhile, the children of the village crept through the tunnels dug beneath the ramparts so they could go strip the Turkish soldiers' corpses of their cartridge belts>.

This first siege lasted 24 days without the Turks being able to take the city. Commander Omer Naji had asked for reinforcements from Commander Khalil Pasha in Mosul. Once again, the city withstood the attack launched on November 24, and the Turks decided to give up.

This testimony is important because, like father Armalet's, it confirms the presence of a German officer among the Turkish officers taking part in the siege. This officer's name is recorded as Bernard Pulls. He is said to have retired to a monastery of Trappist monks in Bavaria after the war. Even if this German presence is not shocking in the context of the Ottoman army, we must remain circumspect as we interpret it for signs of the German's involvement in or responsibility for the massacres".

Aus den widersprüchlichen Darstellungen darf wohl der Schluss gezogen werden, dass es sich um die heutige Ortschaft İdil ostwärts von Midyat handelte, diese nicht von deutschen Truppen belagert wurde, es sich primär um Syrisch Orthodoxe handelte, es wohl auf beiden Seiten zu Opfern gekommen ist, dann aber zu einem erfolgreichen Abschluss von Verhandlungen. Die Anwesenheit eines bisher nicht erwähnten deutschen Offiziers ist ein neues Detail, erlaubt aber nicht die kühne Schlussfolgerung von de Courtois.

Im Oktober 1916 ist von Scheubner-Richter wieder in München, auch zur Ausheilung seiner Malaria. Am 04.12.1916 erstattet er eine Meldung an Reichskanzler von Bethmann Hollweg, die im Einklang steht mit seinem früheren Bericht.[407] Hier stellt er zusätzlich fest, dass seine anschließende Eroberung von Sautschbulag im Nordwesten des heutigen Iran[408] zur dortigen Verhinderung von weiteren Metzeleien beigetragen habe, bestätigt durch den Missionar Fossum und die Missionarin Meta von der Schulenburg.

Seine Beziehungen zu Hitler und seine Einstellung zu den Juden sollen jedoch nicht Gegenstand dieser Betrachtungen sein. Sie würden selbstverständlich das bisherige positive Bild über ihn verändern.

Graf von der Schulenburg
(Quelle:
https://de.wikipedia.org/wiki/Friedrich_Werner_Graf_von_der_Schulenburg)

Friedrich Werner Graf von der Schulenburg setzte, wie bereits dargestellt, mit Dienstantritt am 06.08.1915 bis zur Amtsübergabe Ende Februar 1916 einige Unterstützungsmaßnahmen für die Armenier

---

[407] Lepsius „Deutschland und Armenien 1914–1918".
[408] Heute Mahabad.

zwar noch fort, verfolgte aber viel stärker die zurückhaltende deutsche Politik. Nach Ingeborg Fleischhauer verharmloste er sogar die Massaker und „ließ eine stark anti-armenische Einstellung erkennen".[409] Auch Stangeland beschreibt ihn als den „wahrscheinlich schwächsten Kritiker des gesamten konsularischen Dienstes".[410] Stangeland zitiert auch den österreichisch-ungarischen Konsul von Trabzon, Kwiatkowski vom 26.05.1917:
„Nachträglich erfuhr ich noch, dass das Eintreten Herrn Scheubner's, Deutschen Amtsleiters in Erzurum, zugunsten der Armenier nicht die Billigung der Deutschen Botschaft und der Militär-Mission fand, und Graf von der Schulenburg von dieser Stelle und auch von General Bronsart beauftragt wurde, eine andere Haltung einzunehmen".
Von der Schulenburg hat keine anklagenden Berichte über Massaker oder Deportationen verfasst.
In einem Bericht an den Geschäftsträger von Neurath am 16.04.1916 schreibt von der Schulenburg:
„Die Armeniermassakers vom vorigen Jahre sind zu 99/100 Lüge, entspringen der ungeheuren Feigheit dieses Volkes und der Übertreibungswut der Orientalen. Natürlich sind eine ganze Menge totgeschlagen und noch mehr unterwegs umgekommen, große Massaker sind nur sehr wenige vorgekommen. Die von der Scholle vertriebenen armenischen Bauern werden jetzt gezwungener Maßen Kleinhändler werden. Die Türkei wird den russischen <rayon>[411] einführen müssen, wenn sie ihr Volk vor der Aussaugung dieser Händler schützen will".
Am 29.04.1916 schreibt allerdings von Schellendorf über seinen Aufenthalt in Sivas mit einem kurzen Besuch zusammen mit von Lossow und Humann beim Konsul von der Schulenburg Gegenteiliges in sein Tagebuch:
„... worauf wir Deutschen noch für eine Stunde zum deutschen

---

[409] Fleischhauer, Eva Ingeborg „Der deutsche Anteil am osmanischen Völkermord 1915–1916".
[410] Stangeland, Sigurd „Die Rolle Deutschlands im Völkermord an den Armeniern 1915–1916 ".
[411] Ein Begriff mit verschiedenen Bedeutungen. Von der Schulenburg bezieht sich wohl auf die Bedeutung: „Einschränkungen von Bürgern in einem bestimmten Gebiet, militärisch, arbeitsrechtlich oder wohnrechtlich."

Konsul gingen. Dieser, der vorher in Erzurum gewesen war, entpuppte sich als großer Armenierfreund, was uns veranlaßte, ihm nahezulegen, türkisch-deutsche und nicht armenisch-deutsche Politik zu treiben".[412]

Der Befehlshaber der 3. Armee, Mehmet Vehib Pascha, machte auf von der Schulenburg „einen sehr guten Eindruck", obwohl der Pascha in seiner Amtszeit von 2/1916–6/1918 von einigen Berichterstattern als bedenkliche Person im Rahmen der Armeniermassaker beschrieben wird.[413]

Auch von der Schulenburg war, wie seine Vorgänger, nur Amtsverweser. Wie von Scheubner-Richter war er Reserveoffizier (im Dienstgrad Hauptmann) und mit einem wichtigen militärischem Erst- bzw. Zweitauftrag ausgestattet: Durch Aktionen hinter den feindlichen Linien Revolten zu provozieren und Georgien zur Unabhängigkeit zu führen. Hier spielten auch noch deutsche wirtschaftliche Interessen eine Rolle.

Als ehemaliger Konsul in Tiflis von 1911–1914, wo er bereits die "Revolutionierungspolitik" betrieben hatte,[414] bekam er im Rahmen dieser Zielsetzung im Frühjahr 1915 erneut den Auftrag, „durch Aufwiegelung des Kaukasus gegen Russland" und als „Verbindungsoffizier für den Kaukasus" zu fungieren. Dabei sollte er Verbindung halten zu allen relevanten türkischen und deutschen Stellen, wie auch zu den Aufständischen.

Dazu rekrutierte von der Schulenburg Soldaten für eine „Georgische Legion"[415], auch unter Rückgriff auf Kriegsgefangene in Deutschland und Überläufer. Sie war bestimmt für Kommandounternehmen im Feindgebiet, speziell zur Unterstützung einer anti-russischen Revolte, wurde später aber auch infanteristisch auf eigenem Gebiet einge-

---

[412] Gottschlich, Jürgen „Beihilfe zum Völkermord".
[413] https://tr.wikipedia.org/wiki/Mehmet_Vehib_Kacı. Mit seinem späteren Familienamen.
[414] Weisung des Unterstaatssekretärs im Auswärtigen Amt Zimmermann an die Botschaft in Istanbul vom 03.08.1914.
[415] https://de.wikipedia.org/wiki/Georgische_Legion.
https://oops.uni-oldenburg.de/681/-oops/-Oldenburger Online Publikationsserver (Arin Lembeck, Andreas und Rost, Michael und Potts, Lydia „Wider den Zeitgeist", S. 135-145.

setzt.[416] Sie wurde in Samsun ab dem Sommer 1915 aufgestellt und bestand bis Januar 1917, ereichte aber nur eine Mannschaftsstärke von ca. 1.500 Mann.

Ein Kommandounternehmen mithilfe eines deutschen U-Boots, geführt von dem georgischen Fürsten Matschabelli im Juni 1916 an der östlichen Schwarzmeerküste, scheiterte, während ein zweites im Oktober 1917, ebenfalls mit einem deutschen U-Boot verbracht, bis Tiflis vordrang und politische Kontakte herstellen konnte.

Die georgische Legion wurde nacheinander geführt von Leutnant Mosel[417], Leutnant Schliephack, Hauptmann der Reserve Graf von der Schulenburg und Oberleutnant von der Galen. Shaw erwähnt einen georgischen Major mit Namen Gerel als Kommandeur.[418] Dr. Mete Söytürk ergänzt:[419]

„Kafkasya'daki Sarıkamış (Rusları arkadan) çevirme harekatı başarısız kalınca, bu Gürcü birlikleri kısmen dağıtılır, kısmen de Osmanlı ordusu emrinde Karadeniz ve Doğu bölgesindeki Rum-Ermeni haydut ve çetecilerin ve asker kaçaklarının takibinde kullanilir."

(Diese verstreuten georgischen Einheiten, die im Kaukasus in der Region Sarıkamış (im Rücken der Russen) ziemlich erfolglos operierten, haben, mit Teilen der osmanischen Armee[420] unterstellt, am Schwarzen Meer und im Osten „griechisch"-armenische Banditen, Partisanen und Fahnenflüchtige verfolgt) (Übersetzung des Autors).

Im Januar 1917 wurde die Legion, die wegen ihrer eigentlich deutschen politisch-militärischen Zweckbestimmung bzgl. Georgien sich überwiegend der Unterstellung unter die 3. Armee entziehen konnte, wegen weitgehender Erfolglosigkeit aufgelöst.

---

[416] Dabei sollte sie angeblich auch versprengte Armenier einfangen. Fleischhauer, Eva „Der deutsche Anteil im osmanischen Völkermord 1915–1916 ".
[417] Mosel schreibt am 05.03.1915 an den Unterstaatssekretär Zimmermann im AA, der eine Abschrift des Schreibens an den Botschafter weiterleitet. „Es ist auch erwiesen, dass die ottomanischen Armenier auf türkischem Boden Banden bilden, für die russische Armee Spionagedienste leisten und sich zu terroristischen Taten hinreißen lassen.".
[418] Shaw, Stanford „The Ottoman Empire in World War I", Vol. 2.
[419] http://forum.axishistory.com/viewtopic.php?f=80&t=107127&start=0 Full German Officers Name in Ottoman Army.
[420] Gemeint ist die 3. Armee.

Von der Schulenburg wechselte danach ohne Nachfolger in das Konsulat in Beirut und kehrte 1919 nach britischer Internierung nach Deutschland zurück.

Er wurde u.a. noch Botschafter in der Sowjetunion und wie von Scheubner-Richter Mitglied der NSDAP. Anders aber als dieser wandte er sich gegen Hitler und wurde im Rahmen des Attentats vom 20. Juli 1944 am 10. November 1944 in Plötzensee gehängt.

Auch in seinem Fall muss man wohl sein Gesamtwirken wegen seiner Nachkriegsaktivitäten anders bewerten als das im Osmanischen Reich.

Der Reserveoffizier Walter Holstein, der Vizekonsul und Verweser 1911–April 1918 in Mossul war, wurde erst später formal in den Konsulardienst übernommen.[421] Er wurde 1881 in Istanbul geboren und diente Deutschland schon ab 1907 auf verschiedenen Posten im Osmanischen Reich, zunächst als Dragoman bzw. Dolmetscher, später wieder ab 1921 an der schwedischen Botschaft in Istanbul, ab 1924 in der Deutschen Botschaft in der Türkei, ab 1927 als Konsul in Trabzon, ab 1931 als Konsul in Izmir.

Er, ein deutscher Diplomat und Reserveoffizier, soll noch einmal wegen seiner Haltung zusätzlich zu dem o.a. erwähnten Beispiel um Midyat erwähnt werden, hier in Bezug auf Mossul.

Der venezolanische Offizier in osmanischen Diensten De Nogales schreibt in der englischen Übersetzung seines Buches:[422]

„Next morning we reached Mosul, where Herr Holstein generously offered us the hospitality of the consulate. From Consul Holstein, who was a reserve officer in his own country and was, after the Governor General, perhaps the most influential man in the province, we learned that at the beginning of the war, or rather at the beginning of the massacres, the Governor of Mosul also had received orders to exterminate [423] all the Christians in his vilayet; but that he had not wished to comply because Holstein, as soon as he had learned of the

---

[421] www.tuerkei.diplo.de (Zur Geschichte des Generalkonsulats Izmir).
[422] De Nogales, Rafael „Four Years beneath the Crescent".
[423] Da „exterminate" für „ausrotten" steht, hier regional gemeint, muss Nogales wohl auch nachträglich und unbewusst der Völkermordthese zugerechnet werden, auch wenn er sein eigenes Handeln nicht bedauert.

matter, had officially informed the Governor that if there were massacres in Mosul, they should begin by killing him first. I have good reason to believe that all this occurred exactly as the Consul related it to me, for Holstein in spite of his weaknesses was always at bottom honorable; and he was all above a man of immense strength of will, marvelously astute in handling the Turks".

Ein gutes Beispiel dafür, dass eine mutige Persönlichkeit doch Einiges bewirken konnte, eine gewisse Kooperation der örtlichen türkischen Entscheidungsträger vorausgesetzt. Wahrscheinlich handelt es sich um das schon o.a. Beispiel bzgl. Mossul, in das sich auch von der Goltz eingeschaltet hatte. Der Erfolg hatte dann eben mehrere Väter.

Ein weiterer Diplomat, der auch als Offizier Dienst tat, war Wilhelm Litten. Er begründete und leitete das Konsulat in Täbris vom März–November 1914. Die Russen hatten Nordpersien schon vor dem Krieg besetzt. Litten hatte als Leutnant d. Res. seine Uniform immer dabei, die er dann anzog, wenn es ihm für Verhandlungen mit russischen Instanzen opportun erschien. Litten musste das Konsulat im November 1915 verlassen, bevor die Türken im Januar 1916 Täbris vorübergehend besetzen konnten. Es wurde nach Abzug der Russen vom August 1918 noch einmal unter Konsul Wustrow bis Juni 1920 aktiviert, mit seinem gewaltsamen Tod dann aber ganz aufgegeben.

Anfang Dezember 1914 traf Litten in Bagdad von der Goltz, der ihm als reaktiviertem Offizier mit persischen Sprachkenntnissen gleich einen Transportauftrag nach Kermanschah in Persien erteilte. Nach Durchführung und Rückkehr nach Bagdad konnte Litten am 17.01.1916 seine Rückkehr nach Deutschland erwirken, um noch anschließend am Westfeldzug teilzunehmen.

Der Hauptgrund der Erwähnung von Litten in unserem Zusammenhang ist jedoch sein Verhalten und die Veröffentlichung seines Reisetagebuches mit seinen erschütternden, schwer zu ertragenden Notizen über Hunderte noch lebende und tote Armenier auf dem Weg nach Aleppo, speziell zwischen Der es Soor und Meskene am Euphrat. Entgegenkommende deutsche Offiziere auf dem Weg nach Bagdad berichteten ebenso, dass es „das Grauenvollste sei, was sie je gesehen hätten".[424] Litten hilft den Erschöpften mit Geld und Le-

---

[424] Litten, Wilhelm „Persische Flitterwochen":

bensmitteln, speziell Wasser, bis er selbst keinen Tropfen mehr hat, aber wenigstens nicht laufen muss. Sein persischer Diener verprügelt einen Kutscherjungen, denn er „hat sich Steine gesammelt und bombardiert die Leichen der <Ungläubigen>".

Am 06.02.1916 gibt er in Aleppo einen Bericht an seinen Kollegen, den Konsul Rößler, über seine schrecklichen Beobachtungen auf dem Weg von Bagdad entlang des Euphrat. Akribisch, mit Angaben über Ort, Tag und Uhrzeit berichtet er „mit halb-erstarrten Fingern" von dem Leichengestank über der Wegstrecke, von Flecktyphus, von Sterbenden, von den Toten in allen Formen der Verwesung, von Erfrorenen und Eis auf dem Euphrat, von vielen frischen Gräbern, von Hunden, die an Toten fressen, von vergewaltigten Frauen und Kleinkindern, von Zeltlagern für über 27.000 Armenier, von Gendarmen, die eine Gruppe „mit Peitschen zum Aufbruch antreiben", von dem Entschuldigungsversuch eines alten verzweifelten Gendarmen.[425]

Litten verarbeitet in seinem Buch 1925 seine traumatischen Erlebnisse, vermeidet jedoch Schuldzuweisungen. Er sieht, noch verhaftet im Rassendenken, die Ursachen der Massaker in der Ungleichheit von Menschen, Rassen und Völkern, die Lösung somit nicht in einem Schutz von Minoritäten, sondern in „einer säuberlichen Scheidung"[426], speziell durch Bildung „von geschlossenen Nationalstaaten" möglichst gleicher Menschen. Die Staatsgründung Armeniens sei dafür ein gutes Beispiel, weil dies schon zur Beruhigung beigetragen habe. Die Juden sieht er in einer ähnlichen Situation, auch in Deutschland, nimmt damit historische Ereignisse in gewisser Weise vorweg, i.e. einen weiteren Völkermord und die Gründung eines Judenstaates.

Frau Jackson, Ehefrau des US-Konsuls Jackson in Aleppo, leitet am 13.10.1916 in Washington, wegen türkischer Kontrolle handgeschriebene Briefe ihres Mannes an das State Department weiter. Er berichtet, dass die Todesmärsche entlang des Euphrat auch auf Nebenwegen geführt wurden, damit man deutschen Offizieren nicht

---

[425] „Effendim, hükümetin emril Basch üstüne! (Mein Herr, Befehl der Regierung! Zu Befehl)."

[426] In seinen Worten: Wie man ja auch nicht ein Kaninchen und eine Schlange in einen Käfig sperrt.

begegnete. „The Turks have become to hate the Germans like snakes..." [427]

---

[427] Sarafian, Ara „United States Official Documents on the Armenian Genocide, Vol. I".

XV Von Falkenhayn, Kress von Kressenstein, von Lossow

General Erich von Falkenhayn
(Quelle: Rafael de Nogales "Four Years beneath the Crescent")

Erich Georg Anton von Falkenhayn war 1913 preußischer Kriegsminister, wurde vom 14.09.1914 bis 29.08.1916 Chef des Deutschen Großen Generalstabes nach Moltke, dem Jüngeren, und übernahm am 06.09.1916 die 9. deutsche Armee mit dem nachfolgenden erfolgreichen Feldzug gegen Rumänien.

Von Falkenhayn wird in die Türkei versetzt und trifft am 07.05.1917 in Istanbul ein. Er wird osmanischer Marschall (Müşir). Zunächst unternimmt er Inspektionsreisen an die Mesopotamien- und Palästinafront. Mit Aufstellung der Heeresgruppe "F" [428] ab 27.06.1917 übernahm von Falkenhayn am 30.09.1917 das Kommando als ihr Befehlshaber, führte die Rückzugsoperationen von Gaza bis Nazareth und musste Jerusalem aufgeben. Sein Chef des Stabes wurde Oberst von Dommes. Am 01.03.1918 übergab Falkenhayn das Kommando an Liman von Sanders.

Während seiner Zeit in Deutschland hat sich Falkenhayn in die Angelegenheiten in Istanbul nur eingebracht, wie im November 1915, im Juli 1916[429] und im November 1916[430], wenn übergeordnete deutsche militärische Interessen berührt wurden, z.B. die Funktionsfähigkeit der Bagdadbahn bei „Deportationen von Bahnbediensteten". Er kannte und duldete das Wirken von Bronsart von Schellendorf. Ein direktes Engagement von Falkenhayns für die Armenier in dieser Zeit ist nicht bekannt.

Jedoch verwandte er sich mindestens einmal für die Juden, was auch Christen und Muslimen zugute gekommen ist. Das Operationsgebiet der Heeresgruppe "F" lag zunächst südlich des Hauptgeschehens der Armenierverfolgungen, aber während der Inspektionen wurde er mit Sicherheit Zeuge von Folgedeportationen, z.B. nach Jerusalem, und der Situation in der Etappe der Heeresgruppe südlich des Kaukasus.

Beim Rücktritt von Cemal Pascha im September 1917 als Befehlshaber der 4. Armee, der unter von Falkenhayn nicht dienen wollte, soll Falkenhayn zusätzlich örtlich begrenzte zivile Kompetenzen für sein Operationsgebiet erhalten haben, offensichtlich bestätigt durch Özdemir[431]. Damit hat Falkenhayn begrenzte Handlungsfreiheit

---

[428] Türkisch „Yıldırım Ordular Grubu"; Yıldırım = der Blitz; Name des früheren Sultans Bayezit; Im 2. Weltkrieg gab es hingegen eine rein deutsche Heeresgruppe „F".
[429] Lepsius, Johannes „Deutschland und Armenien 1914–1918".
[430] Ihrig, Stefan „Justifying Genocide".
[431] „Cemal Paşa'nın Yıldırım Ordular Grubu Komutanı Falkenhayn ile anlaşamaması üzerine Suriye ve Batı Arabistan Komutanlığı lağveldilmiş; bu komutanlığın sorumlık alanı Yıldırım Orduları Grubu Komutanlıgı'na bağlanmıştır". Özdemir, Hikmet „Cemal Paşa ve Ermeni Göçmenler". (Nach einer Vereinbarung zwischen Cemal Pascha und dem Befehlshaber der Yıldırım Heeresgruppe Falkenhayn wurde der Befehlsbereich Suriye und West-Arabien aufgelöst; dieser Befehlsbereich wurde unter die Verantwortung des Kommandos der Yıldırım Heeresgruppe gestellt." (Übersetzung des Verfassers). Neuer Befehlshaber der 4. Armee wurde der „kleine Ce-

erhalten für die Behandlung der Bevölkerung an der Front in Palästina.[432] Dafür spricht, dass die türkische Regierung bei dem schon seit mehreren Monaten andauernden Streitfall mit Cemal Pascha um die Evakuierung Jerusalems endgültig die Entscheidung darüber im Oktober/November 1917 von Falkenhayn überlassen hat, nachdem schon von Kressenstein früher erfolgreich interveniert hatte (s.u.).

Von Falkenhayn entschied sich für den Verbleib der Einwohner, obwohl eine Kollaboration von Juden in Jaffa/Tel Aviv mit den Briten bekannt geworden war. Cemal Pascha hatte noch Anfang 1917 die Evakuierung von ca. 8.000 Juden aus Jaffa/Tel Aviv verfügt, was zu großen Verlusten geführt hatte. Von Falkenhayn glaubte wohl auch noch, Jerusalem gegen die Briten halten zu können, und er wollte nach Bayur aus Prestigegründen nach Verdun und der 3. Gazaschlacht nicht wieder vor aller Welt eine Niederlage hinnehmen.

Offensichtlich hatte sich auch der Papst Benedikt XV im November 1917 mit Deutschland auch für die Juden eingesetzt.[433]

Dr. Thon, der Leiter des zionistischen Büros in Jerusalem, schrieb zur Rettung der Juden in Jerusalem im Dezember 1917 :[434]

„Eine besonders glückliche Fügung war es, daß in den letzten kritischen Tagen General von Falkenhayn den Oberbefehl hatte. Cemal Pascha hätte in diesem Falle – wie er es oft in Aussicht gestellt hatte – die Bevölkerung des ganzen Gebiets verjagt und das Land in eine Ruine verwandelt. Wir und die gesamte übrige Bevölkerung, sowohl die christliche als auch die mohammedanische, müssen mit tiefer Dankbarkeit an P...[435] denken, der durch Verhinderung einer

---

mal", Mersinli Cemal Pascha, der offensichtlich die Gouverneursfunktion nicht mehr fortgesetzt hat, da die 4. Armee einen anderen Auftrag erhalten hatte und Mersinli Cemal nur den untersten Generalsrang (Mirliva) gegenüber dem Marschall bekleidete.

[432] Bayur, Yusuf Hikmet „Türk İnkılabı Tarihi, Cilt III".
[433] Hesemann, Michael „Völkermord an den Armeniern".
[434] Afflerbach, Holger „Falkenhayn".
[435] „P." = Pacelli, also der Nuntius des Papstes in München. Hesemann zitiert das Zionistische Zentralarchiv Jerusalem (Mikrofilm K 1800 72/73), Berichterstatter Lapide, Pinchas „Rom und die Juden". Lapide zitiert aus einem Brief der deutschen Botschaft Istanbul vom 01.01.1918. Nach Ritter von Dandl aus dem AA vom 29.11.1917 hatte offensichtlich die türkische Regierung schon kurz zuvor die Scho-

geplanten vollständigen Evakuierung dieses Gebietes die Zivilbevölkerung vor Untergang bewahrt hat".

An anderer Stelle heißt es:[436]

„On November 5, the former German chief-of-staff, General Erich von Falkenhayn, arrived in Jerusalem to take command of the Yilderim Force, thus heralding Djemal's swan song as the commander of the Fourth Army and preventing him from embarking on a last-minute round of atrocities. At the same time, the Germans pressured the Ottoman government, Talaat in particular, into ordering the cessation of the anti-Zionist campaign and the release of all those who had been wrongly detained. On December 9, 1917, British forces entered Jerusalem".

Mit dem Einzug der Briten in Jerusalem waren die Juden wieder sicher vor Deportationen. Nach 400 Jahren unter osmanischer Verwaltung gehen Jerusalem und seine Bewohner einer neuen Zukunft entgegen.

Am 04.03.1918 wurde von Falkenhayn Befehlshaber der 10. deutschen Armee im Russlandfeldzug.

Friedrich Freiherr Kreß von Kressenstein war vor Kriegsausbruch als Oberstleutnant u.a. Chef der Mobilmachungsabteilung[437] im osmanischen Generalstab, dann der Operationsabteilung bis September 1914 und anschließend Chef des Stabes im VIII Korps in Damaskus. Mit seinem Vorgesetzten, dem Kommandierenden General (KG) Oberst Cemal[438], der später wie sein "großer" Namensvetter auch noch Pascha werden sollte, führte er den 1. Feldzug an den Suezkanal im Januar/Februar 1914, während er den 2. Feldzug im Zeitraum Februar bis Juni 1915 eigenständig als Truppenführer („Kommandant der Wüste") unter dem KG führte.[439] Im Juli 1915 wird er Chef des Stabes der 4. Armee unter ihrem Befehlshaber Cemal Pascha (dem

---

nung der Juden verfügt, wobei schließlich beide Initiativen zusammen liefen, die des Papstes und die von Falkenhayns.
[436] Karsh & Karsh „Empires of the Sand".
[437] „Harekât şubesi", nach Sâbis, Ali İhsan Paşa „Birinci Dünya Harbi".
[438] Der sog. „Kleine Cemal", Cemal Bey, mit Beinamen „Mersinli", also der aus Mersin. Nicht zu verwechseln mit dem Marineminister Cemal Pascha, der ab 18.11.1914 die dem Korps vorgesetzte 4. Armee führte, der „Große Cemal".
[439] Kreß von Kressenstein „Mit den Türken zum Suezkanal".

173

„großen" Cemal), am 29.12.1915 Führer eines Expeditionskorps mit HQ in Damaskus/Jerusalem und führt eine 3. Operation zum Kanal, die zum Jahreswechsel 1916/1917 abgebrochen wird.

General Kreß von Kressenstein
(Quelle:
https://de.wikipedia.org/wiki/Friedrich_Kreß_von_Kressenstein_(General_der_Artillerie))

Von Kressenstein bewährt sich als Führer der Sinaifront in den ersten beiden Gazaschlachten bis April 1917, wird aber nach der verlorenen 3. Gazaschlacht im November 1917 als Befehlshaber/Pascha der 8. Armee am 01.12.1917 von General von Falkenhayn abgelöst.
Im Mai 1918 erhält er einen neuen Auftrag als „Chef der Kaiserlich Deutschen Delegation im Kaukasus" mit Kommandierung nach Tiflis. In einer doppelten politisch-militärischen Unterstellung soll er auf Weisung von Ludendorff dort eine georgische Armee aufbauen und in Transkaukasien und Baku die deutschen Interessen wahren.[440]
Kreß von Kressenstein hat seine Haltung in seinem ersten Buch zu den skandalösen Vorgängen um die Armenier deutlich zum Ausdruck gebracht:
„Wir Deutschen alle, Soldaten und Zivilisten, die wir dazu verdammt waren, das grausige Schauspiel mitzuerleben, fanden es unbegreiflich und waren darüber empört, dass die deutsche Regierung und die deutsche öffentliche Meinung, die durch zahlreiche Berichte von allen möglichen Seiten über die Vorgänge auf das genaueste unterrichtet waren, von den Türken nicht abrückten, sondern durch ihr Schweigen uns Deutsche gewissermaßen zu moralischen Mitschuldigen machten".
Jedoch fällt auch von Kressenstein ein kritisches Urteil über die Armenier:
„Das armenische Volk besteht aus einer dünnen, hochintelligenten und hochgebildeten Oberschicht und aus der großen Masse, die sich zum großen Teil noch auf einer sehr tiefen Kulturstufe befindet und trotz ihres christlichen Bekenntnisses der mohammedanischen Bevölkerung, unter der sie lebt, an Wildheit und Grausamkeit nicht nachsteht".
Von Kressenstein schildert dann die Kämpfe zwischen den Armeniern, den „Aufständischen", im Rücken der Kaukasusarmee, spricht von einem großen armenischen Aufstand im Frühjahr 1915 und fährt fort:
„Daß die osmanische Regierung unter diesen Umständen Maßnahmen traf, um das Land gegen eine weitere Ausbreitung und gegen

---

[440] Kreß von Kressenstein „Meine Mission im Kaukasus".

eine Wiederholung derartig gefährlicher und hinterlistiger Angriffe zu schützen, war nicht nur ihr gutes Recht, sondern ein Gebot der Selbsterhaltung und der staatlichen Selbstbehauptung. Das Parlament in Konstantinopel nahm ein Gesetz an, wonach die Armenier aus dem ganzen Osmanischen Reich in die Wüste zwischen Syrien und Mesopotamien verschickt und dort angesiedelt werden sollten".

An dieser Stelle bleibt festzuhalten:

- Von Kressenstein war 1914–1917 nicht in dem angesprochenen Gebiet, dem der 3. Armee, urteilt also vom Hörensagen
- Er verfügt über keine eigenen Informationen und wiederholt offensichtlich die Propaganda der Dolchstoßlegende
- Es gab keinen großen armenischen Aufstand im Frühjahr 1915, sondern lokale Einzelaktionen mit Schwerpunkt um Van
- Das Parlament wurde erst Monate später beteiligt, weil es aufgelöst war
- Von Kressenstein glaubt an eine "Ansiedelung" und verkennt, dass hierzu alle Voraussetzungen fehlten
- Bei seiner o.a. Behauptung bzgl. der deutschen öffentlichen Meinung unterschätzt er die Wirkung der offiziellen deutschen Propaganda und Zensur.

Dennoch hat er sich in der Praxis redlich bemüht, Leid zu mildern. Nachfolgend einige Beispiele:

Er soll sich im Oktober 1915 bei Cemal Pascha für 61 Armenier aus Urfa (Şanlıurfa) eingesetzt haben, wobei er mindestens zwei Frauen retten konnte. Hier waren sicherlich seine guten Beziehungen zu Cemal Pascha hilfreich. Weiteres hierzu im u.a. Kapitel zu von Wolffskeel.[441]

Am 14.10.1915 meldet von Kressenstein Cemal Pascha, dass er aus

---

[441] Der französische Generalkonsul in Beirut schreibt am 12.03.1913 (Übersetzung des Verfassers): „Die ganze Zeit wurde die Situation der Christen im Osmanischen Reich trister und bedauernswerter. Diese Situation beginnt sich bedeutend zu verschärfen als Folge des Balkankrieges und der türkischen Niederlagen, deren unmittelbare Folgen sein werden: 1. Eine Steuererhöhung 2. Ein Wiederausbruch von muselmanischem Fanatismus 3. Ermunterung zur Emigration der Christen aus Syrien." In: „Commandement de la IV der ième Armée" „La vérité sur la Question Syrienne" (Stamboul 1916).

Armeebeständen Lebensmittel an Armenier in Aleppo verteilt hat.[442]

Er unterstützte im Beisein von Cemal Pascha mit einer nicht geringen Geldsumme aus seinem militärischen Dispositionsfonds Anfang November 1915 die Seuchenbekämpfung in Aleppo, geleitet von einem Deutschen namens Wieland. Dazu gehörte auch die Einrichtung eines großen Krankenhauses.[443] Geld aus Mitteln der Armee ging ebenso an ein Waisenhaus für mehrere hundert armenische Waisen, das dann von der Schweizerin Beatrice Rohner[444] betrieben wurde. Konsul Rößler berichtet darüber am 08.11.1915 an den Reichskanzler von Bethmann Hollweg.

Mit Unterstützung von Cemal Pascha werden Militärärzte verschiedener Nationen eingesetzt zur Bekämpfung von Seuchen, auch entlang der Etappenstraße.[445]

Von Kressenstein unterstützt in 1915 die Etablierung der Schweizer Armenienhilfe in Syrien.

In Bozantı/Pozantı an der Bagdadbahn verteilt Cemal Pascha am 29.10.1915 im Beisein des Freiherrn „alles Geld", einschließlich des der Begleiter, an leidende Armenier.[446]

In Mamuré an der Bagdadbahn konnte von Kressenstein mit Billigung von Cemal Pascha gegen Ende 1915 dem armenischen Bischof von Kayseri einen Pass ausstellen, mit dem dieser und seine Begleitung unbehelligt in ein armenisches Kloster in Jerusalem gelangen konnten.

Kaiser berichtet auch, dass von Kressenstein im Dezember 1915 Cemal Pascha überzeugen konnte, den Armeniern in Aleppo aus Armeebeständen zu helfen und am 23.12.1915 die örtliche Betreuung der armenischen Waisen gegen den Willen der Polizei an die Deutschen zu übergeben.[447] Kaiser berichtet aber auch über drei gegenläufige Weisungen von Talât Pascha vom Januar bis April 1916 auf Untersuchung sowie Unterlassung der Unterstützung mit Androhung

---

[442] Özdemir, Hikmet „Cemal Paşa ve Ermeni Göçmenler".
[443] Özdemir, Hikmet „Cemal Paşa ve Ermeni Göçmenler".
[444] Arbeitete für den „Deutschen Hülfsbund für christliches Liebeswerk im Orient".
[445] Özdemir, Hikmet „Cemal Paşa ve Ermeni Göçmenler".
[446] Özdemir, Hikmet „Cemal Paşa ve Ermeni Göçmenler".
[447] Kaiser, Hilmar „At the Crossroads of Der Zor". Wahrscheinlich zeitliche Überlappung bzw. identisch mit der zuvor schon erwähnten Aktion.

von Strafen.

Der deutsche Oberlehrer Ernst Sommer berichtet[448] über eine Begebenheit mit Kreß von Kressenstein an der Bagdadbahn bei Ereğli[449] und einer Gruppe von Armeniern:

„Manche der Gläubigen hat auch Gott auf ganz wunderbare Weise gerettet. In Cäsarea[450] war ein menschenfreundlicher Kaimakam[451] (Landrat), der die Armenier retten wollte und sie inständig bat, sie möchten doch den Islam annehmen; denn sonst, wusste er, würden sie alle nach Urfa[452] kommen und das Leben verlieren. Einige, darunter ein Pastor, wurden nun Mohammedaner und retteten dadurch ihr Leben. Aber 11, die zusammenstanden, darunter evangelische Prediger und katholische Priester[453], weigerten sich standhaft, dies zu tun und wurden abgeführt. Einer von jenen, Wahram Tahmissian, erzählt: <Als wir zur Stadt herauskamen, trat der Heiland zu mir und machte mich fröhlich>. Nach 2 bis 3 Tagen kamen sie an die Bagdad-Bahn nach Ereğli und trafen dort mit dem deutschen General Kress von Kressenstein und Cemal Pascha zusammen. Mit jenem[454] kamen sie auf irgend eine Weise ins Gespräch; als er ihre Geschichte hörte, kamen ihm die Tränen, und er verwandte sich erfolgreich bei Cemal Pascha für sie, sodaß ihnen der Weg über Aleppo nach Damaskus und Jerusalem geebnet wurde, wo sie sich alle niederlassen konnten und dem drohenden Tode entgingen".

Schon vor der o.a. Kommandoübernahme durch von Falkenhayn im September 1917 und seine o.a. Schutzmaßnahmen, speziell für die Juden, verhinderte von Kressenstein die Absicht von Cemal Pascha, Jerusalem zu räumen, unter Einschaltung des Generalkonsulats

---

[448] Sommer, Ernst „Die Wahrheit über die Leiden des armenischen Volkes in der Türkei während des Weltkriegs".
[449] Ort an der Bagdadbahn südostwärts von Konya. Im Januar 1916.
[450] Unklar, welches Cäsarea: Wahrscheinlich das heutige Kayseri.
[451] Heutige Schreibweise Kaymakam.
[452] Wegen der Vertreibung der Franzosen im Befreiungskampf 1920 mit neuem Namen Şanlıurfa, das ruhmreiche Urfa, auf Beschluss des Parlaments 1984. Noch früherer Name Edessa.
[453] Gemeint wohl evangelisch-armenischen und katholisch-armenischen Glaubens. Diese Glaubensrichtungen der Armenier wurden zuweilen gleich behandelt wie die armenisch-orthodoxen, zuweilen besser.
[454] Von Kressenstein.

(Verweser Dr. Brode), des Militärbevollmächtigten von Lossow und von Enver Pascha. Betroffen gewesen wären ca. 10.000 Muslime, 15.000 Christen und 45.000 Juden. Cemal hatte es generell besonders abgesehen auf Araber und Juden, betroffen waren in diesem Fall auch viele Armenier.

Das Ereignis wird auch bestätigt von Karsh & Karsh.[455]

In mehreren Schreiben nach Deutschland protestiert von Kressenstein 1918 gegen das Vorgehen gegen bzw. die Aushungerung von bis zu 500.000 Armeniern im Transkaukasus.[456]

Am 10.07.1918 schreibt er aus Tiflis, nachdem am 28.05.1918 Armenien unabhängig geworden war, an den Reichskanzler Graf von Hertling in seinem Schlussabsatz:

„Ich bitte deshalb Eure Exzellenz ebenso dringendst wie gehorsamst, mit allen verfügbaren Mitteln und möglichst rasch einen energischen Druck auf die türkische Regierung auszuüben, dass sie sofort ihre Truppen aus Armenien zurückzieht, den geflüchteten Armeniern die Rückkehr in ihre Heimat gestattet, dafür sorgt, daß die Armenier unbehindert und ungefährdet an Leben und Gut ihre Ernte einbringen können, und daß die zum Arbeitsdienst gepreßten Armenier sofort in ihre Heimat entlassen werden".

Trotz intensiven Schriftverkehrs in den folgenden Wochen, in den sich auch Hindenburg eingeschaltet hatte, gelang es den Deutschen nicht, Enver zum Einlenken zu bewegen, die Vertragsgrenze von Brest-Litowsk zu beachten. Stattdessen rückten die Türken, unterstützt von Tataren und Aserbaidschanern, weiter auf Baku vor. Dieses besetzen sie mit erzwungener deutscher Duldung und auch mangelnder deutscher militärischer Präsenz vor Ort am 15.09.1918.

---

[455] Karsh&Karsh „Empires of the Sand". Hier hat der Mutassarıf bzw. Regierungspräsident von Jerusalem Izzet Bey im März 1917 die Evakuierung von Jaffa und Tel Aviv vor dem Hintergrund der Gaza Schlachten und der vorgehenden Briten angeordnet, hauptsächlich abzielend auf die „verräterischen" Juden. 9.000 Juden waren bereits unterwegs, mit vielen Verlusten. Als danach Cemal Pascha die Konsuln in Jerusalem informierte, dass nun auch Jerusalem komplett evakuiert werden sollte, intervenierten vor allem die Deutschen und erreichten einen Stop der Evakuierungen.
[456] Nachfolgender Schriftverkehr in Lepsius, Johannes „Deutschland und Armenien 1914–1918".

Hierbei kam es auch zu vorübergehenden militärischen Auseinandersetzungen zwischen türkischen und deutschen Truppen, die nach Georgien verlegt hatten. Von Kressenstein hatte im Juni 1918 das Kommando über diese übernommen, welches er im August übergab an Oberst Friedrich Freiherr von der Goltz, einen Sohn des Feldmarschalls.

Immerhin gelingt von Kressenstein die Freilassung einiger Hundert armenischer Kriegsgefangener nach Verhandlungen mit dem neuen Befehlshaber der Heeresgruppe Ost, Halil Pascha (Kut), Envers Onkel, Mitte September 1918. Die meisten Armenier wurden nach Erivan gesandt.[457]

Von Kressenstein nahm die Ermordung deutscher Staatsbürger in Baku erneut zum Anlass, das Vorgehen der Türken und Tataren im September/Oktober 1918 gegen die Armenier zu unterbinden. In einem Schreiben vom 30.10.1918, also zum Waffenstillstand von Mudros, wendet er sich nachträglich an den Reichskanzler, den Prinzen Max von Baden, in dem er die Übersendung von Material „über die Baku-Massakres" ankündigt. Seriöse Schätzungen liegen bei mindestens 10.000 armenischen Opfern.[458] Zuvor hatten die Armenier ihrerseits im März 1918 Greueltaten an Muslimen in ähnlicher Größenordnung begangen. Zwar wurden keine deutschen Truppen mehr in Baku eingesetzt, auch zur Vermeidung einer weiteren Eskalation mit den Türken, wohl aber einige deutsche Offiziere unter Führung des Freiherrn von der Goltz (Junior) zur Beruhigung der Lage. Nuri Pascha als Befehlshaber der Kaukasischen Islam Armee hatte ihm die Mitführung deutscher Truppen untersagt und dessen Anreise per Bahn um drei Tage absichtlich verzögert, um seinerseits in Baku ungestört agieren zu können. Schließlich gelangte von der Goltz aber doch in die Stadt und konnte weitere Ausschreitungen gegen die Armenier als Führer der „Kaiserlich Deutschen Delegation im Kaukasus/ Vertretung Baku" eindämmen.

Von Kressenstein schließt daher sein o.a. Schreiben mit dem Satz:

---

[457] Trumpener, Ulrich „Germany and the Ottoman Empire".
[458] http://de.wikipedia.org/wiki/Armenierprogrom_in_Baku_1918.
https://de.wikipedia.org/wiki/Schlacht_um_Baku.
Von der Goltz, Freiherr v. „Meine Entsendung nach Baku", Jahrbuch des Bundes der Asienkämpfer, Band 3.

„Die Entsendung des Baron von der Goltz erfolgte zum Teil ebenfalls aus dem Grunde, um wenigstens einen moralischen Druck auf die höheren türkischen Heerführer ausüben zu können".

Bis Ende 1918 zogen sich die türkischen Truppen wieder zurück auf die Vorkriegsgrenzen von 1914 im Rahmen der Waffenstillstandsauflagen von Mudros (Artikel XI).[459] Damit ergab sich auch für die Armenier mit der Besetzung durch die Briten bis zum Unabhängigkeitskampf der Türkei ab Mai 1919 eine vorübergehende Beruhigung der Lage im Nordosten.

Otto Hermann von Lossow kam 1910 als Major und Militärinstrukteur an die osmanische Kriegsschule, führte, wie o.a., in den Balkankriegen 1912/1913 eine osmanische Division, kehrte 1914 nach Deutschland zurück. Nach einem Einsatz an der Westfront wurde er im Juli 1915 als Militärattaché an die Botschaft in Istanbul versetzt, wurde dann am 19.04.1916 unter gleichzeitiger Aufwertung und Beförderung „Militärbevollmächtigter".

Von Lossow hat in der Türkei im 1. Weltkrieg kein Truppenkommando geführt, hat daher durch seine Anwesenheit in Istanbul und persönliche Nähe zum Botschafter, zu Bronsart von Schellendorf und zu Humann, breite Einblicke in die Geschehnisse gehabt. Er teilte offensichtlich – zumindest zunächst – deren kritische Einstellung zu den Armeniern.

So reiste er auf Anraten von Enver Pascha und Talât Pascha zusammen mit Humann im Sommer 1916 nach Deutschland und sprach dort mit von Falkenhayn, Human mit dem Reichskanzler von Bethmann Hollweg. Das Ergebnis war die Ablösung des Botschafters Graf Wolff Metternich am 03.10.1916, der ganz offensichtlich eine nicht gebilligte, i.e. freundliche Politik gegenüber den Armeniern betrieb.

---

[459] GHDI – German History in Documents and Images, Volume 6 „Mudros Agreement".

General Otto von Lossow
(Quelle:
https://de.wikipedia.org/w/index.php?title=Otto_von_Lossow&oldid=154987
671)

Von Lossow hat im Mai 1918 im Kaukasuskonflikt während der Batum Konferenz erfolglos versucht, zwischen der kurzlebigen Transkaukasischen Republik[460], Russland und dem Osmanischen Reich zu vermitteln. Der ohne ihn ausgehandelte Waffenstillstand und Friedensvertrag scheitert dann auch am weiteren Vorgehen der Türken auf Baku. Von Lossow widmet sich nun in Poti auf deutsche Weisung Georgien auf dem Weg zur Unabhängigkeit, die am 26.05.1918[461] erklärt wird, sowie dem deutsch-georgischen Vertrag.[462]

Im Juni 1918 begleitet er armenische und georgische Unterhändler nach Berlin und erzielt dort Übereinstimmung, dass der Friedensvertrag von Batum nicht genügend Lebensraum für Armenien lässt. Zur Revision des Vertrages kommt es allerdings nicht mehr, da der Gesamtverlauf des Krieges und der Rücktritt des osmanischen Kabinetts im Oktober 1918 eine völlig neue Situation schaffen.

Nach dem Krieg wurde von Lossow nach Deutschland zurückversetzt und in die Reichswehr übernommen. Aus ihr wurde er am 19.10.1923 durch von Seeckt entlassen, weil er als Befehlshaber des Wehrkreises VII die NSDAP-Zeitung, den „Völkischen Beobachter", nicht verbieten wollte. Anderseits ließ er sich von Hitler auch nicht vereinnahmen.

1924[463] kehrte er nach der Pensionierung noch einmal in die Türkei zurück, in einer Zeit, zu der die bis dahin verdeckten Tätigkeiten deutscher Ausbilder öffentlich wurden.

Von Lossow hatte während des Krieges mit Schreiben vom 15. und 23. Mai 1918 nach Deutschland gegen die Völkermordpolitik protestiert, indem er das Vorgehen gegen die Armenier im Kaukasus als „Ausrottung" anprangerte[464]. Von früheren Protesten ist nichts be-

---

[460] Ende Mai 1918 ging diese über in die drei selbständigen Staaten Armenien, Aserbeidschan und Georgien, die wiederum im Frühjahr 1921 sowjetische Republiken werden. Ehrhorn, Irmgard „Kaukasien".
[461] Kazemzadeh, Firuz „The Struggle for Transcaucasia 1917–1921".
[462] Hovannisian, Richard „Armenia on the Road to Independence 1918".
[463] Im März 1924 wurden der deutsch-türkische Freundschaftsvertrag gezeichnet, Rudolf Nadolny Gesandter in Ankara, die diplomatischen Beziehungen wieder etabliert.
[464] Taner, Akçam „A shameful Act". Hesemann, Michael „Völkermord an den Armeniern".

kannt, jedoch, dass er aufgrund seiner o.a. Haltung 1918 auch in Konflikt mit von Seeckt geraten ist.[465] In das positive spätere Bild passt allerdings nicht seine frühere Aktion gegen Botschafter Wolff-Metternich 1916 und die durchgehende Freundschaft, die er auch nach 1918 mit Humann weiter gepflegt hat.

---

[465] Meier Welcker „Seeckt". Lepsius, Johannes „Deutschland und Armenien 1914–1918".

XVI Wolffskeel von Reichenberg

Major[466] Graf Eberhard Wolffskeel von Reichenberg, von der Westfront kommend, war ein Offizier, der starkes Fehlverhalten zeigte und darüber hinaus in seinen Berichten eine erschreckende Einstellung zeigte. Sein Beispiel weist gewisse Parallelen auf zu dem o.a. Beispiel von Moltke, indem sich beide in einer Bürgerkriegssituation wähnten. Nicht vergleichbar ist die Einstellung beider Offiziere. Kaiser[467] schreibt:
„Wolffskeel's role at Ourfa was somewhat exceptional, as he is the only German officer known to have served in Otoman uniform and directly participated in the killing of Armenians".
Ihrig[468] urteilt:
„He was one of the very few German officers – if not the only one – who had actually taken part in the Ottoman actions against the Armenians".
Von Wolffskeel diente ab 28.02.1915 beim stellvertretenden Befehlshaber der 4. Armee, Fahri Pascha, in Damaskus als sein Chef des Stabes. In einem Schreiben vom 07.04.1915 bezeichnet sich von Wolffskeel als „Führer" des VIII Korps.[469] Sein militärischer Auftrag sei der Schutz Kilikiens und der syrischen Küste, speziell gefährdet von Anlandungen der Entente in der Bucht von Iskenderun mit anschließender Unterbrechung der Bagdadbahn.
Von Wolffskeel wird zunächst angelastet seine Verwicklung in der Niederschlagung des armenischen Widerstandes in Zeytun[470]. Dort

---

[466] Türkischer Dienstgrad. Ab 22.03.1916 deutscher Dienstgrad.
[467] Kaiser, Hilmar (Hrsg.), Von Wolffskeel, Eberhard „Zeitoun, Mousa Dağ, Ourfa".
[468] Ihrig, Stefan „Justifying Genocide".
[469] Wahrscheinlich Chef des Stabes dieses Korps. So auch in Dadrian „The History of the Armenian Genocide". Ebenso nicht erwähnt in der Liste der Kommandierenden Generale dieses Korps in VIKIPEDI bzw. Wikipedia.tr. Von Wolffskeel hätte als KG auch einen höheren Dienstgrad haben müssen.
[470] Heute „Süleymanlı", benannt nach dem gefallenen Kommandeur des Jandarma Bataillons, Major „Süleyman" Bey. Dieser ist noch im März vor Eintreffen des von Wolffskeel gefallen.

verweigerten nach Lepsius[471] ca. 150 von 4.000 Armeniern die Einberufung und desertierten. Muslime wohnten nicht in dem Ort. Fahri Pascha hatte nur Jandarma vor Ort gelassen. Die Sache eskalierte von Oktober 1914 bis Anfang März 1915.

Im Schreiben an seinen Vater vom 30.03.1915, also kurz nach seiner Zuversetzung, berichtet von Wolffskeel:[472]

„Ich wollte nun die Sache mit einem Schlag beenden, um nicht größere Unruhe zu haben, und habe 4 Bataillone, ein paar Schwadronen und eine Batterie hingeschickt, die von verschiedenen Seiten vorgehend Zeitun umschließen und die Bande entwaffnen sollten. Das ist auch so ziemlich gelungen. Es gab nur ein kleines Gefecht um eine Kirche, wo ein Teil sich verschanzt hatte, im Übrigen sahen die Armenier doch, daß es Ernst würde, und gingen gutwillig auseinander, so daß ich hoffen kann, daß die weitere Verfolgung der Räuber ungestört vor sich geht".

Am 10.04.1915 ist mit von Wolffskeel auch sein Vorgesetzter Fahri Pascha vor Ort; dieser ordnet die Deportation des Ortes und der umgebenden Dörfer an, also ca. 1,5 Monate vor dem allgemeinen Deportationserlass. Letztlich werden bis 20.04.1915 ca. 24.000 Armenier deportiert.[473]

Botschafter von Wangenheim hatte noch am 26.03.1915 an Reichskanzler Bethmann Hollweg geschrieben, auf dem Höhepunkt der Eskalation:

„Der Schlag gegen Zeitun müßte kurz und mit Übermacht geführt werden, um die Ausbreitung des Aufruhrs zu verhindern".

Von Wangenheim gibt hier einen militärischen Rat in's Blaue, kennt die örtliche Situation nicht und macht sich offensichtlich keine Gedanken um die unerlaubte Teilnahme deutscher Soldaten an so einer Aktion, die ja innenpolitischer Natur ist, für die das Nichtein-

---

[471] Lepsius, Johannes „Deutschland und Armenien".
[472] Gottschlich, Jürgen „Beihilfe zum Völkermord".
[473] Talât Pascha soll die Deportation für Zeytun und Umgebung schon am 02.04.1915 angeordnet haben. Hosfeld, Rolf „Tod in der Wüste" und „Operation Nemesis". Konsul Rößler aus Aleppo meldet am 31.03.1915, dass 675 Armenier sich einschließlich der Stadt Maraş gestellt hätten; ihr Schicksal dürfte wohl besiegelt gewesen sein. Am 02.10.1916 waren nach Rößler nur noch 4.000 von 20.000 Armeniern verblieben.

mischungsprinzip galt. Aber zu diesem Zeitpunkt lag von Wangenheim in seiner Gesamtbewertung ohnehin noch völlig falsch, bis er dann wohl im Juli 1915 seine Meinung änderte. Die späte Erkenntnis muss aber seiner Gesundheit zugesetzt haben. Er verstarb bereits lange vor der Pensionierung am 25.10.1915 in Istanbul.

Die nächste militärische Operation gegen die Armenier war die im August/September 1915 am Musa Dağ, dem Berg Moses. Sechs Dörfer weigerten sich mit großer Mehrheit, ebenfalls deportiert zu werden. Werfel[474] hat dies in seinem Roman recht realistisch beschrieben. Der Kampf dauerte jedoch statt 40 Tagen 53. Die Armenier leisteten erfolgreich Widerstand gegen die Türken; 4058 Armenier wurden von Schiffen gerettet und nach Port Said überführt. Von Wolffskeel kam auch hier zur Operation zu spät, hat also persönlich nicht teilgenommen. Er schreibt am 15.09.1915:[475]

„Über die Berechtigung und den Wert der ursprünglichen Maßregeln der Türken gegen die Armenier kann man verschiedener Ansicht sein. Wo sie jetzt stecken, kann man sie aber keinesfalls brauchen. Denn eine starke bewaffnete Bande, natürlich feindlich gesinnt dort, würde die Verteidigung von Alexandrette[476] im Rücken bedrohen. Nun ist die Schwierigkeit, sie zu fangen nur die, dass man sie von der Meerseite aus angreifen muß. Dort liegen aber seit 8 Tagen 6 französische Kreuzer, die mit den Aufständischen in Signalverbindung stehen und unsere Truppen, sobald sie sich auf den meerwärts gelegenen Hängen zeigen, unter ausgiebiges Granatfeuer nehmen, gegen das unsere Feldgeschütze natürlich nicht ankommen können.

…

Zwei Schiffe voll haben die Franzosen schon neulich nach dem Misserfolg des 131 Regiments weggefahren. Wenns nach mir ging, könnten sie ja die ganze Gesellschaft haben. Ich fände es eine glänzende Lösung, wenn so viele Armenier wie irgend möglich das Land verließen unter der Bedingung niemals wiederzukommen. Vorteil hat die Türkei doch nicht von ihnen, sondern nur Schererei".

Unter den Schiffen war das Flaggschiff Jeanne d'Arc; die Flotte wurde

---

[474] Werfel, Franz „Die vierzig Tage des Musa Dağ".
[475] Gottschlich, Jürgen „Beihilfe zum Völkermord".
[476] İskenderun.

verstärkt durch drei weitere französische Schiffe und ein britisches.

Als die Provinz Hatay 1939 nach einer Volksabstimmung türkisch wurde, sind die meisten armenischen Rückkehrer erneut ausgewandert.

(Quelle: Autor)

Was von Wolffskeel am meisten vorgeworfen wird, ist jedoch sein aktives Eingreifen als Artillerieoffizier in den armenischen 16-tägigen Widerstand in Urfa[477] ab Anfang Oktober 1915. Die Auseinander-

---

[477] Später Şanlıurfa = das „ruhmreiche" Urfa, weil sich die Stadt 1920 von den Franzosen befreit hat. Dabei flohen auch die Armenier. Das frühere Edessa hat den neuen Namen seit 1983. Hier hatte der Pfarrer Lepsius 1896 karikative Einrichtun-

setzungen hatten bereits Ende Mai begonnen.[478]

Am 04.10.1915 traf von Wolffskeel mit Fahri Pascha und weiteren Truppen in Urfa ein, womit die Stärke auf ca. 6.000 aufwuchs. Von Wolffskeel leitete dann persönlich acht Tage das Feuer der Artillerie. Nachfolgende Zitate aus dem Buch von Kaiser. Am 08.10.1915 schreibt er seiner Frau:[479]

„Gegen die Markarahäuser habe ich heute den Angriff selbst geleitet... Du siehst, ich führe jetzt auch wieder mal Krieg, wenn's auch man so ist, aber man hört's doch mal wieder knallen und Kugeln pfeifen".

Am 12.10.1915 schreibt er:

„Aber es ist doch mal wieder Kampf, und es ist wirklich eine Freude, mal wieder Kugeln pfeifen zu hören. Und daran ist kein Mangel. Bei den Kampf von Haus zu Haus hat man den Feind meist auf 30-50 m gegenüber..."

Am 16.10.2015 schildert er sehr ausführlich das Gefecht um Urfa:

„Der Kampf ist beendet. Urfa ist genommen. Es ging schließlich viel rascher, als ich erwartet hatte...

Zum besseren Verständnis will ich hier eine ganz rohe Skizze beifügen....

Am 13. waren noch 2 Haubitzen 12 cm angekommen und mit denen wurde nun die Kirche unter Feuer genommen...

Die Stadt wird noch durchsucht nach Versteckten, im allgemeinen ist aber bereits alles, was nicht totgeschlagen ist, in Gefangenschaft. Soweit war die Sache ja ganz interessant und hübsch. Jetzt beginnt wieder der unerfreulichere Teil. Der Abtransport der Bevölkerung und die Kriegsgerichte."

Am 19.10.1915 berichtet er von weiteren Einsätzen, wie im Hauran [480] gegen die Drusen und Deserteure, danach wieder von Urfa:

„Ich ging am Tag nach der Einnahme durch die Stadt. Da sah es allerdings bös aus. Zerschossene, niedergebrannte oder noch bren-

---

gen des Armenischen Hilfswerks gegründet. In der Stadt mit ca. 50.000 Einwohnern sollen zu dieser Zeit ca. 20.000 Armenier gewesen sein.
[478] http://de.wikipedia.org/wiki/Widerstand_von _Urfa.
[479] https://www.blogs.uni-mainz.de/fb07-armeniergreuel.
[480] Gebiet südlich von Damaskus.

nende Häuser, überall in den Straßen und in den Häusern Tote in Mengen, zum Teil halb oder ganz verkohlt. Dazu der Brandgeruch, vermischt mit dem Geruch der verbrannten Leichen. Ohne Cigarette konnte man überhaupt nicht durchgehen. Diese Halbwilden mit den fanatischen schwarzbärtigen verzerrten Gesichtern machen noch im Tod einen viel unangenehmeren Eindruck als die Gefallenen auf einem Schlachtfelde. Es kommt eben das Grauenhafte des Bürgerkrieges dazu. Besonders schlimm sah es in einer der armenischen Kirchen aus.

Da hatten sie die der Kirche südlich vorgelagerten Häuser sehr stark besetzt. Als nun unser Artilleriefeuer in diese Häuser einschlug und darin eine Menge tötete, wollten die anderen sich auf die Kirche selbst zurückziehen. Nun liegt die Kirchentür aber auf der Nordseite. Sie mußten also um die Kirche herum über den offenen Kirchhof. Unsere Infanterie hatte aber schon links davon die an den Kirchhof anschließenden Häuser erreicht und schoß nun auf dem Kirchhof die Fliehenden haufenweise nieder. Überhaupt hat sich die Infanterie, die ich zum Hauptangriff benutzte, das II Bataillon des Infanterieregiments 132, sehr gut gehalten und ist sehr schneidig vorgegangen...

Es gibt keine Arbeiter mehr. Alle, aber auch alle Handwerker waren Armenier, die Türken haben sich höchstens mit etwas Landwirtschaft beschäftigt. Wenn nun alle Armenier abtransportiert werden, hört jede industrielle Tätigkeit auf. Es gibt keine Schneider mehr, keine Schmiede, kurz nichts".

Der türkische Chefarzt des Krankenhauses in Urfa erzählt dem Deutschen Bruno Eckart dann von der Erschießung aller Arbeiter der deutschen Teppichfabrik. Eckart berichtet, dass der Adjutant des Pascha (Fahri) ebenso von Wolffskeel bei Erschießungen beobachtet hat und dass eine weiße Flagge der Armenier an der Kirche mißachtet worden sein soll.[481]

Kreß von Kressenstein, der sich wie o.a. für 61 verurteilte Armenier bei Cemal Pascha eingesetzt hat, notiert am 01.11.1915 mit Entsetzen in sein Tagebuch, dass von Wolffskeel sogar eigenhändig Armenier getötet habe.

---

[481] Eckart, Bruno „Meine Erlebnisse in Urfa".

Gibbons[482] wurde von einem Missionar informiert und bestätigt 1916, dass Wolffskeel aktiv eingegriffen hat:

„..an American missionary saw a German officer directing the artillery fire of the Turks upon the Armenian civilian population".

Gibbons nennt zwar keine Namen, keinen Ort und keine Zeit, aber die Schilderung bezieht sich eindeutig auf Wolffskeel.

Nach Künzler[483] gab es insgesamt ca. 6.000 Tote.

In Vikipedi wird nur eine Zahl von 4.000 Armeniern erwähnt, die nach Syrien umgesiedelt („tehcir edildi") worden seien. Außerdem wird behauptet, dass die Brüder Bruno und Franz Eckart die Armenier in der Fabrik zu Beginn des Aufstandes bewaffnet hätten und Jacob Künzler unter falschem Namen das deutsche, amerikanische und österreichische Konsulat über die Kalendermönche mit Informationen versorgt habe.[484]

Ali Fuat Erden, ein selbstkritischer türkischer General, der als Oberstleutnant und Chef des Stabes in der 4. Armee diente, bedauerte von Wolffskeels Aktionen in Urfa und gegen die Drusen im Hauran.[485]

Auch die militärische Führung in Deutschland sah dies wohl so und berief ihn ab. Offensichtlich ist er danach Verbindungsoffizier beim XV türkischen Korps in Galizien geworden und hat anschließend ab Juni 1918 als Chef des Stabes im Kommando von Kressenstein im Transkaukasus gedient.[486]

1939 oder 1940 soll er noch zum Oberst befördert worden sein.

---

[482] Gibbons, Herbert Adam „The blackest Page of modern History". Amerikanischer Korrespondent.

[483] Künzler, Jacob „Im Lande des Blutes und der Tränen". Ein Krankenpfleger und Zeuge der Vernichtungsaktion im Herbst 1915, der noch bis 1922 blieb.

[484] https://tr. wikipedia.org/wiki/Urfa_İsyanları.
„Doğu Misyonun'a ait Alman Hastanesi görevlilerinden Bruno ve Franz Eckart kardeşler isyan başladığı zaman fabrikada çalışan Ermeni işçileri silahlandırdı."
„Bir diğer isim olan Jacob Kunzler ise Kalenderian'ın isteği üzerine Alman, Amerikan ve Avusturya Konsolosluklarına haberler iletiyordu".

[485] Erden, Ali Fuad „Birinci Dünya Harbinde Suriye Hâtıraları". Vol. 1. Das Generalkonsulat Jerusalem meldet am 26.06.1916, dass im Hauran ca. 15.000 Armenier siedelten. Erden gehört zu den prominenten türkischen Kritikern bzgl. der Behandlung der Armenier.

[486] Baumgart, Winfried „Das <Kaspi-Unternehmen> Größenwahn Ludendorffs oder Routineplanung des deutschen Generalstabs?"

Lepsius erwähnt ihn in seinem Werk nicht.[487] Auch weicht das Werk von Lepsius an manchen Stellen von Originaltexten ab, wie schon erwähnt.

Mit Bezug auf die Verwicklung von Moltke in eine lokal/regionale bürgerkriegsähnliche Situation mit den Kurden, dargestellt im Kapitel III, und als Antwort zu der These „Events of 1915 are best described as a civil war within a global war"[488], daher kein Genozid, ist aus Sicht des Autors Folgendes anzumerken: Wenn es einen landesweiten Aufstand der Armenier gegeben hätte, der einen allgemeinen Bürgerkrieg ausgelöst hätte, für beides gibt es keine Belege, könnte man ja „guten Gewissens" die zahllosen gewaltsamen Toten beider Seiten kriegerischen Handlungen zuordnen. Hingegen gab es „nur" eine Anzahl blutiger Ausschreitungen beider Seiten, die den Eindruck bürgerkriegsähnlicher Zustände hervorrufen mögen. Sie fanden auch statt vor dem Hintergrund von Autonomiebestrebungen eines Teiles der Armenier und der Mehrfrontenbedrohung der Entente innerhalb eines Weltkrieges, wurden hauptsächlich jedoch befeuert durch die todbringenden Deportationen.[489]

Wolffskeel von Reichenberg hat sich offensichtlich mit diesen übergeordneten Fragen nicht beschäftigt. Er wähnte sich wohl in einem „Bürgerkrieg", hat aus der Situation heraus gehandelt, klar gegen die deutsche Weisung der Nichteinmischung verstoßen und sich auch in der Art des militärischen Vorgehens schuldig gemacht. Die Inhalte der Schreiben an seine Frau sind darüber hinaus überaus befremdlich.

---

[487] Lepsius, Johannes „Deutschland und Armenien 1914–1918".
[488] Behauptung von US Wissenschaftlern, publiziert in The New York Times am 19.05.1985. Sonyel, Salahi „The Great War and the Tragedy of Anatolia".
[489] „Einige Armenier, die in jenen Jahren umkamen, starben infolge des Kampfs gegen ihren türkischen Feind in interkommunalen Kämpfen. Aber viele andere verloren ihr Leben infolge von Deportationen und den Massakern, die diese erzwungene Umsiedlung der armenischen Gesellschaft begleiteten. Das türkische Argument, dass die Verluste auf beiden Seiten unter der Bezeichnung <Bürgerkrieg> zusammengefasst werden sollen, hat zweifelsohne den Zweck, die Aufmerksamkeit von dieser grundsätzlichen Tatsache abzulenken. Die große Zahl bestätigter armenischer Gräueltaten ist in diesem Zusammenhang irrelevant und macht das <Bürgerkriegs-Argument> nicht überzeugender". Lewy, Guenter „Der armenische Fall".

XVII Wegner, von Mücke

Armin Theophil Wegner
(https://de.wikipedia.org/wiki/Armin_T._Wegner)

Ein positives Beispiel gab der Sanitätsunterleutnant[490] Armin Theophil Wegner, sowohl in seinem Verhalten gegenüber den Armeniern im 1. Weltkrieg, wie auch später gegenüber Hitler in Bezug auf die Juden.

Wegner hatte in Jura promoviert. Er wurde bekannt als pazifistischer Schriftsteller und Fotograf, der Verbrechen anprangerte und dafür mehrfach büßen musste.

Er kam als kriegsfreiwilliger ziviler Sanitätshelfer im April 1914 mit

---

[490] Dieser türkische Dienstgrad wurde ihm verliehen Ende 1915 durch Marschall von der Goltz.

einem Rot-Kreuz Kontingent nach Istanbul, wurde nach einem Sanitätseinsatz in Gallipoli im November 1914 dem Stab des Marschalls von der Goltz zugeteilt und begleitete diesen auf seiner Reise nach Mesopotamien zur 6. Armee. Wegner pflegte u.a. von der Goltz bis zu seinem Tod am 19.04.1916[491]. Die anfänglich pro-türkische Haltung von Wegner wich dann zunehmend einer pro-armenischen.

Auf der Hinreise nach Bagdad schildert Wegner seine Erlebnisse von den Zuständen südlich des Taurus in der Region um Aleppo und um den Euphrat:[492]

„Es war so, daß der Feldmarschall von der Goltz zusammen mit türkischen Offizieren in einem Auto auf dem schnellsten Weg durch die Wüste nach Bagdad fuhr, während der übrige Stab viel langsamer dorthin unterwegs war. Dabei kamen wir, wenn wir abends oder nachts unser Lager aufschlugen, oft an den Todeslagern vorbei, in denen die Armenier, hilflos in die Wüste getrieben, ihrem allmählichen Untergang entgegen sahen. Die Türken mieden und leugneten diese Lager. Die Deutschen gingen nicht hin und taten, als wenn sie sie nicht sähen. Sie wollten erstens das Ganze nicht sehen, weil sie mit der Türkei verbündet waren, und zweitens wollten sie den Krankheiten und den Ansteckungen aus dem Weg gehen.

Ich bin aber in diese Lager hineingegangen – immer wieder – und habe Dutzende von Photographien von den Verfolgten aufgenommen, und sie haben mir eine dauerhafte Freundschaft dafür geschenkt, daß ich mich ihrer angenommen habe. Denn ich bin damals auch in einem Urlaub nach Berlin gefahren, ging auf das Auswärtige Amt, wo man alles wußte, aber sagte, daß man nichts tun könne. Ich versuchte, mehrere berühmte Leute aufzusuchen, die mich zum Teil nicht empfingen, als ich ihnen geschrieben hatte, weswegen ich käme. Aber aus all dem ist nichts geworden und ich kehre wieder zurück

---

[491] Wegner pflegte nicht nur von der Goltz. Wegner hatte sich schon seinerseits im Juni 1915 in Gallipoli an Typhus infiziert und daraufhin einen Genesungsurlaub in Istanbul und Deutschland bis Oktober 1915 verbracht. Ende 2015 infiziert sich Wegner erneut in Bagdad in Begleitung des Feldmarschalls, diesmal an Cholera, erhält aber keinen weiteren Genesungsurlaub. Er tritt im Dezember 1916 die Rückreise an nach Deutschland mit Zwischenstationen im September/Oktober am Euphrat und in Aleppo.
[492] Gottschlich, Jürgen „Beihilfe zum Völkermord".

und mußte ohnmächtig diesen furchtbaren Untergang dieses Volkes mitansehen. Sie kamen in Scharen an den Rand der Wüste, und der damalige Bürgermeister von Aleppo, der ein menschlich fühlender Bürgermeister war, telegraphierte an Talaat, an den Minister des Inneren: Es sind hier Scharen von Tausenden von Armeniern angekommen. Was soll mit ihnen geschehen? Und Talaat, der große Feind der Armenier, telegraphierte zurück: "Das Ziel der Verschickung ist das Nichts".

Am 29.12.1915 hatte Talât gerügt, dass man nicht alle Leichen von den Straßen entfernt habe und diese von fremden Offizieren auch noch fotografiert würden. Er sprach bei Androhung der Todesstrafe im August 1915 ein Fotografierverbot aus.[493] Wegner hielt sich nicht daran, hat ca. 100 Fotos selbst gemacht und weitere erworben. Später sagt er, dass wegen der Hitze ein Großteil der Fotos verdorben seien. Die Fotos von Hauptmann Bader im Stab von der Goltz wurden von dem Filmentwickler in Aleppo aufgrund der Weisung von Talât vernichtet. Bader blieb nur noch sein Zorn.[494]

Auf der Rückreise von seinem Einsatz in Mesopotamien entlang des Euphrat 1916 sammelt Wegner weitere Eindrücke[495] auf dem Weg nach Aleppo, wo er bei der Schweizerin Beatrice Rohner der Evangelischen Hilfsmission im Oktober/November 1916 im Waisenhaus für armenische Kinder hilft.[496] Er schreibt Briefe nach Deutschland, an

---

[493] Kreß von Kressenstein widersetzte sich diesem Verbot, indem er Cemal Pascha ein Foto von den zerlumpten bedauernswerten Christen in einem Arbeiterbataillon in Deika in Palästina zukommen ließ. In Wiegand, Gerhard (Hrsg.) „Halbmond im letzten Viertel". In dem Buch wird auch berichtet, dass der deutsche Hauptmann Theodor Wiegand bei Petra im Wadi Musa im Dezember 1916 ca. 270 hungernde Armenier mit zwei Säcken Gerste versorgt hat.
[494] De Nogales, Rafael „Four Years beneath the Crescent".
[495] Seine Tagebuchaufzeichnungen von den Stationen am Euphrat aus 1916 sind authentisch, seine diesbezogenen Veröffentlichungen jedoch verändert. Tamcke stellt fest, dass er am Euphrat „nicht eine einzige helfende Tat" vollbracht habe, sondern erst in Aleppo. Tamcke, Martin „Armin T. Wegner und die Armenier".
[496] Auf Bitte von Kreß von Kressenstein hatte Cemal Pascha genehmigt, dass die Führung des Waisenhauses von türkischen Händen zu Frau Rohner überging. Sie führte das Haus bis zu ihrem Nervenzusammenbruch am 17.03.1917 und verfiel nach Rückkehr in die Schweiz in Apathie. 770 Waisen wurden danach von den Türken verteilt: 70 in den Libanon, 400 nach Anatolien, 300 zu armenischen Verwandten.

das US-Konsulat in Aleppo, sucht es auch auf. Nach Feigel[497] und Tamcke wurde einer seiner Briefe von der deutschen Militärmission abgefangen. Er wurde vorübergehend verhaftet und dann nach Deutschland abgeschoben.

Ende 1916 ist Wegner wieder in Deutschland und stößt dort mit seinen Klagen weiterhin auf taube Ohren. Er wird Mitglied in der "Nachrichtenstelle für den Orient", die am 02.08.1914 von Max von Oppenheim gegründet worden war. Im Januar 1917 wird er erneut eingezogen, diesmal zum VI deutschen Armeekorps. Er verarbeitet seine Erlebnisse literarisch in zahlreichen Vorträgen und Büchern, wobei ihm die literarische, z.T. unkorrekte nicht-wissenschaftliche Vorgehensweise angekreidet wird. Das gilt auch für seinen Lichtbildervortrag am 19.03.1919 in Berlin[498], bei dem die Leugner des Genozids wegen z.T. nicht authentischer Fotos und persönlich gefärbter Nachlässigkeiten die Oberhand gewinnen. Wegner muss erkennen, dass an die Stelle der Zensur im Krieg das Verschweigen und Leugnen getreten ist[499].

Im Februar 1919 schreibt er einen offenen Brief an den US-Präsidenten Wilson, in dem er die Gräuel schildert und ihn bittet, in den derzeit beginnenden Friedensverhandlungen in Sèvres für das armenische Volk einzutreten. Hierbei unterscheidet er nicht zwischen den Armeniern diesseits oder jenseits der Waffenstillstandslinie im Nordosten des Osmanischen Reiches. Wie bekannt bleiben auch die berühmten 14 Punkte Wilsons bei den Friedensverhandlungen 1923 in Lausanne in Bezug auf die Armenier weitgehend wirkungslos.

Wegner heiratet im November 1920 eine jüdische Schriftstellerin. Am 11.04.1933 prangert er in einem Brief an Hitler das Vorgehen gegen die Juden an, Schlimmes erahnend:

„Herr Reichskanzler. Schützen Sie Deutschland, indem Sie die Juden schützen!"

---

[497] Feigel, Uwe „Das evangelische Deutschland und Armenien". Rooney, Martin „Leben und Werk Armin T. Wegners (1886–1978) im Kontext der soziopolitischen und kulturellen Entwicklungen in Deutschland".

[498] Wegner, Armin T. „Die Austreibung des armenischen Volkes in die Wüste" (Hrsg. Andreas Meier).

[499] In der englisch-sprachigen Literatur zumeist als „denial" bezeichnet. Diese Phase dauert z.T. noch an, auch wenn der Trend in Richtung Faktendarstellung geht.

Im Mai 1933 werden seine Werke verbrannt. Im August 1933 gerät er in Schutzhaft, landet nach Folter in verschiedenen Konzentrationslagern und wird im Dezember 1933 freigelassen. Er emigriert, lebt ab 1936 in Italien, heiratet 1947 ein zweites Mal.

Im Zuge seiner Rehabilitation erhält Wegner 1956 in Deutschland das Große Verdienstkreuz, wird 1968 in die jüdische Genkstätte Yad Vashem aufgenommen und in demselben Jahr vom armenischen Katholikos in Etschmiadsin mit einem Orden geehrt. Wegner, eine außergewöhnliche Persönlichkeit!

Ein weiterer Offizier, der mit seinem Verhalten ein Beispiel gab, war der Kapitänleutnant Hellmuth von Mücke. Dieser ist berühmt geworden durch seinen Rückzug mit dem Landungskommando der „Emden" von 49 Mann über die arabische Halbinsel und die Hedschasbahn. Er erreicht Istanbul am 23.05.1915. In Deutschland wird er anschließend gefeiert.

Der andere überlebende Teil der Besatzung der Emden unter seinem Kommandanten Karl von Müller gerät nach einer anderen Odyssee bis September 1918 in britische Gefangenschaft in Malta.[500]

Eine Ehrenabordnung der Emden wird 1938 noch am Begräbnis von Atatürk teilnehmen.[501]

Im Februar 1916 kehrt von Mücke noch einmal in das Osmanische Reich zurück. Er wird Führer der Flussabteilung auf dem Euphrat; diese ist dem Euphratkommandanten Oberst Nuri Bey unterstellt.[502]

Hofer schreibt, gestützt auf eine Aussage von Dirk von Mücke:[503]

„Die türkischen Truppen deportierten die Armenier aus Aleppo und dem Küstenstrich von Alexandrette in die mesopotamische Wüste. Kapitänleutnant von Mücke war Zeuge dieses unbeschreiblichen

---

[500] Während das Kommando von Mücke weitgehend unbeschadet die Rückkehr durch den Hedschas überstand, überlebten die 6 Mann des Kommandos von einem anderen Kapitänleutnant, Erwin von Müller, von dem Flusskanonenboot „Tsingtau" ihre Odysee nicht. Sie wurden im Mai 1915 bei Jeddah von Arabern ermordet. In von Mücke, Hellmuth „Ayesha".
[501] Okyar, Fethi „Üç Devir'de Bir Adam".
[502] De Nogales traf ihn in Cerablus am Euphrat und sagt, dass er selbst eine Unterstellung unter die Türken abgelehnt habe. De Nogales, Rafael „Four Years beneath the Crescent".
[503] Hofer, Andreas „Kapitänleutnant Hellmuth von Mücke". Hrsg. Bedey, Björn.

menschlichen Leidens und versuchte, wo es ging, helfend einzugreifen, um die ärgste Not zu lindern.

Hellmuth von Mücke
(Quelle:
https://www.bundesarchiv.de/oeffentlichkeitsarbeit/bilder_dokumente/00825/index.html.de)

Während dieser tragischen Ereignisse griff Kapitänleutnant von Mücke mehrmals energisch ein. Als er mit seiner kleinen Abteilung Zeuge von Misshandlungen von Armeniern durch türkische Soldaten wurde, verlangte Kapitänleutnant von Mücke diese unverzüglich einzustellen. Ansonsten würde er sich nicht scheuen, das Feuer auf die Türken zu eröffnen. Die Türken stellten die Übergriffe unverzüglich ein. In seinem Abschnitt konnte Kapitänleutnant von Mücke die Armenier weitgehend vor Misshandlungen schützen".

Im März 1917 erhält von Mücke einen neuen Auftrag als Chef der deutschen Donau-Halbflottille. Noch im Krieg wird er zum Korvettenkapitän befördert und muss danach seine militärische Laufbahn beenden.

Im Dritten Reich betätigt er sich politisch, als Autor und Redner, tritt 1929 aus der NSDAP aus, kommt als unbequeme Person 1937 und 1939 vorübergehend in KZ-Haft.

Nach 1945 bleibt er sich treu als Pazifist mit der Nähe zum Kommunismus, wird aber dennoch als „Verfolgter des Nazi Regimes" anerkannt.

XVIII Offiziere nach 1918

Im Unabhängigkeitskrieg des Osmanischen Reiches 1919–1923 gegen die Griechen[504] und die Besatzungsmächte der Entente setzten sich die Auseinandersetzungen mit den Armeniern fort. Sie begannen allerdings diesmal nicht mit umfangreichen Deportationen wie im 1. Weltkrieg, sondern ereigneten sich im Rahmen kriegerischer Handlungen an drei Fronten:

- Im Nordosten wurden die Armenier auf Weisung von Mustafa Kemal Pascha durch Kâzım Karabekir Pascha ab September 1920 erfolgreich zurück gedrängt, was in den Verträgen von Gümrü mit Armenien am 02.12.1920 und dem Folgeabkommen mit Russland am 16.03.1921 endete. Dadrian erwähnt Verlustzahlen der Armenier, vorwiegend auf russischer Seite, von 100.000–200.000.[505]

- Im Süden kämpften türkische Truppen mit Freikorpstruppen erfolgreich gegen die Franzosen, die von armenischen Freiwilligenverbänden erheblich verstärkt worden waren. Nach dem Teilabzug der Franzosen, beginnend ab Februar 1920, kam es am 20.10.1921 zu einem bilateralen Geheimabkommen und der Räumung durch die Franzosen. Armenier folgten ihnen, kehrten nach dem Friedensvertrag von Lausanne z.T. wieder in die Gebiete zurück, um beim Anschluss der Provinz Hatay an die Türkei 1939 erneut das Land zu verlassen.

- Im Westen litten die Armenier in Izmir im September 1922 bei der Rückeroberung der Stadt durch die Türken, ebenso die griechisch-stämmigen Osmanen, die sog. „Rum". Die Ereignisse müssen allerdings im Zusammenhang gesehen werden mit der gewaltsamen und blutigen Besetzung Izmirs durch die Griechen am 15.05.1919, dem Auslöser für den Befreiungskrieg.

---

[504] Einführung in den Krieg unter Lisec, Eckhard „Der Unabhängigkeitskrieg und die Gründung der Türkei 1919–1923 ".
[505] Der amtierende Außenminister Ahmet Muhtar hatte in einem geheimen Telegramm am 08.11.1920 Karabekir angewiesen: „Ermenistanı siyaseten ve maddeten ortadan kaldırmak" (Armenien politisch und physisch auszuradieren) (Übersetzung des Verfassers).

Die Schätzungen über die armenischen Verluste in dem Zeitraum 1919–1923 liegen deutlich über 100.000 Personen[506]. Flucht, Vertreibung und Emigration kamen hinzu. Hierbei gilt es aber festzuhalten, dass, mit Ausnahme der Situation in Izmir 1922, ein Teil dieser Opfer als Soldaten offen oder verdeckt gegen das Osmanische Reich gekämpft haben, also im Krieg oder Bürgerkrieg gefallen sind.

Deutsche Soldaten waren bei diesen Handlungen nicht beteiligt, da Mustafa Kemal (Atatürk) den Befreiungskampf ohne die Deutschen führen wollte. Eine Ausnahme machte der deutsche Söldner Hauptmann Hans Tröbst, der seine Erlebnisse in einem Buch niedergelegt hat[507]. Ihm gelang es, im März 1921 unter Pseudonym in osmanische Dienste einzutreten und bis Juli 1923 zu dienen. Er bekam kein militärisches Kommando, sondern beriet im Befehlsbereich von Ismet Pascha beim pioniertechnischen Stellungsbau; später war er im Eisenbahnbetrieb eingesetzt.

Ein weiterer Meilenstein im militärischen deutsch-türkischen Verhältnis war dann im Jahre 1924 die Wiederaufnahme der diplomatischen Beziehungen zwischen der Weimarer Republik und der Türkei sowie der damit verbundene Freundschaftsvertrag. Rudolf Nadolny[508] wurde deutscher Botschafter von 1924–1933. Deutsche Offiziere traten wieder als Ausbilder und Instrukteure in türkische Dienste ein, nachdem sie schon zuvor unter Verletzung des Versailler Vertrages verdeckt tätig gewesen waren. Bezeichnenderweise hat Atatürk danach als türkischen Botschafter den deutschfreundlichen General Kemaleddin Sami Pascha[509] entsandt.

Deutsche Militärattachés wurden offiziell erst wieder ab 1933 entsandt.[510] Seit 11.12.1924 jedoch hat der Diplomat M. Holstein[511]

---

[506] Dadrian beziffert die armenischen Opfer im Transkaukasus allein auf 60.000. In: „The History of the Armenian Genocide".
[507] Tröbst, Hans „Soldatenblut – Vom Baltikum zu Kemal Pascha".
[508] Nadolny, Rudolf „Mein Beitrag".
[509] Mangold, Sabine „Von der Funktion einer Freundschaft – Die Aufnahme der diplomatischen Beziehungen zwischen Deutschland und der Türkischen Republik 1924" in http://www.europa.clio-online.de/site/lang-de/ItemID_499/mid_von der Funktion einer Freundschaft.
[510] Kehrig, Manfred „Die Wiedereinführung des deutschen militärischen Attachédienstes nach dem Ersten Weltkrieg".

bereits diese Funktion in Ankara mit offizieller Ankündigung gegenüber dem türkischen Außenministerium wahrgenommen, um wieder Zugang zum türkischen Generalstab zu erlangen. Mit Versetzung von Oberstleutnant Hans Rohde, dem späteren General, als Militärattaché um 01.04.1936 wurde die Stelle wieder traditionell besetzt; er blieb bis 02.08.1944. Rohde hatte schon ab 1910 im Osmanischen Reich als Infanterieausbilder, danach im Balkankrieg auf Gallipoli und im 1. Weltkrieg in der Heeresgruppe "F" gedient.[512]

---

[511] Wahrscheinlich identisch mit dem o.a. erfahrenen Walter Holstein, der im Krieg noch Vizekonsul und Reserveoffizier in Mossul gewesen war, ab 1921 die deutschen Interessen in der Schwedischen Botschaft wahrnahm und dann ab 1924 als Gesandtschaftsrat für die deutsche Gesandtschaft, Vorläufer der Deutschen Botschaft.
[512] Wolf, Klaus „Gallipoli 1915".

XIX Persönliche Erlebnisse des Autors nach 2002

Im Jahre 2003 plante ich als Abteilungsleiter in der NATO-Dienststelle in Istanbul, sozusagen als abschließenden Höhepunkt meiner Gesamtdienstzeit, eine Bergtour auf den "Ararat" in 2004 für eine große, überwiegend militärische, Gruppe aus vier Nationen. Beim schriftlichen Antrag an den türkischen Generalstab in Ankara auf Genehmigung (in Englisch) benutzte ich den Namen "Ararat", was mir sofort Belehrungen von zwei hohen türkischen Offizieren einbrachte. Ich dürfe den Begriff nicht benutzen, schließlich heiße der Hauptgipfel „Büyük Ağrı Dağı", was „Hoher schmerzhafter Berg" bedeutet. Einwände wie, dass doch schon in der aramäischen Bibel der Berg „rrt" heiße[513], noch ohne Vokale, und auch im türkischsprachigen Koran einen anderen Namen habe, nämlich Cudi Dağı[514], halfen nichts. Da ich mein Projekt nicht gefährden wollte, lenkte ich natürlich ein. Mein Antrag wurde von einem türkischen Kameraden ins Türkische übertragen und befürwortend weitergeleitet.

Im Ergebnis wurde die Erlaubnis zur Besteigung – militärisch äußerst knapp mit vier Zeilen eines Fernschreibens – vom Türkischen Generalstab erteilt und in dessen Weisung zgl. auch noch großzügige infrastrukturelle, personelle und materielle Unterstützung zugesagt, die ich so nicht erträumt hatte.

Während der Anreise in 2004 besuchte unsere Gruppe die Insel Akdamar im Van See, s. Titelseite. Damals war die Kirche noch nicht restauriert und hatte kein Kreuz. Ich wusste schon Einiges über die Geschichte der Ausschreitungen gegen die Armenier im 1. Weltkrieg und die allgemeine damalige Stimmungslage in der Türkei. Ich fragte meinen akademisch gebildeten deutschsprachigen türkischen Reiseführer, warum denn die Kirche und umliegende Gebäude nicht restauriert würden und damit eine touristische Einnahmequelle besser erschlossen würde. Seine Antwort war, dass der Staat kein Geld habe. Mein Gegeneinwand war, dass man doch nur reiche Armenier in aller

---

[513] Vielleicht ist hieraus der Begriff „Ararat" hervorgegangen. Der Streit der beiden Staaten Armenien und Türkei hat eben viele Facetten, auch sprachliche.
[514] Koran 11, 44. Wenn auch verschiedene Orte für den Berg bzw. die Berge angegeben werden.

Welt einschalten müsse, dann wäre die Sache schnell erledigt. Das Gespräch kam zum Erliegen. Mittlerweile ist es geschehen, das Gebäude jedoch, da Museum, für einen Gottesdienst nur ausnahmsweise nutzbar.

BÜYÜK AĞRI DAĞI - ARARAT 5136 m

Rüyamiz - Unser Traum

(Quelle: Bild im Besitz Autor)

2006 war ich wieder mit gleichem Ziel und wieder einer großen Gruppe mit vier Nationen unterwegs, die mein engster ehemaliger militärischer soldatischer Mitarbeiter, Stabsfeldwebel Markus Zaum, mittlerweile in den Attachéstab nach Ankara versetzt, auf die Beine gestellt hatte. Als Sprachtalent sprach er nach weiteren Sprachkursen mittlerweile nahezu fließend Türkisch. Mein erster „Angriff auf den Berg" war nämlich im Hochlager im Schüttelfrost liegen geblieben; der Versuch musste also wiederholt werden.

Diesmal führte die Anfahrt im Norden über Ani, die armenische Ruinenstätte aus dem 11. Jhdt. Wir hatten wieder denselben Führer. Als ich mit ihm über die Schlucht auf die armenische Seite schaute, sagte ich, dass man ja fast einen Stein nach Armenien werfen könne. Er schaute mich staunend an und erklärte mir, dass auf der anderen Seite doch Russland sei. Ich antwortete, dass dort zwar russische Truppen sein mögen, es sich aber doch um Armenien handele. Da fiel mir ein, dass die Sache zwischen beiden Staaten ja noch strittig sei, Armenien immer noch im Staatswappen den Ararat abbildet u.s.w.

Auch hier kamen wir auf keinen Nenner. Interessant allerdings, dass auch diese armenische Stätte nunmehr auch restauriert wird.

Ein anderes Erlebnis ereignete sich im Alten Silberbasar innerhalb des Großen Basars in Istanbul. Ich war auf der Suche nach einem Silberservice und geriet dabei in ein Geschäft mit einem überaus freundlichen älteren armenischen Ladenbesitzer. Ich erklärte mein Anliegen auf Türkisch, wechselte aber bald ins Französische, das ich besser beherrsche; er sprach wiederum kein Englisch. Wir plauderten, während mir die Angestellten verschiedene Stücke zeigten und ein Tee nach dem anderen servierten. Unser Gespräch wurde immer vertrauter, bis er mir, sichtlich bewegt und stolz, sein Gesellenstück erklärte, was er unter dem großen Schreibtisch hervor holte. Auf meine Fragen, wie denn so die Lage der Armenier in der Stadt sein, reagierte er sehr wortkarg. Er erwähnte, dass früher der Alte Silberbasar in armenischer Hand gewesen sei, er der letzte Armenier hier sei und er den Laden – wohl aus Altersgründen – auch bald aufgeben müsse.

Ich ließ mir ein Service zurück legen, kam mit meiner Frau Sabine wieder; es gefiel ihr und wir kauften es.

Nach 2005, meinem Jahr der Pensionierung, führte ich mehrfach deutsche Reisegruppen durch Istanbul und suchte auch einmal wieder den Silberladen auf, um noch Milch- und Sahnekännchen zu kaufen. Der alte Herr war noch da, nur blieb kaum Zeit zum Plaudern.

Irgendwann war ich wieder mit einer deutschen Reisegruppe vor Ort, wollte ihr den armenischen Laden zeigen, stand aber plötzlich vor einer Türkin am Eingang: Offensichtlich die Ladenbesitzerin oder doch wichtigste Angestellte. Der Schreibtisch war weg. Ich fragte, ob der armenische Ladenbesitzer zu sprechen sei. Sie hat mein Türkisch sicherlich verstanden, schaute mich an und sagte, hier gäbe es keinen. Auf meine Frage, ob sie etwas von ihm wüsste, da er doch noch im letzten Jahr hier gewesen sei, erhielt ich erneut eine negative Antwort.

Mich berührte schließlich mehr, dass der alte Herr keine Spuren hinterlassen hat, als dass er offensichtlich in den Ruhestand übergewechselt hatte. Mit einem „Allahaısmarladık" verließ ich etwas traurig den Laden.

Baş nereye giderse – ayakta gider.
(Wo immer auch der Kopf hingeht - die Füße folgen)

(Quelle: Foto im Besitz Autor)

Später gab es zwei weitere Ereignisse, die ich im Topkapıpalast erlebt habe. Bei einer Führung in 2009, ein Jahr bevor Istanbul Europäische Kulturhauptstadt wurde, vermisste ich im ersten Hof auf der linken Seite vor dem 2. Tor die Stein-Stelen, die dort immer gestanden hatten. Auf der rechten Seite an der Wand hinter dem Kiosk muss der Henkerbrunnen gewesen sein. Ich fragte einen älteren deutschsprachigen türkischen Führer, wo denn diese halbhohen Säulen geblieben seien. Er wusste angeblich von nichts. Als ich sagte, dass ich die

„İbret Taşları"[515] meinte, auf denen doch die abgeschlagenen beschrifteten Köpfe gelegt worden seien, errötete der Führer und wandte sich ab.

Kurz danach bemerkte ich eine Veränderung im 2. Hof in der Nische vor dem Divangebäude. Hier stand immer eine zerfallene Säule, offensichtlich byzantinischer Herkunft. Sie war ersetzt worden durch eine neuwertige osmanische Zielsäule[516], auf die man früher mit Pfeil und Bogen geschossen hat. Der doppelte Sockel ließ noch erkennen, dass früher dort die andere Säule gestanden hatte. Diesmal fragte ich einen jüngeren türkischen Führer, wieso man die Säule ersetzt habe. Er wußte angeblich nichts von der Säule zuvor.

Ich habe mich schön öfters gefragt, warum das so sympathische türkische Volk mitunter Schatten der Vergangenheit oder mitunter auch fremde Kulturelemente verdrängt. Ein Teil der Antwort liegt sicherlich begründet in der Demütigung diesen stolzen Volkes schon im 19. Jhdt. und im Vertragsentwurf von Sèvres 1920, was die Türken offensichtlich noch härter getroffen hat als uns Deutsche der Vertrag von Versailles. Aber wir bekennen uns zu den eingangs erwähnten drei Völkermorden im 20. Jhdt.. Auch ich bekenne mich zu einer deutschen Mitschuld an der Tragödie der Armenier.

Über ein türkisches Sprichwort muss ich noch lange nachdenken, weil ich hoffe, dass es zwar ein häufiges menschliches Verhalten beschreibt, aber hoffentlich zukünftig immer weniger zutreffen wird:

„Kabahat samur kürk olsa, kimse üstüne almaz".

(Selbst wenn die Schuld ein Zobelpelz wäre, möchte ihn niemand tragen).

---

[515] „Beispielsteine", die also eine „Lehre" sein sollen; auch „Seng-i ibretler" genannt. Hier wurden die Köpfe hochgestellter Personen deponiert; die der weniger wichtigen in den Nischen vor dem 1. Tor. Vor 1889, dem 1. Besuch von Kaiser Wilhelm II, wurde auch der Richtblock im 1. Hof entfernt.
[516] „Nişantaşı", auch Name eines Istanbuler Stadtteils.

XX Literatur

Afflerbach, Holger, Falkenhayn, München 1994.

Akçam, Taner, A shameful Act, London 1999.

Akçam, Taner, From Empire to Republic, London 2004.

Akçam, Taner, The Young Turks' Crime against Humanity, Princeton 2012.

Akçam, Taner, The Ottoman Documents and the Genocidal Policies of the Committee for Union and Progress towards the Armenians in 1915. In: An International Journal 1 (2006).

Alamuddin, Ida, Papa Kuenzler and the Armenians, London 1970.

Andonian, Aram, Documents officiels concernant les massacres Arméniens, Paris 1920.

Atkinson, Tacy, The German, the Turk and the Devil made a Triple Alliance, Princeton 2000.

Aya, Şükrü Server, The Genocide of Truth continues, Istanbul 2010.

Balakian, Grigoris, Armenian Golgotha, New York 2010.

Balakian, Peter, The burning Tigris, London 2005.

Banse, Ewald, Die Türkei, Berlin 1916.

Bardakçı, Murat, Talât Paşa'nın Evrak-ı Metrûkesi, Istanbul 2009 (Die hinterlassenen Dokumente von Talât Paşa)

Barton, James, Turkish Atrocities, Ann Arbor 1998.

Barton, James, Story of Near East Relief, New York 1930.

Başbakanlık Devlet Arşivleri Müdürlüğü, Osmanlı Belgelerinde Ermeniler (1915–1920), Ankara 1994.

Baumgart, Winfried, Das „Kaspi Unternehmen" (Artikel im INTERNET: ubm.opus.hbz-nrw.de).

Bayur, Yusuf Hikmet, Türk İnkilâbı Tarihi, Cilt III, Kısım 3 (1915–1917), Ankara 1957.

Bayur, Yusuf Hikmet, Armenians, Ankara 2010.

Bayur, Yusuf Hikmet, Türk İnkılabı Tarihi, Cilt III, Ankara 1967.

Becker, Helmut, Äskulap zwischen Reichsadler und Halbmond, Herzogenrath 1990.

Bernstorff, Johann Heinrich, Memoirs of Count Bernstorff, New York 1936.

Beylerian, Arthu, Les Grandes Puissances L'Empire Ottoman et les Arméniens dans les Archives Françaises (1914–1918), Paris 1983.

Bihl, Wolfdieter, Die Kaukasuspolitik der Mittelmächte, Band I (Wien 1975), Band II (Wien 1992).

Bilgi, Nejdet, Dr. Mehmed Reşid Şahingiray'ın Hayatı ve Hâtıraları, Izmir 1997.

Bismarck, Otto, v., Gedanken und Erinnerungen, Köln 2015.

Bolayır, Enver, Talât Paşa'nın Hâtıraları, Istanbul 1958.

Bresnitz, Sydacoff v., Abdul Hamid und die Christenverfolgungen in der Türkei, Berlin 1896.

Bloxham, Donald, The great Game of Genocide, Oxford 2005.

Bryce, Viscount, Bryce Report into German Atrocities in Belgium,(www.fistworldwar.com/source/Brycereport.htm)

Bryce, Viscount, The Treatment of the Armenians in the Ottoman Empire 1915–1916 (Blue Book), London 1916.

Burtt, Joseph, The People of Ararat, London 1926.

Carzou, Jean Marie, Un Génocide Exemplaire, Paris 1975.

Cebeci, Mehmet, Die deutsch-türkischen Beziehungen in der Epoche Abdülhamids II (1876–1908), Marburg 2010.

Cemal, Pascha, Erinnerungen eines türkischen Staatsmannes, München 1922.

Cemal, Hasan, 1915 le génocide arménien, Paris 2015.

Christoffel, Ernst, Zwischen Saat und Ernte, Allendorf 2003.

Courtois, Sebastien de, The forgotten Genocide, Piscataway 2004.

Çavdar, Tevfik ,Talât Paşa, Ankara 1984.

Dadrian, Vahakn, German Responsibility in the Armenian Genocide, Watertown 1997.

Dadrian, Vahakn, The history of the Armenian Genocide, Oxford 1995.

Dadrian, Vahakn, Warrant for Genocide, New Brunswick 2007.

D'Armagnac, Baron, Nezib et Beyrout, Beirut 1985.

Davidson, Khoren, Odyssee of an Armenian of Zeitoun, New York 1985.

Demirhan, Pertev, Generalfeldmarschall Colmar Freiherr von der Goltz, Göttingen 1960.

Demm, Eberhard, Deutsche Offiziere im Osmanischen Reich, o.O. 2005.

Dinkel, Christoph, German Officers and the Armenian Genocide. In: Armenian Review 44 (1991), Nr. 1/173, S.77 ff.

EADS, Askeri Havacılıkta 100 Yıllık Türk/Alman İşbirliği (100 Jahre Deutsch Türkische Zusammenarbeit in der Militärischen Luftfahrt), Ankara 2011.

Eckart, Bruno, Meine Erlebnisse in Urfa, Potsdam 1922.

Ehrhorn, Irmgard, Kaukasien, Berlin 1942.

Eichholtz, Dietrich, Die Bagdadbahn, Mesopotamien und die Deutsche Ölpolitik bis 1918, Leipzig 2007.

Endres, Franz Carl, Der Weltkrieg der Türkei, Berlin 1921.

Endres, Franz, Die Türkei, München 1918.

Endres, Franz Carl, Die Ruine des Orients, München 1919.

Erden, Ali Fuad, Birinci Dünya Harbinde – Suriye Hâtıraları (Vol. 1), Istanbul 1954.

Essad Bey, Öl und Blut im Orient, Berlin 1930.

Fa'iz El-Ghusein, Martyred Armenia, New York 1918.

Falkenhayn, Erich von, Die Oberste Heeresleitung 1914-1916, Berlin 1920.

Feigel, Uwe, Das evangelische Deutschland und Armenien, Göttingen 1988.

Feigl, Erich, Ein Mythos des Terrors, Freilassing 1986.

Feigl, Erich, Un Mythe de la Terreur, Salzburg 1991.

Feldmann, Otto v., Türkei, Weimar, Hitler, herausgegeben von Peter von Feldmann, Borsdorf 2013.

Fleischhauer, Eva, Ingeborg, Der deutsche Anteil am osmanischen Völkermord 1915–1916, Borsdorf 2015.

Forsythe, David P., Encyclopedia of Human Rights, Vol. 1, Oxford 2009.

Franzke, Jürgen, (Herausgeber), Bagdad- und Hedjazbahn, Nürnberg 2003.

Frey, Waldemar und Krause, Friedrich, Kut el Amara, Berlin 1932.

Fuhrmann, Malte, Der Traum vom deutschen Orient, Frankfurt 2006.

Geiss, Imanuel, German Foreign Policy 1871–1914, London 2004.

Georgeon, François, Dictionnaire de L'Empire Ottoman, Fayard 2015.

Gerlach, Hellmut v., Die grosse Zeit der Lüge, Bremen 1994.

Gibbons, Herbert, The blackest Page of modern History, New York 1916.

Giesl, Wladimir, Zwei Jahrzehnte im Nahen Osten, Berlin 1927.

Gingeras, Fall of the Sultanate, Oxford 2016.

Gingeras, Ryan, Sorrowful Shores, Oxford 2000.

Gleich, Gerold v., Vom Balkan nach Bagdad, Berlin 1921.

Goltz, Colmar v., Denkwürdigkeiten, Berlin 1929.

Goltz, Freiherr v., Meine Entsendung nach Baku. In: Jahrbuch der Asienkämpfer, Band 3, 1923.

Gottlieb, Wolfram, Studies in secret Diplomacy during the First World War, London 1957.

Gottschlich, Jürgen, Beihilfe zum Völkermord, Berlin 2015.

Grothe, Hugo, Die Türken und ihre Gegner, FFM 1915.

Grothe, Hugo, Auf türkischer Erde, Berlin 1903.

Grothe, Hugo, Die asiatische Türkei und die deutschen Interessen, Halle 1913.

Gürün, Kâmuran, Ermeni Dosyası, Ankara 1985.

Guhr, Hans, Als türkischer Divisionskommandeur in Kleinasien und Palästina. Erlebnisse eines Deutschen Stabsoffiziers während des Welt-Krieges, Berlin 1937.

Gunter, Michael, Armenian History and the Question of Genocide, New York 2011.

Guse, Felix, Die Kaukasusfront im Weltkrieg bis zum Frieden von Brest, Leipzig 1940.

Guse, Felix, Die Türkei, Leipzig 1973.

Guse, Felix, Der Armenieraufstand 1915 und seine Folgen. In: Wissen und Wehr, 1925, Heft 10, S. 609–621.

Gust, Wolfgang, Der Völkermord an den Armeniern, München 1993.

Gust, Wolfgang, Der Völkermord an den Armeniern 1915/16, Dokumente, AA, Berlin.

Gust, Wolfgang, www.armenocide.net – Dokumente – Hrsg.

Ehepaar Gust bzw. http://www.armenocide.de/armenocide/armgende.nsf/71a2db7f07969.

Hacobian, A.P. , Armenia and the War, London 1917.

Halacoğlu, Yusuf, Die Armenierfrage, Klagenfurt 2006.

Hedin, Sven, Bagdad –Babylon – Ninive, Leipzig 1917.

Helfferich, Karl, Die deutsche Türkenpolitik, Berlin 1921.

Hesemann, Michael, Völkermord an den Armeniern, München 2015.

Hildebrand/Röhr/Steinmetz, Die deutschen Kriegsschiffe, Ratingen 1990.

Hirschfeld, Gerhard, Enzyklopädie Erster Weltkrieg, Paderborn 2003.

His, Wilhelm, Die Front der Ärzte, Leipzig 1931.

Höss, Anette, Die türkischen Kriegsgerichtsverhandlungen, 1919–1921, Wien 1991.

Hofer, Andreas, Kapitänleutnant von Mücke, Marburg 2003.

Hofmann, Tessa, Das Verbrechen des Schweigens, Göttingen 1985.

Hofmann, Tessa, Verfolgung, Vertreibung und Vernichtung der Christen im Osmanischen Reich 1912–1922, Münster 2004.

Hohlfeld, Johannes, Das Zeitalter Wilhelms II 1890–1918, Band II, Dokumente, Berlin 1951.

Hosfeld, Rolf, Tod in der Wüste, München 2015.

Hovannisian, Richard, Remembrance and Denial, Detroit 1999.

Hovannisian, Richard, Armenia on the Road to Independance 1918, Berkeley 1969.

Hosfeld, Rolf, Operation Nemesis, Köln 2005.

Ihrig, Stefan, Justifying Genocide, Cambridge 2016.

Inönü, Ismet, Hatıralar (Erinnerungen), Istanbul 1985.

Institut für Armenische Fragen, The Armenian Genocide, Vol. 1, München 1987 und Vol. 2, München1988.

Izzet Pascha, Denkwürdigkeiten des Marschalls Izzet Pascha, Leipzig 1927.
Jäckh, Ernst, Der aufsteigende Halbmond, Stuttgart 1915.
Jäckh, Ernst, Deutschland im Orient nach dem Balkankrieg, München 1913.
Jäschke, Gotthard, Zum Eintritt der Türkei in den Weltkrieg, Leiden 1979.
Jeppe, Karin, Aus dem Flüchtlingsheim in Aleppo, Potsdam 1926.
Jordan, Karl, Der ägyptisch-türkische Krieg, Freiburg/Schweiz 1923.
Kaiser, Hilmar, The Extermination of Armenians in the Diarbekir Region, Istanbul 2014.
Kaiser, Hilmar, Eberhard Count Wolffkeel von Reichenberg, Zeitoun, Mousa Dagh, Ourfa, Princeton 2004.
Kaiser, Hilmar, At the Crossroads of der Zor, Princeton 2002.
Kampen, Wilhelm v., Studien zur deutschen Türkeipolitik in der Zeit Wilhelms II, Kiel 1968.
Kannengießer, Hans, Gallipoli, Wolfenbüttel 2012.
Karabekir, Kâzım, Türkiye'de ve Türk Ordusunda Almanlar, Istanbul 2001.
Kazemzadeh, Firuz, The Struggle for Transcaucasia 1917–1921, London 2008.
Kdo 4. Armee, La vérité sur la question Syrienne, Stamboul 1916.
Kehrig, Manfred, Die Wiedereinrichtung des deutschen militärischen Attachédienstes nach dem Ersten Weltkrieg 1919–1933, Boppard 1966.
Kevorkian, Raymond, The Armenian Genocide, London 2011.
Kevorkian, Raymond, Les Arméniens dans l'Empire Otoman à la veille du génocide, Paris 1998.
Kevorkian, Raymond, Arménie : 3000 ans d'histoire, Marseille 1988.
Kevorkian, Raymond, Axes de Déportation et Camps de Concentration de Syrie et de Mésopotame, Paris 1998.
Kevorkian, Raymond, L'extermination des Déportées Arméniens Ottomans dans les Camps de Concentration de Syrie-Mésopotamie, Paris 1998.

Kiera, Joseph, Ins Land des Euphrat und Tigris, Breslau 1935.

Kiernan, Ben, Erde und Blut, München 2007.

Kieser, Hans Lukas, Der Völkermord an den Armeniern und die Shoah, Zürich 2006.

Kieser, Hans Lukas, Die Armenische Frage und die Schweiz 1896–1923, Zürich 1999.

Kiesling, Hans v., Orientfahrten zwischen Ägäis und Zagros, Leipzig 1921.

Kiesling, Hans v., Mit Feldmarschall von der Goltz in Mesopotamien und Persien, Leipzig 1922.

Kirakossian, John, The Armenian Genocide, Madison 1992

Knapp, Grace, The Tragedy of Bitlis, London 2002.

Kocahanoğlu, Osman, Rauf Orbay'ın Hatıraları 1914–1945. In: Temel Yayınları ISBN 975-410-086-1.

Kocahanoğlu, Osman, Sadrazam Talât Paşa, Hatıları ve Mektuplarıyla, Istanbul 2008.

Körte, Alfred, Anatolische Skizzen, Berlin 1896.

Korn, Wolfgang, Schienen für den Sultan, Köln 2009.

Kreiser, Klaus, Der Osmanische Staat 1300–1922, München 2001.

Kreiser, Klaus, Kleine Geschichte der Türkei, Stuttgart 2004.

Kreiser, Klaus, Atatürk, München 2008.

Kressenstein, Kreß v. Friedrich, Meine Mission im Kaukasus, Tbilissi 2001.

Kressenstein, Kreß v. Friedrich, Mit den Türken zum Suezkanal, Berlin 1938.

Krethlow, Carl Alexander, Colmar Freiherr von der Goltz und der Genozid an den Armeniern 1915–1916, (2006)

Krikorian, Mesrob, Armeniens in the Service of the Otoman Empire 1860–1908, London 1978.

Krischtschian, Melko, Deutschland und die Ausrottung der Armenier in der Türkei, Potsdam 1930.

Künzler, Jacob, Im Lande des Blutes und der Tränen, Potsdam 1921.

Kursell, Otto v., Erinnerungen an Dr. Max von Scheubner Richter, München 1966.

Lapide, Pinchas E., Rom und die Juden, Freiburg 1967.
Larcher, Maurice, La guerre turque dans la guerre mondiale, Paris 1926.
Lawrence, Thomas (von Arabien), Die sieben Säulen der Weisheit, Leipzig 1936.
Leverkuehn, Paul, A German Officer during the Armenian Genocide, London 2008.
Lepsius, Johannes, Der Todesgang des armenischen Volkes, Potsdam 1919.
Lepsius, Johannes, Deutschland und Armenien 1914–1918, Potsdam 1919.
Lewy, Guenter, Der armenische Fall, Klagenfurt 2009.
Lisec, Eckhard, Der Unabhängigkeitskrieg und die Gründung der Türkei 1919–1923, Berlin 2016.
Litten, Wilhelm, Persische Flitterwochen, Berlin 1925.
Lodemann, Jürgen, Pohl, Manfred, Die Bagdadbahn, Mainz 1988.
Lorey, Hermann, Der Krieg in den türkischen Gewässern Berlin 1938, Band 1.
Loti, Pierre, Les Massacres d'Arménie, Paris 1918.
Lowry, Heath W., Die Hintergrundsgeschichte zu Botschafter Morgenthaus Memoiren, Istanbul 1991.
Mandelstam, Andrej, Das armenische Problem im Lichte des Völker- und Menschenrechts, Berlin 1931.
Marquart, Joseph, Die Entstehung und Wiederherstellung der armenischen Nation, Berlin 1920.
Marashlian, Levon, Politics and Demography, Cambridge/MA, 1991.
May, Karl, Auf fremden Pfaden, 1952.
May, Karl, Im Reich des silbernen Löwen, 1957
McCarthy, Justin, Turks and the Armenians, Madison 2015.
Meier - Welcker, Hans, Seeckt, Frankfurt /Main 1967.
Meißner, Axel, Martin Rades „Christliche Welt" und Armenien, Berlin 2010.
Meyer, Enno, Berkian, Ara, Zwischen Rhein und Arax, Oldenburg 1988.

Mogk, Walter, Paul Rohrbach und das „Größere Deutschland", München 1972.
Mohr, Anton, Der Kampf um Türkisch – Asien – Die Bagdadbahn, Meißen 1919.
Moukbil Bey, La campagne de l'Irak 1914–1918, Paris 1933.
Mirbach, Ernst, Freiherr von, Reise des Kaisers und der Kaiserin nach Palästina, Berlin 1899.
Möckelmann, Reiner, Franz von Papen – Hitlers ewiger Vasall Darmstadt 2016.
Moltke, Helmuth v., Über Zustände und Begebenheiten in der Türkei 1835–1839, Heidelberg 2000.
Morgenthau, Henry, The Tragedy of Armenia, London 1918.
Morgenthau, Henry, Ambassor Morgenthau's Story, N.Y 1918.
Mücke, Hellmuth v., Ayesha, Berlin 1927.
Müller, Edgar, Die wirtschaftliche Bedeutung der Bagdadbahn, Zürich 1919.
Mustafa Kemal Paşa; Nutuk/Rede 1927 : „Der Weg zur Freiheit" und „Die nationale Revolution" 1919–1927, Leipzig 2003.
Mühlmann, Carl; Das deutsch-türkische Waffenbündnis im Weltkriege, Leipzig 1940.
Mühlmann, Carl; Der Kampf um die Dardanellen 1915, Berlin 1927.
Mühsam, Kurt, Wie wir belogen wurden, München 1918.
Nadolny, Rudolf, Mein Beitrag, Köln 1985.
Naim Bey, The Memoirs of Naim Bey, London 1920.
Naumann, Friedrich, Asia, Berlin 1909.
Niepage, Martin, Eindrücke eines deutschen Oberlehrers aus der Türkei, Potsdam 1919.
Nansen, Fridtjof, Betrogenes Volk, Leipzig 1928.
Naso, Eckart v., Moltke, Berlin 1937.
Nogales, Rafael de, Vier Jahre unter dem Halbmond, Berlin 1925.
Four Years beneath the Crescent (NY 1926)
Nolde, Eduard, Reise nach Innerarabien, Kurdistan und Armenien 1892; Nachdruck, Hildesheim 2004.

Neulen, Hans Werner, Feldgrau in Jerusalem, München 2002.
Özdemir, Hikmet, Cemal Paşa ve Ermeni Göçmenler, Istanbul 2009.
Özgönül, Cem, Der Mythos eines Völkermordes, Köln 2006.
Ohandjanian, Artem, Der verschwiegene Völkermord, Wien 1989.
Ohandjanian, Artem, Armenien 1915, Wien 2007.
Okyar, Fethi, Üç devirde bir adam, Istanbul 1980.
Orbay, Rauf, Cehennem Değirmeni, Istanbul 2004.
Papen, Franz von, Der Wahrheit eine Gasse, München 1952.
Paret, Rudi, Der Koran, Stuttgart 2010.
Pinon, René, La Supression des Arméniens, Méthode Allemande – Travail Turc, Microfiche, Paris 1916.
Poenicke, Herbert, Die Hedschas- und Bagdadbahn, Düsseldorf 1958.
Pomiankowski, Joseph, Der Zusammenbruch des Osmanischen Reiches, Graz 1969.
Pröhl, Karl, Die Bedeutung preußischer Politik in den Phasen der orientalischen Frage, Frankfurt/Main 1986.
Rabenau, Friedrich, Seeckt, Leipzig 1941.
Raschd, el Harun, (Hintersatz, Wilhelm), Marschall Liman von Sanders Pascha und sein Werk, Berlin 1932.
Rodenwaldt, Ernst; Ein Tropenarzt erzählt sein Leben, Stuttgart 1957.
Rohrbach, Paul, In Turan und Armenien auf den Pfaden russischer Weltpolitik, Berlin 1898.
Rohrbach, Paul, Im Vorderen Asien, Berlin 1901.
Rohrbach, Paul, Der Tag des Untermenschen, Berlin 1929.
Rohrbach, Paul, Die Bagdadbahn, Berlin 1911.
Rooney, Martin, Leben und Werk Armin T. Wegners (1886–1978) im Kontext der sozio-politischen und kulturellen Entwicklungen in Deutschland, FFM 1984.
Roth, Carl, Armenien und Deutschland, Leipzig 1915.
Sâbis, Ali İhsan, Birinci Dünya Harbi, Istanbul 1991.
Sanders, Liman v.,Fünf Jahre Türkei, Berlin 1920.

Sanjian, Avedis, The Armenian Communities in Syria under Ottoman Dominion, Cambridge/Mass. 1965.

Sarafian, Ara, United States Official Documents on the Armenian Genocide, Vol. I, The Lower Euphrates, Watertown 1993, Vol. II, The Peripheries, Watertown 1994, Vol. III, The Central Lands, Watertown 1995.

Sauer, Wilhelm, Admiral Souchon auf großer Fahrt, Reutlingen 1940.

Saupp, Norbert, Das Deutsche Reich und die armenische Frage 1878–1914, Köln 1990.

Schäfer, Carl Anton, Deutsch-Türkische Freundschaft, in Politische Flugschriften, Heft 13, Hrsg. Ernst Jäckh, Stuttgart 1914.

Scherer, Friedrich, Adler und Halbmond, Paderborn 2001.

Schmitterlöw, Bernhard von, Aus dem Leben des Generalfeldmarschalls Freiherr von der Goltz Pascha, Berlin 1926.

Schraudenbach, Ludwig, Muharebe, Berlin 1925.

Serman, Emil, Mit den Türken an der Front, Berlin 1915.

Serno, Erich, Ausbau, Organisation und Tätigkeit der Türkischen Luftstreitkräfte im 1. Weltkrieg, Deutsches Bundesarchiv/Militärarchiv Msg 1/231.

Shaw, Stanford J., The Ottoman Empire in World War I, Vol. 2 Ankara 2008.

Sick, Ingeborg Maria, Karen Jeppe, Stuttgart 1930.

Sommer, Erich Franz, Botschafter Graf Schulenburg, Asendorf 1989.

Sommer, Ernst, Die Wahrheit über die Leiden des armenischen Volkes in der Türkei während des Weltkrieges, Frankfurt/Main 1918.

Sonyel, Salahi, R., Falsification and Disinformation, Ankara 2000.

Sonyel, Salahi, R., Ermeni Tehciri ve Belgeler, Ankara 1978.

Sonyel, Salahi, R., The Great War and the Tragedy of Anatolia, Ankara 2000.

Sorgun, M. Taylan, Bitmeyen Savaş, Ankara 1972.

Stangeland, Sigurd, Die Rolle Deutschlands im Völkermord an den Armeniern 1915–1916, Trondheim 2013.

Stürmer, Harry, Dr., (von Tyska), Zwei Kriegsjahre in Konstantinopel 1915–1916, Bremen 2015.

Suciyan, Talın, The Armenians in modern Turkey, London 2016.

Sultan Abdül Hamid, Siyası Hatıratım, Istanbul 1987.

Suny, Ronald Grigor, A History of the Armenian Genocide, Princeton 2015.

Tamcke, Martin, „Dich, Ararat, vergesse ich nie!", Berlin 2006.

Tamcke, Martin, Armin T. Wegner und die Armenier, Hamburg 1996.

Tamcke, Martin, Koexistenz und Konfrontation, Hamburg 2003.

Tamcke, Martin, Zur Situation der Christen in der Türkei und Syrien, Wiesbaden 2013.

Ternon, Yves, Der verbrecherische Staat, Hamburg 1996.

Ternon, Yves, Tabu Armenien, Frankfurt am Main 1981.

Thelen, Sibylle, Die Armenierfrage in der Türkei, Bonn 2011.

Toynbee, Arnold, Armenian Atrocities, London 1915.

Toynbee, Arnold, Empire 1915–1916, London 1916.

Trumpener, Ulrich, Germany and the Otoman Empire 1914–1918, Princeton 1968.

Vierbücher, Heinrich, Armenien 1915, Hamburg 1930.

Voss, Huberta, (Hrsg.), Portrait einer Hoffnung – Die Armenier, Berlin 2005.

Wagner, Reinhold, Moltke und Mühlbach zusammen unter dem Halbmond 1837–1839, Berlin 1893.

Walker, Christopher, Armenia, London 1984.

Wallach, Jehuda, Anatomie einer Militärhilfe, Düsseldorf 1976.

Wallach, Jehuda, (Hrsg.), Germany and the Middle East, Tel Aviv 1975.

Wegner, Armin, (Hrsg. Andreas Meier), Die Austreibung des armenischen Volkes in die Wüste, Göttingen 2011.

Wegner, Armin, Der Weg ohne Umkehr, 1920 Dresden.

Wegner, Armin, Die Verbrechen der Stunde – die Verbrechen der Ewigkeit, Hamburg 1982.

Werfel, Franz, Die vierzig Tage des Musa Dağ, Köln 2016.

Westarp, Eberhard, Joachim, Graf von, Unter Halbmond und Sonne, Berlin 1913.

Wiegand, Marie, Wiegand, Theodor, Hrsg. Wiegand, Gerhard,
Halbmond im letzten Viertel, München 1970.

Winter, Jay (Hrsg), America and the Armenian Geoncide of 1915, Cambridge 2008.

Wolf, Klaus, Gallipoli 1915, Bonn 2008.

Wolffskeel, Eberhard, Count von Reichenberg, (Hrsg. Kaiser, Hilmar), Zeitoun, Mousa Dağ, Ourfa, Letters on the Armenian Genocide, Princeton 2004.

Yilmazata, Mehmet, Die Bagdadbahn, Marburg 2013.

Zaven, Misirliyan, My patriarchal Memoirs, Barrington 2002.

Zimmerer, Heinrich, Die neue Türkei in ihrer Entwicklung von 1908–1915, Leipzig 1915.

Zwehl, Hans von, Falkenhayn, Berlin 1926.

Zürcher, Erik, Turkey – A modern History, London 2005.

Der Autor

Der Autor, Eckhard Lisec, Jahrgang 1944, schloss als Dipl. Ing. der Nachrichtentechnik sein Studium 1971 an der TH Hannover ab und trat dann erneut in die Bundeswehr ein.

Als Berufsoffizier bekleidete er u.a. ministerielle und internationale Verwendungen in Belgien und schließlich 2002–2005 als Brigadegeneral bis zur Pensionierung in einem NATO Stab in Istanbul. Er war damit der erste Bundeswehrgeneral, der nach dem 2. Weltkrieg, außerhalb eines Einsatzes, in der Türkei friedens-stationiert war.

Sein spezielles Interesse galt schon dort der Geschichte des Osmanischen Reiches und der Türkei einschließlich der türkischen Sprache. Er verbesserte diese Sprachkenntnisse als Gasthörer an der Universität Bonn.

Lisec lebt in Bonn, ist verheiratet und hat zwei Kinder.

Carola Hartmann Miles-Verlag

Politik, Gesellschaft, Militär

Wolf Graf von Baudissin, *Grundwert Frieden in Politik – Strategie – Führung von Streitkräften*, hrsg. von Claus von Rosen, Berlin 2014.

Wolf Graf von Baudissin, *Der Widerstand. „... um nie wieder in die ausweglose Lage zu geraten..."*, hrsg. von Claus von Rosen, Berlin 2014.

Marcel Bohnert, Lukas J. Reitstetter (Hrsg.), *Armee im Aufbruch. Zur Gedankenwelt junger Offiziere in den Kampftruppen der Bundeswehr*, Berlin 2014.

Arjan Kozica, Kai Prüter, Hannes Wendroth (Hrsg.), *Unternehmen Bundeswehr? Theorie und Praxis (militärischer) Führung*, Berlin 2014.

Angelika Dörfler-Dierken, Robert Kramer, *Innere Führung in Zahlen. Streitkräftebefragung 2013*, Berlin 2014.

Eberhard Birk, Heiner Möllers (Hrsg.), *Luftwaffe und Luftkrieg*, Berlin 2015.

Phil C. Langer, Gerhard Kümmel (Hrsg.), *„Wir sind Bundeswehr." Wie viel Vielfalt benötigen/vertragen die Streitkräfte?*, Berlin 2015.

Jéronimo L. S. Barbin, *Imperialkriegführung im 21. Jahrhundert. Von Algier nach Bagdad. Die kolonialen Ursprünge der COIN-Doktrin*, Berlin 2015.

Dirk Freudenberg, *Counterinsurgency. Aufstandsbekämpfung als Phase zur Überwindung schwacher Staatlichkeit und zur Etablierung des Aufbaus einer stabilen Nachkriegsordnung*, Berlin 2016.

Marcel Bohnert, Björn Schreiber (Hrsg.), *Die unsichtbaren Veteranen. Kriegsheimkehrer in der deutschen Gesellschaft*, Berlin 2016.

Alois Bach, Walter Sauer (Hrsg.), *Schützen, Retten, Kämpfen – Dienen für Deutschland*, Berlin 2016.

Christian Göbel, *Glücksgarant Bundeswehr? Ethische Schlaglichter auf einige neuere Studien des ZMSBw im Kontext von Sinn und Glück des Soldatenberufs, Innerer Führung und Einsatz-Ethos*, Berlin 2016.

Eberhard Birk, Peter Andreas Popp, *Luftwaffenoffizier 21. Das Selbstverständnis des Luftwaffenoffiziers zu Beginn des 21. Jahrhunderts*, Berlin 2016.

Dirk Freudenberg, Stephan Maninger, *Neue Kriege. Sicherheitspolitische Rahmenbedingungen, Mentalitäten, Strategien, Methoden und Instrumente,* Berlin 2016.

Eberhard Birk, Heiner Möllers (Hrsg.), *Luftwaffe und Luftverteidigung,* Berlin 2017.

Alessandro Rappazzo, *Vorsprung durch Leadership. Modernes Leadership in der Armee,* Berlin 2017.

Jahrbuch Innere Führung

Uwe Hartmann, Claus von Rosen, Christian Walther (Hrsg.), *Jahrbuch Innere Führung 2009. Die Rückkehr des Soldatischen,* Eschede 2009.

Helmut R. Hammerich, Uwe Hartmann, Claus von Rosen (Hrsg.), *Jahrbuch Innere Führung 2010. Die Grenzen des Militärischen,* Berlin 2010.

Uwe Hartmann, Claus von Rosen, Christian Walther (Hrsg.), *Jahrbuch Innere Führung 2011. Ethik als geistige Rüstung für Soldaten,* Berlin 2011.

Uwe Hartmann, Claus von Rosen, Christian Walther (Hrsg.), *Jahrbuch Innere Führung 2012. Der Soldatenberuf zwischen gesellschaftlicher Integration und suis generis-Ansprüchen,* Berlin 2012.

Uwe Hartmann, Claus von Rosen (Hrsg.), *Jahrbuch Innere Führung 2013. Wissenschaften und ihre Relevanz für die Bundeswehr als Armee im Einsatz,* Berlin 2013.

Uwe Hartmann, Claus von Rosen (Hrsg.), *Jahrbuch Innere Führung 2014. Drohnen, Roboter und Cyborgs – Der Soldat im Angesicht neuer Militärtechnologien,* Berlin 2014.

Uwe Hartmann, Claus von Rosen (Hrsg.), *Jahrbuch Innere Führung 2015. Neue Denkwege angesichts der Gleichzeitigkeit unterschiedlicher Krisen, Konflikte und Kriege,* Berlin 2015.

Uwe Hartmann, Claus von Rosen (Hrsg.), *Jahrbuch Innere Führung 2016. Innere Führung als kritische Instanz,* Berlin 2016.

Einsatzerfahrungen

Kay Kuhlen, *Um des lieben Friedens willen. Als Peacekeeper im Kosovo,* Eschede 2009.

Sascha Brinkmann, Joachim Hoppe (Hrsg.), *Generation Einsatz, Fallschirmjäger berichten ihre Erfahrungen aus Afghanistan,* Berlin 2010.

Artur Schwitalla, *Afghanistan, jetzt weiß ich erst... Gedanken aus meiner Zeit als Kommandeur des Provincial Reconstruction Team FEYZABAD,* Berlin 2010.

Uwe Hartmann, *War without Fighting? The Reintegration of Former Combatants in Afghanistan seen through the Lens of Strategic Thought,* Berlin 2014.

Rainer Buske, *KUNDUZ. Ein Erlebnisbericht über einen militärischen Einsatz der Bundeswehr in Afghanistan im Jahre 2008,* Berlin ²2016.

Marcel Bohnert, Andy Neumann, *German Mechanized Infantry on Combat Operations in Afghanistan,* Berlin 2016.

Standpunkte und Orientierungen

Daniel Giese, *Militärische Führung im Internetzeitalter – Die Bedeutung von Strategischer Kommunikation und Social Media für Entscheidungsprozesse, Organisationsstrukturen und Führerausbildung in der Bundeswehr,* Berlin 2014.

Dirk Freudenberg, *Auftragstaktik und Innere Führung. Feststellungen und Anmerkungen zur Frage nach Bedeutung und Verhältnis des inneren Gefüges und der Auftragstaktik unter den Bedingungen des Einsatzes der Deutschen Bundeswehr,* Berlin 2014.

Uwe Hartmann (Hrsg.), *Lernen von Afghanistan. Innovative Mittel und Wege für Auslandseinsätze,* Berlin 2015.

Fouzieh Melanie Alamir, *Vernetzte Sicherheit – Quo Vadis?,* Berlin 2015.

Hartwig von Schubert, *Integrative Militärethik. Ethische Urteilsbildung in der militärischen Führung,* Berlin 2015.

Uwe Hartmann, *Hybrider Krieg als neue Bedrohung von Freiheit und Frieden. Zur Relevanz der Inneren Führung in Politik, Gesellschaft und Streitkräften,* Berlin 2015.

Klaus Beckmann, *Treue.Bürgermut.Ungehorsam. Anstöße zur Führungskultur und zum beruflichen Selbstverständnis in der Bundeswehr,* Berlin 2015.

Florian Beerenkämper, Marcel Bohnert, Anja Buresch, Sandra Matuszewski, *Der innerafghanische Friedens- und Aussöhnungsprozess,* Berlin 2016.

Martin Sebaldt, *Nicht abwehrbereit. Die Kardinalprobleme der deutschen Streitkräfte, der Offenbarungseid des Weißbuchs und die Wege aus der Gefahr,* Berlin 2017.

Militärgeschichte

Dieter E. Kilian, *Adenauers vergessener Retter – Major Fritz Schliebusch,* Berlin 2011.

Ingo Pfeiffer, *Gegner wider Willen. Konfrontation von Volksmarine und Bundesmarine auf See,* Berlin 2012.

Dieter E. Kilian, *Kai-Uwe von Hassel und seine Familie. Zwischen Ostsee und Ostafrika. Militär-biographisches Mosaik,* Berlin 2013.

Peter Heinze, *Berliner Militärgeschichten,* Berlin 2013.

Ingo Pfeiffer, *Seestreitkräfte der DDR,* Berlin 2014.

Ulrich C. Kleyser, *Lazare Carnot. "Le Grand Carnot". Ein Charakterbild,* Berlin 2016.

Eberhard Birk, *"Auf Euch ruht das Heil meines theuern Württemberg!" Das Gefecht bei Tauberbischofsheim am 24. Juli 1866 im Spiegel der württembergischen Heeresgeschichte des 19. Jahrhunderts,* Berlin 2016.

Kathrin Orth, Eberhard Kliem, *"Wir wurden wie blödsinnig vom Feind beschlossen". Menschen und Schiffe in der Skagerrakschlacht 1916,* Berlin 2016.

Eckhard Lisec, *Der Unabhängigkeitskrieg und die Gründung der Türkei 1919–1923,* Berlin 2016.

Hans Frank, Norbert Rath, *Kommodore Rudolf Petersen, Führer der Schnellboote 1942–1945. Ein Leben in Licht und Schatten unteilbarer Verantwortung,* Berlin 2016.

Claas Siano, *Die Luftwaffe und der Starfighter,* Berlin 2016.

Erinnerungen

Blue Braun, *Erinnerungen an die Marine 1956–1996,* Berlin 2012.

Harald Volkmar Schlieder, *Kommando zurück!,* Berlin 2012.

Reinhart Lunderstädt, *Aus dem Leben eines Hochschullehrers. Persönlicher Bericht,* Berlin 2012.

Wulf Beeck, *Mit Überschall durch den Kalten Krieg. Mein Leben für die Marine,* Berlin 2013.

Jan Becker, *Aufgewühltes Wasser,* 3 Bde., Berlin 2014.

Klaus Grot, *So war's, damals. Dienstchronik eines Pionieroffiziers im Kalten Krieg 1954–1991,* Berlin 2014.

Gustav Lünenborg, *Bürger und Soldat. Innere Führung hautnah 1956–1993, 1993–2015,* Berlin 2015.

Adolf Brüggemann, *Als Offizier der Bundeswehr im Auswärtigen Dienst. Meine Erinnerungen als Militärattaché in Seoul (Republik Korea) 1978–83 und in Prag (Tschechoslowakei/Tschechien) 1988–1993,* Berlin 2015.

Rainer Buske, *Eine Reise ins Innere der Bundeswehr. Wundersame Geschichten aus einer anderen Welt,* Berlin 2016.

Heinz Laube, *Duell am geteilten Himmel,* Berlin 2016.

Winfried Papenfuß, *Die Kriege der Karendorffs,* Berlin 2016.

www.miles-verlag.jimdo.com